MÓWIMY PO POLSKU

WACŁAW BISKO STANISŁAW KAROLAK
DANUTA WASILEWSKA STANISŁAW KRYŃSKI

MÓWIMY PO POLSKU

A Beginners' Course of Polish

PW „WIEDZA POWSZECHNA"
WARSZAWA 1979

Translated and adapted by
STANISŁAW KRYŃSKI

Comments by
STANISŁAW KAROLAK
and
DANUTA WASILEWSKA

Editor
HILDA ANDREWS-RUSIECKA

Illustrations by
ZBIGNIEW LENGREN

Cover by
JÓZEF CZESŁAW BIENIEK

ISBN 83-214-0024-8 cykl – wersje obcojęzyczne
ISBN 83-214-0058-2
ISBN 83-214-0089-2 wydanie eksportowe

CONTENTS

INTRODUCTION

The present set of records, together with the accompanying textbook "A Beginners' Course of Polish" is intended for learners who wish to acquire an active command of the essentials of spoken Polish.

The aim of the textbook is to show the learner how to use the language in the most frequent everyday situations, and to present him with a certain selection of words and expressions from the spoken language, as well as with the basic syntactical structures and the elements of which they are composed. The former aim is intended to be fulfilled by the little scenes presented in the form of dialogues, and the latter by the scenes and also by explanations and comments following the text.

The purpose of the textbook is essentially practical: consequently, both the arrangement of the material in it and the presentation and explanation of the various linguistic phenomena have been subordinated to practical purposes.

The textbook opens with a chapter on "Pronunciation and Spelling", followed by twenty-six lessons. Then come the keys to the exercises, tables of the basic forms of inflected words in Polish, and, finally, a Polish-English Vocabulary.

The grammatical material has been presented in the form of a certain number of patterns covering the basic sentence structures. The Vocabulary has been compiled in such a way as to assist the learner to master rapidly the most difficult forms of individual words (for use of the Vocabulary see the section "How To Use the Vocabulary", p. 281).

The basic methodic unit is the lesson, which is composed of three (occasionally four) little scenes. This makes it possible to master the material gradually. The arrangement of the material within a lesson is the same throughout the course. Every lesson starts with the text of the scenes, accompanied by a translation into English. The scenes have been recorded by actors of the Warsaw stage and this recording forms an indispensable part of the textbook. The text of every scene is followed by an explanation of specific points and expressions which make their appearance in it. This is, in turn, followed by a grammatical commentary, the arrangement of which is also the same throughout: its main part consists of examples of the sentence patterns dealt with in a given lesson. Nearly all examples have been taken from the scenes which make up the lesson in question. The description which follows the examples of sentence structures aims at explaining, in as non-technical a way as possible, the principles underlying the formation of this sentence type, as well as the interrelationship of the words which go to make it up.

In order to be able to construct analogous sentences on their basis the learner must remember the interrelationship of words in a given structure and know how to obtain the appropriate grammatical word forms (declension and conjugation).

Ways of obtaining the grammatical word forms needed in the sentence patterns discussed are set out in tables. The formation of the different word forms of the Polish language is a complicated matter, and, consequently, a great deal of attention and care ought to be devoted to the sections dealing with this problem.

After the sentences and a discussion of their component parts, isolated or relatively rare linguistic phenomena are described, such as the syntax characteristic of individual words, including verbs ("The Use of Verbs"), the formation of word forms which exhibit certain peculiarities, and, finally, idiomatic expressions. Every lesson closes with a set of exercises.

How should the book itself be used? We would advise the learner to study, first of all, the basic information concerning the pronunciation and spelling of Polish (this information is provided in the chapter on "Pronunciation and Spelling") as well as the symbols used in the phonetic transcription of words in the Vocabulary. The various sounds of the Polish language have been rendered with the help of those sounds in English nearest to their Polish counterparts. Consequently this is not an exact, but merely an approximate description. In order to master Polish pronunciation with precision, the learner should listen carefully to the recorded dialogues when working through the various parts of this basic course.

We should like to suggest the following possible method of working through the course: first listen carefully several times to the first scene on the record in order to mark in that way the correct Polish pronunciation, then (using the textbook) study the text of the first scene of the lesson thoroughly, making use of the Vocabulary and textual explanations only, and without consulting the English translation; the latter should be covered up. Where a full understanding of the text is only possible after consultation of the Comments, the appropriate portions of the latter should be read (but not, for the time being, memorized). Only now should you check, with the help of the English translation, whether the text has been properly understood. Now listen to the scene on the record again. You should play it several times over, and only stop when you can follow the meaning without any difficulty. Afterwards you should proceed to memorize all the scene, beginning with the utterances of the various characters (i. e. assuming, in turn, the role of each character appearing in a particular scene). Since the repetition of the text while the record is playing presents certain technical difficulties, the most convenient thing is to transfer the text on to magnetic tape, leaving appropriate intervals for the repetition of each sentence. Then you can also join in the dialogue by turning down the volume of the record-player when the character whom you are impersonating at the moment happens to be speaking. In this way you should master all the scenes in a given lesson. It is only at this stage that you may begin to make a more intense study of the material contained in the comments, so as to be able to construct little scenes of your own, independently of the text, but within the framework of the sentence-patterns provided. Finally, you should go through the exercises, making use of the Key only for the purpose of checking whether or not an exercise has been done correctly.

Then we would advise you to cover up the Polish text, and to recreate it on the basis of the English translation. It should be emphasized, in this connection, that the English version reproduces the meaning of the Polish but is not a literal, word for word, translation. Consequently, the divergencies between the two versions may occasionally be fairly considerable. A "literal" translation of English sentences into Polish is therefore equally impossible.

In this way we would advise you to master the material contained in all the lessons.

Please send any remarks concerning the textbook to the following address: PW "Wiedza Powszechna" Warszawa, ul. Jasna 24/26.

PRONUNCIATION AND SPELLING

In Polish, as in English, we use the Latin alphabet. This alphabet has been supplemented by several letters needed to represent sounds in Polish which do not exist in Latin. Several Polish sounds are also expressed by groups of letters (see below).

The Polish alphabet is composed of the thirty-two following letters:

Capital letters	Small letters	Capital letters	Small letters
A	a	M	m
Ą	ą	N	n
B	b	Ń	ń
C	c	O	o
Ć	ć	Ó	ó
D	d	P	p
E	e	R	r
Ę	ę	S	s
F	f	Ś	ś
G	g	T	t
H	h	U	u
I	i	W	w
J	j	Y	y
K	k	Z	z
L	l	Ź	ź
Ł	ł	Ż	ż

Let us now pass to the sound values of the various letters (the square brackets contain symbols which represent the various sounds in transcription). In order to simplify the description of Polish phonology we have, wherever possible, chosen the nearest English sound to denote the corresponding Polish sound. It should, however, be kept in mind that the sound values given only approximately render the actual value of the Polish sounds. Therefore, in order to master Polish pronunciation with some accuracy learners are advised to listen attentively to the recorded texts.

1. The Polish vowels

a   is pronounced as in **far, after**, but is rather shorter.
      Symbol: [a]
e   is pronounced as in **get, let, pen**. Symbol: [e]
i   is pronounced rather like **ee** in **sheet, meet, tree**, but is somewhat shorter. Symbol: [ee]
o   is pronounced as in **got, pot**. Symbol [o]
u ⎫
ó ⎭   are pronounced as **oo** in **good, look**, but are somewhat shorter. Symbol: [oo]

y   is pronounced similarly to **i** in **bit, milk**, or to **y** in **very**. Symbol: [i]
ą ⎫
ę ⎭   these letters have several sound values:

1) They denote nasal vowels. The letter **ą** denotes a sound akin to the French **on** in **bon**, and the letter **ę** a sound akin to the French **in** in **matin**. They differ from the French vowels, however, in as much as the nasal element only makes its appearance in the second part of the Polish vowel. Symbols: $ą = [o^n]$, $ę = [e^n]$.

The letters **ą** and **ę** denote the nasal vowels $[o^n]$ and $[e^n]$ only in front of the following consonants (for their description see below): **ch, f, rz, s, ś, sz, w, z, ź, ż** (i. e. before fricatives). The letter **ą** also denotes the sound $[o^n]$ when it appears at the end of the word.

The letter **ę** on the other hand, when found at the end of a word, corresponds — in colloquial language at any rate — to the sound [e]. It is only in extremely careful (and rather artificial) pronunciation that we hear the nasal sound $[e^n]$ in a final position (although this is the pronunciation used in the recording of the first four lessons).

Examples:

ą $[o^n]$	ę $[e^n]$
mąż $[mo^nsh]$ *husband*	męża $[me^nzha]$ *husband's*
wąski $[vo^nskee]$ *narrow*	gęsty $[ge^nsti]$ *dense*
są $[so^n]$ *they are*	język $[ye^nzik]$ *tongue*

ę [e]

chcę [khtse] *I want*
parę [pare] *a couple of*
wodę [vode] *water* (accusat.)

2) Before the sounds **b**, **p**—**ą** and **ę** are pronounced [om] and [em], e. g.:

ą [om]	**ę** [em]
ząb [zomp] *tooth*	zęby [zembi] *teeth*
trąbi [trombee] *he trumpets*	postęp [postemp] *progress*

3) Before the sounds **c**, **cz**, **d**, **dz**, **t** (for their description see below) they are pronounced [on] and [en], e.g.:

ą [on]	**ę** [en]
dokąd [dokont] *whither*	chętnie [khentnye] *willingly*
gorąco [gorontso] *hot* (adverb)	nakręca [nakrentsa] *he winds*

4) Before the sounds **ć** (**ci**), **dź** (**dzi**) (for their description see below) they are pronounced [on^y] and [en^y], e.g.:

ą [on^y]	**ę** [en^y]
bądź [bon^{y}ch^y] *be!*	będzie [ben^{y}jye] *he will be*
zapiąć [zapyon^{y}ch^y] *to button up*	pięć [pyen^{y}ch^y] *five*

5) Before **k** or **g** they are pronounced like combinations of **o** or **e** with a consonant similar to the English **ng** in a word like **bring** [ŋ]: **ą** = [oŋ], **ę** = [eŋ], e.g.:

ą [oŋ]	**ę** [eŋ]
mąka [moŋka] *flour*	męka [meŋka] *agony*
okrągły [okroŋgwi] *round*	tęga [teŋga] *stout* (feminine)

6) Before **l** or **ł** they are pronounced [o] and [e], e.g.:

ą [o]	**ę** [e]
minął [meenow] *he passed*	minęła [meenewa] *(she) passed*
zapiął [zapyow] *he buttoned up*	zapięli [zapyelee] *they buttoned up*

N o t e. Unlike English, every Polish vowel is always pronounced in exactly the same way, whether stressed or unstressed.

In the overwhelming majority of Polish words the stress falls on the penultimate syllable. Only in a few words does it fall on the antepenultimate (the third syllable from the end). The stress pattern of all such words is given in the Vocabulary.

2. The Polish consonants

b   is pronounced as in **book, bird**. Symbol: [b]. (For exceptions see § 5).

c   is pronounced like **tz** in **blitz, Switzerland**, or like **ts** in **cats, tsetse**. Symbol: [t͡s], e.g.:

cały [t͡sawi] *entire*   córka [t͡soorka] *daughter*
cena [t͡sena] *price*   noc [not͡s] *night*

ch   is pronounced like **ch** in the Scottish word **loch**. Symbol: [kh], e.g.:

chcę [khtse] *I want*   kocha [kokha] *he loves*
chętnie [khentnye] *willingly*   ruch [rookh] *movement*

cz   the pronunciation approximates to that of **ch** in **chair, choice**, or of **tch** in **catch**. But the Polish **cz** is not palatalized (the central part of the tongue is lower than during the pronunciation of the English **ch**). Symbol: [ch], e.g.:

czas [chas] *time*   poczeka [pocheka] *he will wait*
czy [chi] *whether, if*   wieczór [vyechoor] *evening*

ć   the pronunciation approximates to that of **ch** in **cheek, cheese**. But the Polish **ć** is more palatal than the English **ch** (the central part of the tongue is higher than during the pronunciation of the English **ch**). Symbol: [chʸ], e.g.:

pięć [pyenʸchʸ] *five*   wróćmy [vroochʸmi] *let us return*
uczyć [oochichʸ] *teach*   zobaczyć [zobachichʸ] *to see* (once)

In Polish spelling, **ć** is represented in two ways:
1) At the end of a word, or when immediately preceding a consonant, by the letter **ć**;
2) Before a vowel—by the combination of letters **ci**. In this case the letter **i** does not denote any separate sound. It is merely a graphic symbol to show the softness of the preceding consonant.

In such combinations we represent it by the symbol [chy]. Here, also, the symbol [y] only denotes softness and does not stand for any separate vowel, e.g.:

ciało [chyawo] *body*   ciekawy [chyekavi] *curious*
ciocia [chyochya] *auntie*   pociąg [pochyoŋk] *train*

It is o n l y before a consonant, or at the end of a word, that the letter **i** represents the sound [ee], e.g.:

dowcip [dofcheep] *a joke*   traci [trachee] *he loses*

It is important to distinguish between the sounds **cz** [ch] and **ć** [ch^y], since this difference can affect the meaning of words. The learner should note the differences, both in spelling and meaning, between the following pairs of words:

badać [badach^y] *to investigate*   badacz [badach] *research worker*
ci [chee] *to you*   czy [chi] *whether, if*
grać [grach^y] *to play*   gracz [grach] *gamesster*
leci [lechee] *he flies*   leczy [lechi] *he cures*
mieć [myech^y] *to have*   miecz [myech] *sword*
płać [pwach^y] *pay!*   płacz [pwach] *weeping* (noun)

d   is pronounced as in **dentist, dust**, except that the tip of the tongue touches the back of the teeth and not the palate as in the English **d**. Symbol: [d]. (For exceptions see § 5).

dz   is pronounced like **dz** in the word **adze**. (For exceptions see § 5). Symbol: [dẑ], e.g.:

bardzo [bardẑo] *very*   widzę [veedẑe] *I see*
dzwonić [dẑvoneech^y] *to ring*   władza [vwadẑa] *authority*

dź   is pronounced somewhat similarly to the 'soft' English **j** in the word **jeep**, or to **g** in the words **genial, congeal**. But the Polish sound is more palatal than the English one (the central part of the tongue is raised higher than during the pronunciation of even a soft English **j**). Symbol: [j^y], e.g.:

dźwięk [j^{y}vyeŋk] *sound*   dźwig [j^{y}veek] *lift* (noun)
ludźmi [looj^{y}mee] *(with, by) people*

It is only at the end of a word, or when immediately preceding a consonant, that this sound is represented by the combination of letters **dź**. Before a vowel, on the other hand, we express it by the combination of letters **dzi**. Here, as in the combination **ci** the letter **i** does not represent any separate sound but is merely a graphic symbol of the softness of the preceding consonant. In such combinations we render it phonetically by the symbol [jy]. The symbol [y], here also merely denotes the softness and does not represent any separate vowel, e.g.:

dzień [jyenʸ] *day*

dziękuję [jyeŋkooye] *thank you*

nigdzie [neegjye] *nowhere*

niespodzianka [nyespojyanka] *surprise*

The letter **i** represents the sound [ee] only when immediately preceding a consonant or when' standing at the end of a word, e.g.:

dziwny [jeevni] *strange*   młodzi [mwojee *the young (people)*

dż   is pronounced somewhat similarly to **dg** in the word **bridge**, or to **j** in the words **just, job**. The Polish **dż** sound, however, is quite hard (the central part of the tongue is lower than during the pronunciation of the English **j**). Symbol: [j], e.g.:

gwiżdżę [gveezhje] *I whistle*

wyjeżdżam [viyezhjam] *I am going away*

f   is pronounced like **f** in **fork, fine**. Symbol: [f].

g   is pronounced like **g** in **game, goose**. Symbol: [g].

h   is pronounced in a way approximating to the pronunciation of **h** in **have**. Symbol: [h].

In Central Poland this sound is not used, and there the letter **h** represents the sound [kh]. In the recorded texts the distinction between [h] and [kh] has been preserved, and we have also kept it in transcription.

E x a m p l e s:

herb [herp] *coat-of-arms*

humor [hoomor] *humour*

hymn [himn] *national anthem*

herbata [herbata] *tea*

j   is pronounced like **y** in **yes, your, day**. Symbol: [y].

k   is pronounced like **k** in **kind**, or like **c** in **cake**. Symbol: [k].

l   is pronounced like the English **l** when immediately preceding a vowel, as in **late, little, lose**. When preceding **i** it denotes a sound approximating to **l** in **value**. Symbol: [l].

ł   is normally pronounced like **w** in **way, twenty, now**.

There is, however, another pronunciation used mainly on the stage. In this pronunciation the letter **ł** approximates to the English **l** at the end of a word, or immediately preceding a consonant, as in **health, well, twelve**. It is this latter pronunciation that is used in the recording. In the phonetic transcription, however, we use the symbol [w] throughout.

m is pronounced as in **come, my, mouth**. Symbol: [m].

n is pronounced like **n** in **no, nine, nurse**. Symbol: [n].

N o t e : In Polish the letter **n** when followed by **k** or **g** does not represent the English sound ŋ (**ng** as in **bring**), but remains an ordinary **n**, not assimilated to the following **g** or **k**. Combinations where the sound [ŋ] appears in Polish are exceptional.

ń is pronounced similarly to **n** in **new, nude, onion**. Symbol: [n^y], e. g.:

dzień [jyen^y] *day*   londyński [londin^{y}skee] *of London*

It is only at the end of a word or when immediately preceding a consonant that this sound is represented by the letter **ń**. Before a vowel, on the other hand, it is represented by the combination of letters **ni**. As in **ci** the letter **i** is merely a graphic symbol of the softness of the preceding consonant and does not represent any separate sound. In transcription this combination **ni** is rendered by the symbol [ny]. The symbol [y], of course, also only denotes the softness of the consonant, e.g.:

nie [nye] *no*   panią [panyo^n] *lady* (accusative)

p is pronounced as in the words **party, play** (except that in the Polish **p** there is no aspiration). Symbol: [p].

r is pronounced differently from the English **r** in such words as **room, rub**. During the pronunciation of the Polish **r** the tip of the tongue repeatedly vibrates against the palate, as in the French **r** roulant. Another important difference lies in the fact that the **r** sound is pronounced clearly, not only before, but also after a vowel (i. e. at the end of word or a syllable, where the **r** is mute in standard British English). Cf.

wiara [vyara] *faith*   wierny [vyerni] *faithful*
góra [goora] *mountain*   górny [goorni] *upper, superior*
stary [stari] *old*   zamiar [zamyar] *intention*

s is pronounced like **s** in the words **set, side**, or like the second **c** in **concise**. Symbol: [s].

sz somewhat approaches the pronunciation of **sh** in **shake, push, shelf**. But the Polish sound is hard (the central part of the tongue is somewhat lower than in the case of the English **sh**). Symbol: [sh], e.g.:

szynka [shinka] *ham*   szary [shari] *grey*
kosz [kosh] *basket*   nasza [nasha] *our* (femine)

ś   somewhat approaches the pronunciation of **sh** in **sheep, sheet**. The Polish **ś** sound, however, is more palatal than the English **sh** (the central part of the tongue is higher than during the enunciation of the English **sh**). Symbol: [shʸ], e.g.:

ktoś [ktoshʸ] *somebody*   śpiewać [shʸpyevachʸ] *to sing*
śmiały [shʸmyawi] *bold*   środa [shʸroda] *Wednesday*

It is only at the end of a word, or when immediately preceding a consonant, that the above sound is represented by means of the letter **ś**. Before a vowel it is represented by the combination of letters **si**. As in **ci** and **ni** the letter **i** here is merely the graphic symbol of the softness of the preceding consonant. In transcription we render **si** by means of he combination [shy]. The [y] symbol again merely denotes the softness of the preceding consonant, e.g.:

siadać [shyadachʸ] *to sit down*   siostra [shyostra] *sister*
sierpień [shyerpyenʸ] *August*   sięgać [shyengachʸ] *to reach*

It is important to distinguish between the sounds **sz** [sh] and **ś** [shʸ] since the difference between them affects the meaning of words. The learner should note the differences in spelling and meaning between the following pairs of words:

proszę [proshe] *please*   prosię [proshye] *piglet*
szyła [shiwa] *she sewed*   siła [sheewa] *strength*
koszy [koshi] *of baskets*   kosi [koshee] *he mows*

The examples below show the difference in meaning between words containing the consonant groups **szcz** [shch] and **ść (ści)** [shʸchʸ], [shʸchy].

puszczy [pushchi] *of a forest*   puści [pooshʸchee] *he will let go*
szczera (f. adj.) [shchera] *sincere*   ściera [shʸchyera] *he wipes off*
wieszcz [vyeshch] *poet-prophet*   wieść [vyeshʸchʸ] *news*

t   is pronounced like **t** in the words **take, later, star**, but without any of the aspiration characteristic of the English **t** in some positions. Symbol: [t].

w   is pronounced like **v** in the words **oven, verb**. Symbol: [v]. (For exceptions see § 5).

z   is pronounced like **z** in the words **razor, zone**, or like **s** in the words **watches, daisy**. Symbol: [z]. (For exceptions see § 5).

ż ⎫
rz ⎭ Both represent a sound somewhat approaching that of the English **s** in **pleasure, measure**. The Polish ż (rz) sound, however, is hard (the tongue lies lower than during the enunciation of the English **s** in **pleasure**).

Symbol: [zh], e.g.: (For exceptions see § 5.)

rzeka [zheka] *river*   żona [zhona] *wife*
morze [mozhe] *sea*   ważny [vazhni] *important*

ź   somewhat approximates to the English **s** in **Rhodesia**. The Polish ź, however, is more palatal (the central part of the tongue is raised higher). Symbol: [zhʸ], e.g.:

mężczyźni [menshchizhʸnee] *men*
przyjaźń [pshiyazhʸnʸ] *friendship*
spóźniać się [spoozhʸnyachʸ shye] *to be late*
weźmie [vezhʸmye] *he will take*

It is only at the end of the word, or when immediately preceding a consonant, that the above sound is represented by the letter ź. Before a vowel, on the other hand, it is represented by the combination of letters **zi** (cf. **ci, si** and **ni**). Here also the letter **i** is merely a graphic symbol of the softness of the preceding consonant. In phonetic transcription we use the symbol [zhy] to represent **zi**. The symbol [y] also merely represents the softness of the preceding consonant, e.g.:

gałęzie [gawenzhye] *branches*   ziemia [zhyemya] *earth*
wziąć [vzhyonʸchʸ] *to take*   zielony [zhyeloni] *green*

3. In Polish there also exist soft (palatal) variants of the hard consonants **b, d, ch**, etc., whose difference from their hard counterparts consists in the fact that they are pronounced with the central part of the tongue raised towards the palate. We are already acquainted with some of the soft consonants, such as ć, dź, ń, ś and ź. As the distinction between soft and hard consonants represents one of the main difficulties for the foreign learner of Polish we now sum up once more the principles governing the use of soft consonants in practice:

The letters ć, dź, ń, ś and ź are written before consonants and at the end of a word only.

Before vowels, on the other hand, we use the combinations **ci, dzi, ni, si, zi**, in which the letter **i** is merely a symbol of the softness of the preceding consonant.

20

Apart from the soft consonants discussed above, there are some others in Polish which make their appearance only before vowels and have no separate graphic symbols (letters) to represent them:

soft **b** [b'] is pronounced in a way approximating to the English **b** in **abuse, beauty**. Symbol: [by], e.g.:

> bielizna [byeleezna] *linen*   biały [byawi] *white*
> lubię [loobye] *I like*   biuro [byooro] *office*

soft **f** [f'] approximates to the English **f** in **few, fuse**. Symbol: [fy], e.g.:

> ofiara [ofyara] *victim*
> w szafie [f shafye] *in the wardrobe*

soft **g** [g'] is pronounced like g in **argue**. Symbol: [gy], e.g.:

> giąć [gyon^{y}ch^y] *to bend*
> węgiel [vengyel] *coal*

soft **h** [h'] is pronounced like **h** in **humour, huge**. It only appears immediately before an **i**, e.g.:

> historia [heestor-ya] *history*
> hipoteza [heepoteza] *hypothesis*

soft **k** [k'] is pronounced like **k** in **key, skew**, or like **c** in **cute**. Symbol: [ky], e.g.:

> kiedy [kyedi] *when*
> kieszeń [kyeshen^y] *pocket*

soft **m** [m'] is pronounced like **m** in **mew, mute**. Symbol: [my], e.g.:

> pamiętać [pamyentach^y] *to remember*
> umieć [oomyech^y] *to know*

soft **p** [p'] is pronounced like **p** in **pure**. Symbol: [py], e.g.:

> piasek [pyasek] *sand*
> pieniądze [pyenyondze] *money*

soft **w** [w'] is pronounced like **v** in **view** Symbol: [vy], e.g.:

> wieczór [vyechoor] *evening*
> zostawiać [zostavyach^y] *to leave*

N o t e: The softness of consonants before vowels other than **i** is represented in our phonetic transcription by the symbol [y]. This symbol does not represent any separate sound and is merely a graphic device to denote the softness of the preceding consonant. The softness of consonants followed by i [ee] is not marked in our transcription by any symbol, since it is a general rule that n o c o n s o n a n t i s h a r d b e f o r e a n i.

It is important to distinguish between hard and soft consonants, since the difference can affect the meaning of a word. The learner should note the difference in pronunciation and meaning between the following pairs of words:

pasek [pasek] *belt*	piasek [pyasek] *sand*
mara [mara] *nightmare*	miara [myara] *measure*
porą [poro^n] *in the season*	piorą [pyoro^n] *they are washing*
kona [kona] *is dying*	konia [konya] *horse* (accusative)

In the endings of certain words of foreign origin, the letter i preceding a vowel denotes the sound [y], as well as, on occasion, the softness of the preceding consonant. Note the transcription of the following:

filologia [feelolog-ya] *philology*
linia [leen^y-ya] *line*
partia [part-ya] *party*
materiał [mater-yaw] *material*
radio [rad-yo] *wireless*

4. The difference between hard and soft consonants is closely connected with the use of the vowels i and y in the spelling of Polish words.

The letter i represents the sound [ee] and always follows a soft consonant (when followed by another vowel, it is merely a spelling device to denote the softness of the consonant preceding it). The letter y, on the other hand, which represents the sound [i], always follows a hard consonant; compare:

nowi [novee] *new ones*	nowy [novi] *new*
pisać [peesach^y] *to write*	pytać [pitach^y] *to ask*
mi [mee] *to me*	my [mi] *we*
ozdobi [ozdobee] *it will adorn*	ozdoby [ozdobi] *ornaments*
cennik [tsenneek] *price-list*	cenny [tsenni] *valuable*

Therefore consonants which are always hard (have no soft counterparts) are always followed by y [i]. Such consonants include c, cz, d, dz, dż, r, s, sz, t, z, ż, rz, e.g.:

tydzień [tijyen^y] *week*	pracy [pratsi] *of work*
dym [dim] *smoke*	władzy [vwadzi] *of authority*
czytać [chitach^y] *to read*	syn [sin] *son*
szybko [shipko] *quickly*	wozy [vozi] *carts*

N o t e : It is true that **i** is used as a spelling device after the letters **c, dz, s** or **z**, but these then represent altogether different sounds, i. e.: [chee], [jee], [shee], [zhee]; compare:

pracy [pratsi] *of work*	traci [trachee] *he loses*
władzy [vwadzi] *of authority*	zdradzi [zdrajee] *he will betray*
nosy [nosi] *noses*	nosi [noshee] *he carries*
wozy [vozi] *carts*	wozi [vozhee] *he carts*

The letters **ł** and **ch** (with a few exceptions to the latter) are always followed by **y**, and not **i**, e.g.:

mały [mawi] *little*	chytry [khitri] *cunning*

K, g and **l**, on the other hand, are always followed by **i**, never **y**, e. g.:

ręki [reŋkee] *of the hand*	nogi [nogee] *of the leg*
kino [keeno] *cinema*	list [leest] *letter* (message)

5. Whereas in English voiced consonants such as **b, d, g**, etc. remain at least partially voiced at the end of a word, (cf. **rib, lid**), in Polish they are always devoiced. Consequently, at the end of the word, the letters **b, d, g, w, z, ż** and others represent the voiceless consonants corresponding to them: [p], [t], [k], [f], [s], [sh] and others, e.g.:

nóż [noosh] *knife*	słów [swoof] *of words*
dokąd [dokont] *whither*	wódz [voots] *leader*
niedźwiedź [nyej^{y}vyech^y] *bear* (animal)	wóz [voos] *cart*
pociąg [pochyoŋk] *train*	ząb [zomp] *tooth*

The voiced consonants **b, d, w, z**, etc., are also devoiced before a voiceless consonant and in this position also denote their voiceless counterparts, e.g.:

prędko [prentko] *quickly*
szybko [shipko] *rapidly*
żaglówka [zhagloofka] *sailing-boat*

Voiceless consonants, on the other hand, are voiced when followed by a voiced consonant; thus the letters **p, t, f, s** and others (which in principle represent voiceless consonants) here denote their voiced counterparts, e.g.:

prośba [prozh^{y}ba] *request*
liczba [leejba] *number*

After such voiceless consonants, as **ch**, **k**, **p**, **t** and others the letters **rz** and **w** represent the sounds [sh] and [f] respectively, e. g.:

chrzan [khshan] *horse-radish*
krzesło [ksheswo] *chair*
przyjemnie [pshiyemnye] *pleasantly*
trzymać [tshimach^y] *to hold*
trzeba [tsheba] *one must*
potrzeba [potsheba] *need*

chwila [khfeela] *moment*
czwarty [chfarti] *fourth*
kwiat [kfyat] *flower*
świat [sh^{y}fyat] *world*
swój [sfooy] *one's own*
twardy [tfardi] *hard*

6. The Polish alphabet has two letters to represent each of the sounds [oo] and [zh], viz.:

[oo] {
  u pusty [poosti] *empty*
  ó pół [poow] *one-half*
}
[zh] {
  ż pożar [pozhar] *conflagration*
  rz morze [mozhe] *sea*
}

Unfortunately, there are no practical rules enabling one to know which of the spellings to use. The spelling of the individual words containing these sounds should therefore be memorized together with the words themselves.

N o t e : In Central Polish pronunciation, where the two sounds [h] and [kh] are not distinguished, and only the latter is pronounced, both **h** and **ch** represent one and the same sound, viz. [kh] (see above).

TABLE OF THE SYMBOLS
used in the phonetic transcription and of their counterparts in Polish spelling

Symbol	Letter		Symbol	Letter	
a	a		e	e	
b	b		ee	i	
by	bi	immediately preceding a vowel, e.g. biuro [byooro]	e^n	ę	
ch	cz		em	ę	immediately preceding the consonants b, p, e.g.: postęp [postemp]
ch^y	ć				
chy	ci	immediately preceding a vowel, e.g. ciepło [chyepwo]	en	ę	immediately preceding the consonants c, cz, d, dz, t, e.g.: chętnie [khentnye]
d	d				
d̂z	dz				

24

Symbol	Letter	Symbol	Letter
en^y	ę immediately preceding the consonants ć (ci), dź (dzi), e.g.: będzie [ben^yjye]	om	ą immediately preceding the consonants b, p, e.g.: dąb [domp]
eŋ	ę immediately preceding the consonants k, g, e.g.: ręka [reŋka]	on	ą immediately preceding the consonants c, cz, d, dz, t, e.g.: dokąd [dokont]
f	f	on^y	ą immediately preceding the consonants ć, (ci), dź (dzi), e.g.: zapiąć [$zapyon^ych^y$]
fy	fi immediately preceding a vowel, e.g.: ofiara [ofyara]		
g	g	oŋ	ą immediately preceding the consonants k, g, e.g.: pociąg [$pochyoŋk$]
gy	gi immediately preceding a vowel, e.g.: węgiel [veŋgyel]		
h	h	p	p
i	y	py	pi immediately preceding a vowel, e.g.: piasek [pyasek]
j	dż		
j^y	dź	r	r
iy	dzi immediately preceding a vowel, e.g.: będzie [ben^yjye]	s	s
		sh	sz
k	k	sh^y	ś
ky	ki immediately preceding a vowel, e.g.: kiedy [kyedi]	shy	si immediately preceding a vowel, e.g.: siadać [$shyadach^y$]
kh	ch		
l	l	t̂s	t
m	m		c
my	mi immediately preceding a vowel, e.g.: miara [myara]	v	w
n	n	vy	wi immediately preceding a vowel, e.g.: wiem [vyem]
n^y	ń		
ny	ni immediately preceding a vowel, e.g.: nie [nye]	w	ł
		y	j
o	o	z	z
oo	u, ó	zh	ż
o^n	ą	zh^y	ź
		zhy	zi immediately preceding a vowel, e.g.: ziemia [zhyemya]

1. Adam i Ewa

Adam: Dzień dobry[1] pani[2].
Ewa: Dzień dobry panu.
Oboje: Dzień dobry państwu.

Adam: To jest pani[3] Ewa Gadomska.

Ewa: Tak, jestem Ewa Gadomska. A to jest pan Adam Bielak.

Adam: Tak, jestem Adam Bielak.

Ewa: Pan Adam to inżynier[4].

Adam: A pani Ewa to lekarz[4].

1. Adam and Ewa (Eve)

Good morning (madam).*
Good morning (sir).
Good morning, ladies and gentlemen.

This is Miss Ewa Gadomska.

Yes, I am Ewa Gadomska. And this is Mr. Adam Bielak.

Yes, I am Adam Bielak.

Adam (*literally*: Mr. Adam) is an engineer.

And Ewa (*literally*: Miss Ewa) is a doctor.

---

* Brackets indicate that the words within them, though (present or) not present in the Polish text, are (omitted or) required in the English translation.

[1] There is no exact translation for *good morning* (or, for that matter, for *good afternoon*) in Polish. In the morning and early afternoon we greet people with **dzień dobry** *good day*, and in the evening with **dobry wieczór** *good evening*. *Good night* is **dobranoc**.

[2] For the use of **pan, pani** and **państwo** see Comments.
English speakers must remember that it is considered impolite in Poland to address anyone by **pan** (**pani** etc.) plus the surname, except when the addressee is a subordinate (within an office or other institution). It is, however, common to use **pan** or **pani** plus a rank or professional qualification, i. e. **pan inżynier** or **pani doktor**. There is a Polish intermediate form of address widely used by people who know each other quite well, but are not on Christian name terms. This is the use of **pan** or **pani** plus the Christian name, i. e. **pan Adam, pani Ewa**. In the text this will be translated by the Christian name only, as these are used much more frequently by English speakers and not only amongst close friends and relations as in Poland.

[3] Even though **pani** literally means *Mrs.*, it is used in addressing both married and single women, and also, particularly in quite recent times, in referring to both.

[4] This expression, which has no exact counterpart in English, is explained in the Comments.

2. Kasia[5] śpiewa i słucha

Kasia: La la la la la tra la la...
Adam: Kto to śpiewa?
Ewa: Kasia.
Kasia: Ładnie śpiewam?
Adam: Oczywiście. Bardzo ładnie śpiewasz.
Kasia: A pan nie śpiewa?
Adam: Nie, nie śpiewam.
Ewa: Pan Adam słucha.
Kasia: A co to gra?
Adam: Radio.
Ewa: Radio gra, a Kasia słucha.

Adam: Państwo także słuchają.

2. Kasia sings and listens

La la la la la tra la la...
Who is singing?
Kasia.
Am I singing nicely?
Of course. You are singing very nicely.
And you (sir) aren't you singing?
No, I am not singing.
Adam is listening.
And what (is that) playing?
The wireless.
The wireless is playing and Kasia is listening.
You (ladies and gentlemen) are also listening.

3. Adam przypomina

Kasia: Radio już nie gra.
Ewa: Tak[6]. Radio nie gra. Teraz przemawia pan Adam.
Kasia: Pan przemawia?
Adam: Nie, nie przemawiam. Przypominam.
Kasia: Co pan przypomina?
Adam: Przypominam początek.
Ewa: Słuchamy.
Adam: Dzień dobry pani.
Ewa: Dzień dobry panu.
Oboje: Dzień dobry państwu.

3. Adam recalls

The wireless is no longer playing.
No (*literally*: Yes). The wireless is not playing. Now Adam is speaking.
You are speaking?
No, I am not speaking. I am recalling.
What are you recalling?
I am recalling the beginning.
We are listening.
Good morning (madam).
Good morning (sir).
Good morning, ladies and gentlemen.

---

[5] Diminutive of Katarzyna (Catherine).
[6] In Polish agreement with a previous speaker's statement is often expressed by **tak** *yes*, whereas in English *no* is used to agree with a previous negative statement.

Kasia: Co to jest?

What is this?

Adam: To jest pierwsza lekcja języka polskiego.

This is (our) first lesson of Polish.

To jest lekarz. — To jest lekarz?

COMMENTS ON LESSON 1

Pattern 1

> **To jest pani Ewa Gadomska**
> This is Miss (*literally*: Mrs.) Ewa Gadomska

To jest pan Adam Bielak.
To jest Kasia.
To jest lekarz.
To jest radio.
To jest telefon.

Questions: **Kto to jest?** Who is this (that)?
Who are these (those)?
Co to jest ? What is this (that)?
What are these (those)?

Sentences formed according to Pattern 1 contain the verb **jest** *is* only and nouns in their dictionary form.

In interrogative sentences the word **kto** is only used in questions relating to a person or persons. The word **co** is used in questions which do not relate to persons, but to inanimate objects, animals, etc.

Note: There is no definite or indefinite article in Polish.

Pattern 2

> *Jestem* **Ewa Gadomska**
> I am Ewa Gadomska

Jestem **Adam Bielak.**
Jestem **Janowska.**
Jestem **Kasia.**

In sentences formed according to Pattern 2 nouns, when following the verb **jestem** *I am*, appear in their dictionary form (the nominative case) and can only be the names of persons (Christian or surnames).

Pattern 3

> **Pan Adam** *słucha*
> (Mr.) Adam is listening

Radio *gra*, a **Kasia** *słucha*.
Państwo także *słuchają*.
Radio już *nie gra*.
Teraz *przemawia* **pan Adam**.
Bardzo ładnie *śpiewasz*.
Teraz *słuchamy*.

Questions:	**Kto śpiewa?**	Who is singing?
	Co gra?	What is playing?

In the pattern given above, both nouns and pronouns appear in their dictionary form (the nominative case).

When the verb is in the f i r s t or s e c o n d person, whether singular or plural (see below), p e r s o n a l p r o n o u n s a r e n o t u s e d (except in special cases, to be dealt with in Lesson 2).

Słuchacie?	Are you (plural) listening?
Tak, **słuchamy.**	Yes, we are listening.
Ładnie **śpiewam?**	Am I singing nicely?
Tak, bardzo ładnie **śpiewasz.**	Yes, you are singing very nicely.

When addressing people whom we do not call by their Christian names, we use the following words: **pani** (to a woman or girl), **pan** (to a man), **państwo** (to a man and a woman together, or to a group of people, in which there is at least one representative of either sex).

As there is no English equivalent of this polite form of address using the third person (singular or plural) of the verb, the English translation will use *you* throughout.

Pan oczywiście *nie słucha*.	Of course you are not listening.
Pani bardzo ładnie *śpiewa*.	You are singing very nicely.
Państwo także *słuchają*.	You are also listening.

CONJUGATION OF VERBS

Sentences which follow Pattern 3 contain verbs which in their dictionary form (infinitive) end in -ać, e.g. **śpiewać, słuchać, grać** etc. Here is the pattern of their conjugation (present tense):

słuchać:	1. słucham	słuchamy
	2. słuchasz	słuchacie
	3. słucha	słuchają

The majority of verbs ending in **-ać** are conjugated according to this pattern.

It should be noted that the above forms do not correspond to any one English tense, but may be translated, according to context, by the simple present (*I listen*), the present continuous (*I am listening*) or even by the present perfect continuous (**Słucham** radia od rana. *I have been listening* to the radio since the morning).

GENERAL QUESTIONS

Kasia śpiewa.	Kasia is singing.
Kasia śpiewa?	Is Kasia singing?
Pan Adam słucha.	Adam is listening.
Pan Adam słucha?	Is Adam listening?
Państwo także słuchają.	You are also listening.
Państwo także słuchają?	Are you also listening?
To jest lekarz.	This is a doctor.
To jest lekarz?	Is this a doctor?

Every affirmative sentence may be transformed into a general question by merely changing the intonation. A characteristic feature of this intonation is that the voice rises towards the end of the sentence.

General questions of this kind are characteristic of the colloquial spoken language. Questions can be also formed by adding the word **czy** at the beginning of the sentence, see L. 3, p. 42

AFFIRMATION AND NEGATION

A pan nie śpiewa? And you, aren't you singing?
Nie, nie śpiewam. No, I am not singing.

Państwo słuchają? Are you listening?
Tak, słuchamy. Yes, we are listening.

The word of affirmation is **tak**, and of negation **nie**. The word **nie** corresponds to both *no* and *not*, and in compounds to *non*.

IDIOMS AND EXPRESSIONS

dzień dobry (pani, panu, państwu) *good morning*
radio gra *the radio is on* (literally: *is playing*)

EXERCISES

I. Answer the following questions a) affirmatively, b) negatively:

1. To jest pani Irena Marecka? 2. To jest pan Jerzy Mackiewicz? 3. To jest pani Wanda?
4. To jest pan Tomasz? 5. To jest Krysia?

II. From the words given below form a) affirmative, b) negative, answers to the questions: *Kto slucha? Kto śpiewa? Kto gra?*

1. Pani Ewa (śpiewać, grać, słuchać). 2. Pan Adam (śpiewać, grać, słuchać). 3. Kasia (śpiewać, grać, słuchać). 4. Leszek (śpiewać, grać, słuchać). 5. Pani Ewa i pan Adam (śpiewać, grać, słuchać).

LEKCJA 2 LESSON 2

1. Warszawa to stolica Polski 1. Warsaw is the capital of Poland

Adam: Państwo czekają. Już zaczynamy[1]. To jest druga lekcja języka polskiego.

Kasia: Pan Adam i pani Ewa mieszkają w Warszawie.

You are waiting. We are about to begin. This is (our) second lesson of Polish.

Adam and Ewa live in Warsaw.

---

[1] The frequently used form **już zaczynamy, już nalewam** (*literally*: *we are already beginning, I am already pouring out*) corresponds to the English *we are about to begin, I am about to pour out* or *I'll pour out right away*.

Ewa: Kasia też mieszka w Warszawie.

Adam: Warszawa to stolica Polski.

Ewa: Polska to nasza ojczyzna.

Kasia: Warszawa jest duża.

Ewa: A Kasia jest mała.

Kasia: Tak. Jestem mała.

Kasia also lives in Warsaw.

Warsaw is the capital of Poland.

Poland is our country.

Warsaw is big.

And Kasia is little.

Yes. I am little.

2. Kasia puka
(*słychać pukanie*)

2. Kasia knocks
(*knocking heard*)

Mama: Kto to puka?

Kasia: To ja, Kasia. Czy tu mieszka pani Ewa?

Mama: Tak, tu mieszka moja córka, pani Ewa.

Kasia: A lalka Agata to moja córka.

Mama: Twoja lalka jest bardzo ładna.

Kasia: A czyj to piesek?

Mama: Nasz.

Adam: Pies to zwierzę.

Ewa: Kasia to dziecko.

Mama: Pan Adam to mężczyzna, a Ewa to kobieta.

Kasia: A mama to mama.

Who is that knocking?

It's me, Kasia. Does Ewa live here?

Yes, this is where my daughter Ewa lives.

And (my) doll Agata is my daughter.

Your doll is very pretty.

And whose (little) dog is this?

Ours.

A dog is an animal.

Kasia is a child.

Adam is a man, and Ewa is a woman.

And Mummy is Mummy.

3. Telefon
(*słychać dzwonek telefonu*)

3. The telephone rings
(*the telephone is heard ringing*)

Kasia: Co to jest?

Ewa: To jest telefon. Pan Adam rozmawia.

What's that?

It's the telephone. Adam is talking.

Adam: Halo. Tu Adam Bielak. Słucham. Pan pyta, co to jest? To jest druga lekcja języka polskiego.	Hullo. This is Adam Bielak. Yes? (*literally*: I am listening). You ask what this is? It is (our) second lesson of Polish.
Kasia: Ja[2] już mówię po polsku.	I already speak Polish.
Ewa: Pan Adam też mówi po polsku.	Adam also speaks Polish.
Adam: Państwo także mówią po polsku.	You also speak Polish.
Wszyscy: Mówimy po polsku.	We speak Polish.
Kasia: Teraz ja[2] zapowiadam. Trzecia lekcja języka polskiego.	Now I'll announce (our) third lesson of Polish.
Adam: Dobrze. Zaczynamy.	All right. Let's begin (*literally*: we begin).

Mały piesek, mała dziewczynka, małe dziecko

COMMENTS ON LESSON 2

DEFINITION OF THE NOUN

Tu mieszka *moja* **córka**	This is where my daughter lives.
Mała **Kasia** słucha.	Little Kasia is listening.
Mój **brat** czyta.	My brother is reading.
To jest *mój* **brat**.	This is my brother.

---

[2] In Polish, personal pronouns are generally used only when special logical stress attaches to them, as explained at length in the Comments.

To jest *mały* **piesek**.	This is a little dog.
Małe **dziecko** pyta.	A little child asks questions.
To jest *duże* **miasto**.	This is a big city.
Q u e s t i o n s : **Jakie to jest miasto?**	What kind of city is it?
Czyj to jest piesek?	Whose little dog is it?

In the above sentences (formed according to Patterns 1 and 3) such words as **mały, mała, małe, jakie, czyj** make their appearance. These are the nominative forms of adjectives and words declined like adjectives. In these sentences they are used attributively. Every such word in the nominative has three different forms in the singular.

Gender	Masculine	Feminine	Neuter
Ending	-y or -i	-a	-e
	jaki	*jaka*	*jakie*
	duży	duża	duże
	mały	mała	małe
	miły	miła	miłe
	wysoki	wysoka	wysokie

The above sentences also feature possessive adjectives (in the nominative). Their forms are as follows:

Gender	Masculine	Feminine	Neuter
Ending		-a	-e
	czyj	*czyja*	*czyje*
	mój	moja	moje
	twój	twoja	twoje
	nasz	nasza	nasze
	wasz	wasza	wasze

Which of the forms given above is chosen depends on the gender of the noun:

1. The masculine forms are used together with masculine nouns i. e. ending in a consonant (with the exception of the nouns under 2), as well as with nouns ending in **-a** and denoting masculine persons.

młody **lekarz**	a young doctor
mój **brat**	my brother
duży **dom**	a big house
wysoki **mężczyzna**	a tall man

2. The feminine forms are used together with feminine nouns i. e. ending in **-a** (with the exception of nouns mentioned under 1), as well as with nouns ending in certain consonants.

moja **córka**	my daughter
ładna **lalka**	a pretty doll
dobra **wiadomość**	a good piece of news

3. The neuter forms are used in conjunction with neuter nouns (i. e. ending in **-o, -e, -ę, -um**).

małe **dziecko**	a little child
duże **miasto**	a big city
nasze **mieszkanie**	our flat

N o t e: The gender of nouns is indicated in the Vocabulary.

P a t t e r n 4

```
Warszawa jest duża
Warsaw is big
```

Kasia *jest* **mała**.
Jestem **mała**.
Twoja lalka *jest* bardzo **ładna**.
Pan Adam *jest* **wysoki**.
Jesteś **miły**.
Nasze miasto *jest* **duże**.
Moje dziecko *jest* **małe**.

Q u e s t i o n s:	**Jaki jest pan Adam?**	What is Adam like?
	Jaka jest Kasia?	What is Kasia like?
	Jakie jest nasze miasto?	What is our town like?

In sentences conforming to Pattern 4 the adjectives are used predicatively. They are used with the singular forms of the verb **być** (**jestem, jesteś, jest**). T h e v e r b s h o u l d n o t b e o m i t t e d in this pattern.

The choice of the form of the adjective depends on the grammatical gender of the noun (or the pronoun), and, where there is no noun, on the gender of the person whom the adjective qualifies.

Jestem **ładny**. I am pretty.	Jestem **ładna**. I am pretty.
(masculine — 1st pers. sing.)	(feminine — 1st pers. sing.)
Jesteś **miły**. You are nice.	Jesteś **miła**. You are nice.
(masculine — 2nd pers. sing.)	(feminine — 2nd pers. sing.)
(compare the French: **joli** — **jolie**, **plaisant** — **plaisante**)	

Pattern 5

> **Warszawa to stolica Polski**
> Warsaw is the capital of Poland

Polska to nasza ojczyzna.
Kasia to dziecko.
Pan Adam to mężczyzna, a Ewa to kobieta.
Pies to zwierzę.

In sentences constructed according to Pattern 5 forms of the verb **być** are not used. Equivalent sentences containing forms of the verb **być** will be dealt with in Lesson 21.

IDIOMS AND EXPRESSIONS

Mówić po polsku   *To speak Polish*
(*similarly*: **po angielsku, po francusku** etc.)

EXERCISES

I. Put in the correct form of one of the following adjectives: *mały, miły, ładny, duży, wysoki, młody, dobry*:

1. Warszawa to ... miasto. 2. Ewa to ... pani. 3. Kasia to ... dziecko. 4. Pan Adam to ... mężczyzna. 5. Agata to ... lalka. 6. Pan Adam to ... inżynier.

II. Answer the following questions, using the correct form of the possessive adjectives given in brackets:

1. Czyja to jest lalka? (mój). 2. Czyj to jest dom? (nasz) 3. Czyj to jest pies? (twój). 4. Czyje to jest dziecko? (nasz). 5. Czyja to jest mama? (mój). 6. Czyje to jest mieszkanie? (wasz). 7. Czyja to jest córka? (nasz).

III. Form sentences using the correct forms of the verb and adjective given in brackets:

1. Pani Ewa (być, ładny). 2. Kasia (być, miły). 3. Pan Adam (być, wysoki). 4. Nasze miasto (być, duży). 5. Lalka (być, mały). 6. Moje mieszkanie (być, duży).

1. Pani[1] doktor Ewa Gadomska i pan[1] inżynier Adam Bielak rozmawiają

(*słychać nakręcanie tarczy telefonicznej*)

1. Doctor (*literally*: Miss Doctor) **Ewa Gadomska and Mr.** (*literally*: Mr. Engineer) **Adam Bielak have a conversation**

(*the sound of a number being dialled is heard*)

Adam: Halo, tu Bielak.

Hullo, this is Bielak (speaking).

Kobieta: Przepraszam, kto?

Excuse me, who (did you say)?

Adam: Inżynier Adam Bielak. Czy to szpital?

Mr. (*literally*: engineer) Adam Bielak. Is that the hospital?

Kobieta: Tak, słucham[2]...

Yes, what can I do for you? (*literally*: I am listening).

Adam: Czy jest pani doktor Ewa Gadomska?[3]

Is Dr Ewa Gadomska there?

Kobieta: Owszem jest, proszę zaczekać.

Yes, she is, hold the line, please (*literally*: please wait).

Adam: Dziękuję, czekam.

Thank you, I am waiting.

Ewa: Halo, tu Gadomska[4], słucham.

Hullo, this is (Miss) Gadomska (speaking), what can I do for you?

Adam: Tu Adam. Dzień dobry.

This is Adam. Good morning.

Ewa: Dzień dobry.

Good morning.

Adam: Czy masz dziś wolny wieczór?

Are you free to-night? (*literally*: Have you a free evening today?)

Ewa: Owszem. Mam dziś czas.

Yes, I have time to-night.

---

[1] Polite Polish usage differs from English in that the words **pan** and **pani** are as a rule prefixed to academic degrees, professional titles and titles denoting a function. The learner should, however, note the difference between **pani doktor** (*a woman doctor*) and **pani doktorowa** (*the wife of a doctor*).

[2] In both personal interviews and telephone conversations the word "słucham" is not a mere statement of the fact that we are listening, but an invitation to our interlocutor to tell us his business.

[3] The Polish "Czy jest pan X?" (literally: *Is Mr. X.?*) corresponds to the English "Is Mr. X. there?" The answer is either "**Jest**". (*He* or *she is here*) or "**Nie ma go (jej)**" (*He* or *she isn't here*). For the latter form see Lesson 9 Pattern 14.

[4] One should n e v e r refer to oneself as **pan, pani** or **panna**, but give one's surname alone.

Adam: A więc spotykamy się jak zwykle?

So we'll meet as usual?

Ewa: Dobrze. Kawiarnia „Nowy Świat". Tak[5]...?

Fine. At the „Nowy Świat" café. All right?

Adam: Tak. Dziękuję bardzo. Czekam. Do widzenia.

Yes. Thanks very much. I'm looking forward to it (*literally*: I am waiting). Goodbye.

Ewa: Do widzenia.

Goodbye.

2. Pani doktor Ewa Gadomska i pan inżynier Adam Bielak spotykają się

2. Dr Ewa Gadomska and Mr. Adam Bielak meet

Adam: Dobry wieczór.

Good evening.

Ewa: Dobry wieczór, Adam.

Good evening, Adam.

Adam: Spóźniasz się.

You are late.

Ewa: Przepraszam, moja wina.

I am sorry. It is my fault.

Adam: Gdzie siadamy?

Where shall we sit?

Kelnerka: Tam jest wolny stolik.

There is a free table over there.

Adam: Dziękuję pani.

Thank you.

Kelnerka: Co państwo zamawiają?

Can I take your order? (*literally*: What do you order?).

Adam: Czy ma pani słodkie wino?

Have you got any sweet wine?

Kelnerka: Owszem. Jest Muscat, Vermouth i Tokay.

Yes. Muscatel, Vermouth and Tokay.

Adam: Proszę Tokay.

Tokay, please.

Ewa: A czy jest kawa?

And is there any coffee?

Kelnerka: Jest proszę państwa[6]. Czy państwo jeszcze coś zamawiają?

There is (sir and madam). Are you ordering anything else?

---

[5] The word **tak** *yes* is frequently used at the end of a sentence with an interrogative meaning, as one would use a question-tag in English.

[6] **"Proszę"**, one of the most frequently used expressions in Polish (see Comments p. 41) means *"certainly"* when said in reply to a request and corresponds to the American *"you're welcome"* when used in answer to *"dziękuję"* (*thank you*). The phrases **"proszę pana (pani, państwa)"** are also frequently used as interjections in conversation and are really untranslatable.

Ewa: Tak, proszę jeszcze tortowe ciastko.	Yes, I'd like a piece of layer cake as well, please.
Kelnerka: Proszę bardzo[6].	Certainly.

3. Adam i Ewa umawiają się

3. Adam and Ewa make a date

Adam: Kiedy wypada twój dyżur?	When are you on duty? (*literally*: When does your day of duty fall?).
Ewa: Jutro.	To-morrow.
Adam: Szkoda.[7]	What a pity.
Ewa: Przepraszam, nie! Mój dyżur wypada pojutrze.	No, I am sorry! I am on duty the day after to-morrow.
Adam: To dobrze!	That's good!
Ewa: Dobrze? Dlaczego?	Good? Why?
Adam: Jutro jest sobota. Mam pewien plan.	To-morrow is Saturday. I have a certain plan.
Ewa: Jaki? Jestem bardzo ciekawa.	What kind of (plan)? I am very curious.
Adam: To na razie moja tajemnica.	For the time being that is my secret.

Przepraszam pana

---

[7] There are quite a number of verbless expressions which can be used on their own as complete utterances: "szkoda" (*what a*) *pity* is one of them.

COMMENTS ON LESSON 3

Pattern 6

> **Mam** dziś **czas**
> I have (some) time today

Mam pewien plan.
Masz dziś wolny wieczór.
Mamy nowe mieszkanie.
Zamawiamy wino.
Czytam powieść.
Śpiewamy pieśń.
Proszę jeszcze jakieś ciastko.

Questions: **Co państwo zamawiają?**   What are you ordering?
          Co czytasz?   What are you (singular) reading?
          Co pani śpiewa?   What are you singing?

The above sentences contain transitive verbs (given in the Vocabulary by adding the questions **kogo?** *whom?* and **co?** *what?*) and nouns in an object form (the accusative).

In sentences which follow Pattern 6 the object form of the nouns is the same as their subject (dictionary) form, but it is only nouns ending in a consonant (feminine and inanimate masculine) and neuter nouns that appear in this form.

Sentences with the verb form **proszę** are also constructed according to the pattern given above. Such sentences are used in colloquial speech when buying, ordering or handing in something.

Proszę **bilet.**   A ticket, please
Proszę **wino.**   Some wine, please.
Proszę **zeszyt.**   A notebook, please.

When adjectives and other words declined like adjectives appear with nouns in the above pattern (in the accusative case) they preserve the form discussed in Lesson 2 (with the exception of feminine nouns) —see p. 35.

CONJUGATION OF THE VERB MIEĆ *TO HAVE*

The verb **mieć** is conjugated like **słuchać** (see p. 31), and differs from it only in its dictionary form (infinitive).

mieć: 1. mam   mamy
       2. masz   macie
       3. ma   mają

P a t t e r n 7

> **Tam jest wolny stolik**
> There is a free table over there

a

Czy jest pani doktor Ewa Gadomska? — Owszem jest.
Czy jest kawa?   — Jest, proszę państwa.

b

Jestem tutaj.
Gdzie jesteś?

c

Jutro jest sobota.
Dziś jest ładna pogoda.

GENERAL QUESTIONS

1. **To jest** pani Ewa Gadomska.   This is Miss Ewa Gadomska.
   Czy to jest pani Ewa Gadomska? Is this Miss Ewa Gadomska?

2. Pan Adam **słucha**.   Adam is listening.
   Czy pan Adam **słucha?**   Is Adam listening?

3. Warszawa **jest duża**.   Warsaw is large.
   Czy Warszawa **jest duża?**   Is Warsaw large?

4. **Masz** dziś czas.   You have (some) time today.
   Czy masz dziś czas?   Have you (any) time today?

Questions which do not contain an interrogative word were discussed in Lesson 1 (see p. 31). General questions, however, frequently start with the word **czy** (French: *Est-ce que...*).

Every affirmative sentence (statement) can be transformed into a general question by prefacing it with the word **czy**.

Examples from Lesson 3:

Czy to szpital?

Czy jest pani doktor Ewa Gadomska?

Czy masz dziś wolny wieczór?

Czy ma pani słodkie wino?

A czy jest kawa?

IDIOMS AND EXPRESSIONS

Przepraszam (pana, panią, państwa).	I am sorry, excuse me.
Dziękuję (plural: dziękujemy) panu, pani, państwu.	Thank you.
Dziękuję bardzo.	Thank you very much.
Dobry wieczór (panu, pani, państwu).	Good evening.
Dobranoc (panu, pani, państwu).	Good night.
Jestem (jesteś, jest) ciekaw (ciekawa).	I (you) wonder, he (she) wonders.

EXERCISES

I. Answer the following questions in the affirmative. If the verb is given in brackets it should be used in the correct form.

1. Czy czytasz powieść? 2. Czy Adam (mieć) dziś czas? 3. Czy zamawiacie wino? 4. Czy państwo (mieć) nowe mieszkanie? 5. Czy Kasia (śpiewać) pieśń? 6. Czy zamawiasz ciastko?

II. To the sentences below add the following words and expressions according to context: przepraszam, dobry wieczór państwu, jestem ciekaw (ciekawa). Affirmative sentences should be turned into general questions.

1. To jest szpital. 2. Masz dziś wolny wieczór? 3. Co państwo zamawiają? 4. Kiedy wypada twój dyżur? 5. Gdzie jest pani doktor Ewa Gadomska? 6. Dlaczego się spóźniasz? 7. Tam jest wolny stolik.

LEKCJA 4	LESSON 4
1. Ewa ma miłą nowinę	**1. Ewa has some pleasant news**
Adam: Masz dziś świetny humor.	You are in an excellent mood today.
Ewa: Owszem, mam nawet ochotę śpiewać.	Yes, I even feel like singing.
Adam: Czy to tylko nastrój?	Is this just a (passing) mood?

Ewa: Nie, mam konkretny powód. Przeprowadzam się.

Adam: Rozumiem. Nowe mieszkanie — to wielka radość. Ciekaw jestem, czy to duże mieszkanie?

Ewa: Mamy duży pokój, mały pokoik, nowoczesną kuchnię, łazienkę i balkon.

Adam: To doskonale! Kiedy macie zamiar się przeprowadzać?

Ewa: Chyba niedługo.

No, I have got a definite reason. I am moving.

I understand. A new flat is a great pleasure. I wonder if it is a large flat?

We have one large room, one small room, a modern kitchen, a bathroom and a balcony.

That's perfect. When do you intend to move?

Soon, I suppose.

2. Ewa sprząta

2. Ewa tidies up (her flat)

Ewa: Kto tam?

Adam: Adam!

Ewa: Już otwieram.

Adam: Dzień dobry. Sprzątasz?

Ewa: Nie, urządzam mieszkanie.

Mama: Tak. Ewa urządza mieszkanie. Ciągle coś przestawia, przesuwa, to szafę, to stół. Cały dzień się krząta.

Adam: Ale przecież[1] dziś jest niedziela!

Ewa: Czy nie rozumiecie? Mam nowe mieszkanie!

Who is there?

Adam!

I'll open the door at once (literally: I am already opening).

Good morning. You are tidying up?

No, I am arranging the flat.

Yes. Ewa is arranging the flat. She keeps changing the furniture around (literally: she perpetually re-arranges) moves now the wardrobe, now the table. She has been bustling about all day.

But it is Sunday today!

Can't you understand? I have a new flat!

---

[1] The adverb "przecież" has its equivalents in French (donc) and German (doch) but is extremely hard to render precisely in English. Whenever it occurs it will be translated variously by yet, and yet, but, after all, all the same, why, though, etc., according to context.

Mama: Rozumiemy, rozumiemy, ale czy to ma sens tak spędzać świąteczny dzień?

We do understand, we do; but is there any sense in spending your free day (*literally*: spending a holiday) like this?

Ewa: Dobrze, już siadam. Adam, jak uważasz, czy półkę postawić tutaj?

All right, I am just about to sit down. Adam, what do you think, should I put the shelf here?

Mama: Ewa, dosyć już. Czy podać herbatę?

Ewa, that'll do! (*literally*: enough already). Shall I serve some tea?

Ewa: Tak, oczywiście. Mocną i gorącą. Adam umie ocenić dobrą herbatę.

Yes, of course. Strong and hot. Adam appreciates good tea.

Adam: Doskonale. Najpierw herbata, a potem spacer.

All right. First tea and then a walk.

Ewa: Zgadzam się.

Agreed.

3. Ewa pomaga

3. Ewa gives a helping hand[2]

Obcy pan: Przepraszam panią. Czy to jest Osiedle Zielone?

Excuse me. Is this the Osiedle Zielone (the Green Housing Estate)?

Ewa: Nasze osiedle tak się nazywa. Nie jest jeszcze zielone, ale ma już taką nazwę.

That's what our estate is called. It is not green yet, but it is already called green (*literally*: it's called like that).

Pan: Jestem tu pierwszy raz...

I am here for the first time...

Ewa: Błąka się pan?

You can't find your way?

Pan: Tak, znam ulicę, numer, mam nawet plan i nie umiem trafić. Czy to nie zabawna sytuacja?

Yes, I know the street, the number, I have even got a plan, and I can't find my way. Isn't that a funny situation?

Ewa: Nie umie pan trafić? Jaki to adres?

You can't find your way? What is the address?

Pan: Osiedle Zielone, ulica Kwiatowa, blok A.

Osiedle Zielone, Kwiatowa Street, block A.

---

[2] Literally: helps.

Ewa: To bardzo proste. Tam jest budka telefoniczna, dalej blok B, a tuż obok blok A.

That's very simple. There is a telephone box over there, beyond that there is block B, and right next to it block A.

Pan: To rzeczywiście proste. Bardzo dziękuję.

That's really simple. Thank you very much.

Mam dobry humor

COMMENTS ON LESSON 4

Pattern 6 (continued)

> *Czytam* **książkę**
> I am reading a book

Mamy **duży pokój, nowoczesną kuchnię, łazienkę...**
Ewa *przesuwa* **szafę.**
Adam *umie ocenić* **dobrą herbatę.**
Nasze osiedle *ma* **taką nazwę.**
Znam **twoją siostrę.**

Questions: **Kogo zapraszasz?** — Whom are you inviting?
Kogo państwo wołają? — Whom are you calling?
Co czytasz? — What are you (singular) reading?

46

In the sentences above nouns (governed by transitive verbs) appear in their object form (accusative). In this form nouns ending in -a take the ending -ę (in affirmative statements).

Dictionary form	Drop	Add	Form for Pattern 6 (Accusative singular)
książka szafa herbata mężczyzna	} -a	} -ę	książkę szafę herbatę mężczyznę

E x c e p t i o n: the word "pani" takes the ending -ą, e. g. słucham panią, przepraszam panią. When addressing a woman directly we say: proszę pani.

In the pattern given above adjectives and other words declined like adjectives have the ending -ą when they qualify feminine nouns (ending in -a or in a consonant) functioning as objects.

ciekawą książkę   mocną herbatę
dużą szafę   wielką radość

P a t t e r n 8

> Czy podać herbatę?
> Shall I serve some tea?

Czy półkę postawić tutaj?
Czy napisać list?
Czy czekać jeszcze?
Czy teraz sprzątać mieszkanie?

CONJUGATION OF VERBS

The verbs umieć, rozumieć have the same endings as słuchać (see p. 31):

umiem, umiesz, umie, umiemy etc.
rozumiem, rozumiesz, rozumie, rozumiemy etc.

The verb umieć governs the dictionary form (infinitive) of the verb (see p. 31), e. g.:

Nie umiem *trafić*.   I cannot find my way (or: hit the mark).
Nie umie pan *trafić*?   Can't you find your way?
Adam umie *ocenić* dobrą herbatę.   Adam knows how to appreciate good tea.

kiedy	when	niedługo	soon
dziś	today	najpierw	first
jutro	to-morrow	teraz	now
pojutrze	the day after to-morrow	potem	afterwards

WORDS DENOTING PLACE

gdzie	where	dalej	further on
tútaj	here	obok	beside, close by, next to
tam	there		

IDIOMS AND EXPRESSIONS

mieć dobry (świetny, zły itp.) humor	to be in a good (excellent, bad etc.) mood
mieć ochotę śpiewać (tańczyć, opowiadać i in.)	to feel like singing (dancing, telling a story etc.)
mieć zamiar się przeprowadzić (wyjechać, studiować i in.)	to intend to move (to go away, to study etc.)
mieć sens	to make sense
urządzać mieszkanie	to arrange, furnish one's flat

EXERCISES

I. Answer the following questions, using the words given in brackets:

1. Kogo zna Ewa? (moja siostra). 2. Co państwo przesuwają? (przesuwać — my, nowa szafa). 3. Kogo przeprasza pan Adam? (pani Ewa). 4. Kogo pani woła? (wołać — ja, mała Kasia). 5. Co państwo zamawiają? (zamawiać — my, dobra kawa). 6. Co Kasia czyta? (nowa książka). 7. Co sprząta Ewa? (pokój, kuchnia, łazienka). 8. Co pisze Adam? (list).

II. Make sentences, using the correct form of the words given in brackets:

1. Dziś (mieć — ja, ochota, śpiewać). 2. Czy (mieć — ty, ochota, opowiadać)? 3. Kiedy państwo (mieć zamiar, wyjechać)? 4. Teraz (urządzać — wy, mieszkanie). 5. Czy pani (mieć dobry humor)? 6. Tak, dziś (mieć — ja, świetny humor).

LEKCJA 5	LESSON 5
1. Adam i Ewa sprzeczają się	**1. Adam and Ewa have an argument**
Adam: To okropny film.	That (was) a terrible film.
Ewa: Dlaczego okropny?	Why terrible?
Adam: Jest mąż i żona. Chcą się	Here you have (literally: there is)

kochać, ale nie umieją. Sprzeczają się i nie wiedzą dlaczego. Ciekaw jestem, jaki to ma sens?

a husband and a wife. They want to love each other, but don't know how. They bicker and don't know why. I wonder what the sense of it (all) is?

Ewa: Nie wiesz? Zwyczajny. Kobieta i mężczyzna mogą się kochać i nie zgadzać. Raz on ma rację, raz ona ma rację. Ale on ją kocha i ona go kocha.

You don't know? Nothing out of the ordinary. A woman and a man may love one another and (yet) disagree. Once he is right, then again she is right. But he loves her and she loves him.

Adam: Doprawdy, nie mogę zrozumieć, dlaczego to takie interesujące.

Really, I can't understand why this is supposed to be (*literally:* is) so interesting.

Ewa: Chyba możesz, tylko nie chcesz.

You probably can, only you don't want (to).

Adam: A ty?

And you?

Ewa: Mam własne zdanie i mogę je uzasadnić.

I have my own opinion and I can give reasons for it.

Adam: Słucham.[1]

Go on.

Ewa: Wcale nie słuchasz. Oglądasz przecież wystawę.

You are not listening at all. In fact you are looking at the shop window.

Adam: Tak. Zastanawiam się, czy ta szynka jest smaczna.

Yes. I am wondering if that ham is tasty.

Ewa: A... Rozumiem cię. Teraz już wszystko wiem.

Oh... I understand you. Now I know everything.

Adam: Ciekawe co pani[2] doktor wie?

I wonder what madam (*literally:* the lady doctor) knows?

Ewa: Pan[2] inżynier jest głodny i zły.

That sir (*literally:* Mr. engineer) is hungry and angry.

---

[1] Cf. Lesson 3, note 2.
[2] This use of the words **pan** and **pani** is intended to be jocular.

2. Adam zmienia zdanie

Adam: Doskonały bigos.[3]

Mama: Może jeszcze?

Adam: Dziękuję, już nie mogę.

Ewa: Czy możemy zacząć dyskusję?

Adam: Owszem. Czy pani zna film "Ich dzień powszedni"?

Mama: Nie znam. Czy to dobry film?

Adam: Doskonały.

Ewa: Adam! Jak możesz tak zmieniać zdanie!

Adam: Teraz już rozumiem bohatera.

Ewa: Rozumiesz bohatera, czy doceniasz reżysera?

Adam: Doceniam bigos.

Mama: Stara prawda: głodny mężczyzna jest zły.

2. Adam changes his mind

Excellent bigos.

Will you have some more? (*literally*: Perhaps still?)

Thank you, I really couldn't (*literally*: already I can't).

Can we start the discussion now?

Yes, indeed. Do you know the film "Their Daily Round" (*literally*: "Their Everyday Day")?

No, I don't. Is it a good film?

Excellent.

Adam! How can you change your mind like that!

Now I can understand the leading man *(literally*: hero*)*.

You understand the leading man, or you appreciate the director?

I appreciate the bigos.

(It is) an old truth: a hungry man is an angry man.

3. Ewa chce mieć psa

Ewa: Wiesz, nasza sąsiadka ma ślicznego psa.

Adam: Wiem, wiem, to rasowy pies. Często go spotykam.

Ewa: Jest inteligentny i zabawny. Nazywa się As.

3. Ewa wants to have a dog

You know, our (woman) neighbour has a lovely dog.

I know, I know, he's a pedigree dog. I often meet him.

He is intelligent and funny. He is called As.

---

[3] **Bigos:** one of the most popular Polish national dishes: consisting of cabbage (ordinary or salted) stewed with pieces of fried meat, poultry and sausage.

Adam: Masz ochotę także mieć psa?

Would you like to have a dog, too?

Ewa: Tak, chcę mieć psa.[4]

Yes, I'd like to have one.

Adam: A może małego kota?

And what about a little cat?

Ewa: Nie.

No.

Adam: A może dużego słonia?

And what about a big elephant?

Ewa: Adam! Czy nie możesz mnie zrozumieć? Mieć psa, to mieć przyjaciela!

Adam! Can't you understand me? To have a dog is to have a friend!

Adam: Chcieć to móc.[5]

Where there is a will there is a way.

4. Ewa i mama rozmawiają

4. Ewa and (her) mother have a ta k

Mama: Inżynier Bielak to prawdziwy mężczyzna.

Mr Bielak is a real man.

Ewa: Aha...

Mhm...

Mama: To dobry człowiek.

He is a good man.

Ewa: Mhm...

Mhm..

Mama: Uczynny, uprzejmy, ma dobry charakter, wiele umie...

He's helpful, polite, he has a good character, he knows a lot...

Ewa: Domyślam się, co masz zamiar powiedzieć: Adam ma także silną wolę, dobre stanowisko... Prawdziwy ideał! Nie?[6]

I (can) guess what you want to say: Adam also has a strong will, a good position... Absolutely ideal, isn't he?

Mama: Nie zamierzam go wychwalać.

I have no intention of singing his praises.

Ewa: Ale zachwalasz.

But you are praising him.

Mama: Nie, chcę tylko wiedzieć, czy go kochasz?

No, I just want to know if you love him?

Ewa: Właśnie się zastanawiam.

I am just wondering about that.

---

[4] In Polish there is no equivalent for the English use of 'one' to replace a noun previously used.
[5] Literally: *to want is to be able.*
[6] The word **nie** *no*, like **tak** (cf. Lesson 3, note 5) can be used almost like an English question-tag.

Mama: Zastanawiasz się, czy go kochasz?	You are wondering if you love him?
Ewa: Znam go dawno, on mnie zna też, ale...	I have known him for a long time, he knows me too, but...
Mama: Rozumiem — nie możesz się zdecydować.	I understand — you can't make up your mind.
Ewa: To chyba on się nie może zdecydować.	He can't make up his, I should say.

Mieć psa to mieć przyjaciela

COMMENTS ON LESSON 5

P a t t e r n 6 (continued)

Teraz już *rozumiem* **bohatera**
Now I understand the leading man

Rozumiesz **bohatera**, czy *doceniasz* **reżysera**?
Tylko bigos *może* **pana inżyniera** *uratować*.
Nasza sąsiadka *ma* **ślicznego psa**.
Może *chcesz mieć* **małego kota**?
Mieć **psa**, to *mieć* **przyjaciela**.

Q u e s t i o n: **Kogo tak dobrze rozumiesz?**   Whom do you understand so well?

When governed by transitive verbs (i. e. when functioning as objects), nouns which denote animate beings and end in a consonant have the ending -a.

Dictionary form	Add	Form for Pattern 6 (Accusative)
bohater		bohatera
reżyser		reżysera
pan	-a	pana
kot		kota
pies (ps-)[1]		psa
słoń (słoni-)[2]		słonia

Explanations:

1. Some nouns have a different stem in this form: i. e. they drop the -e- (which occasionally causes a change in the preceding consonants), e. g.:

pies	—	psa
chłopiec	—	chłopca
cudzoziemiec	—	cudzoziemca
uczeń	—	ucznia
dziadek	—	dziadka

All other case forms (with the exception of the dictionary form) show this change in the stem.

Changes in the stems of nouns are given in the Vocabulary.

2. The softness of a consonant immediately followed by a vowel is signalled by the letter i; hence differences in spelling result, e. g.:

słoń	—	słonia
uczeń	—	ucznia

When qualifying the nouns under discussion, (i. e. functioning as objects) adjectives and other words declined like adjectives have the ending -ego, e. g.:

wielkiego bohatera	(*I see*, etc.) a great hero
zdolnego reżysera	a talented director
małego kota	a little cat
ślicznego psa	a lovely dog

FORMS OF THE SINGULAR OF PERSONAL PRONOUNS
GOVERNED BY TRANSITIVE VERBS (ACCUSATIVE)

Adam, czy nie możesz mnie zrozumieć?	Adam, can't you understand me?
On mnie nie zna.	He does not know me.
Rozumiem cię.	I understand you.
Nie mogę cię zrozumieć.	I can't understand you.
On ją kocha.	He loves her.
Często ją spotykam.	I often meet her.
Ona go kocha.	She loves him.
Nie zamierzam go wychwalać.	I have no intention of singing his praises.
Mam własne zdanie i mogę je uzasadnić.	I have my own opinion and I can give reasons for it.
Znasz to dziecko? — Tak, znam je.	Do you know that child? — Yes, I know it.

Dictionary form	Form for Pattern 6 (Accusative)
ja	mnie
ty	cię
on	go
ona	ją
ono	je

The pronoun forms given are enclytics i. e. they have no stress of their own. They do not appear at the beginning of a sentence (e x c e p t i o n: **mnie**), and appear at the end of one only when the sentence is composed of verb and pronoun alone. In sentences composed of several words they occupy a place just before the verb by which they are governed (or in front of the word **nie** if the verb is in the negative).

CONJUGATION OF THE VERBS CHCIEĆ, MÓC, WIEDZIEĆ

chcieć: chcę, chcesz, chce, chcemy, chcecie, chcą
móc: mogę, możesz, może, możemy, możecie, mogą
wiedzieć: wiem, wiesz, wie, wiemy, wiecie, wiedzą

REFLEXIVE VERBS

Sprzeczają się i nie wiedzą dlaczego.	They bicker and do not know why.
Właśnie się zastanawiam.	I am just wondering.
To chyba on się nie może zdecydować.	Rather it is he who can't make up his mind.

A characteristic feature of the reflexive verbs is the word **się** which accompanies them. This remains the same in all forms of the verb. The word **się** can never begin a sentence, and only appears at the end of one when the sentence is composed of the verb and **się** alone, e. g.:

Domyślam **się**.	I can guess.
Zastanawiam **się**.	I am wondering.

In sentences composed of several words, the word **się** precedes the verb to which it belongs and may even be separated from it by other words

Jeszcze **się** nie **domyślasz?**	Can't you guess even now?
Dopiero **się zastanawiam.**	I am just wondering about that.
Nie możesz **się zdecydować.**	You can't make up your mind.
On **się** nie może **spóźnić.**	He cannot be late.

Pattern 9

Nie mogę zrozumieć   I can't understand

Mam własne zdanie i **mogę** je **uzasadnić.**
Kobieta i mężczyzna **mogą się kochać** i **nie zgadzać.**
Czy **możemy zacząć** dyskusję?
Nie chcesz mnie **zrozumieć.**
Chcę mieć psa.
Chcę wiedzieć, czy go kochasz.
Nie zamierzam go **wychwalać.**
Co pan **zamierza robić?**
Co masz **zamiar powiedzieć?**
Masz ochotę także **mieć** psa?

Pattern 10

Ciekaw jestem, **jaki to ma sens**   I wonder what the sense of that is

Nie mogę zrozumieć, **dlaczego to takie interesujące.**
Ciekawe, **co pani doktor wie?**
Domyślam się, **co masz zamiar powiedzieć.**
Zastanawiam się, **czy ta szynka jest smaczna.**
Chcę tylko wiedzieć, **czy go kochasz.**
Zastanawiasz się, **czy go kochasz?**
Ciekaw jestem, **czy to duże mieszkanie.**

The questions formed with interrogative words (**czy, kto, kogo, co, jaki, czyj, kiedy, gdzie, dlaczego**, etc.), which were discussed in the previous lessons, may be joined to an appropriate verb form to make a complex sentence (indirect questions).

Nie wiem, **czy mnie zrozumiesz.**	I don't know whether you will understand me.
Nie wiem, **kto ma rację.**	I don't know who is right.
Nie wiem, **kogo ona kocha.**	I don't know whom she loves.
Nie wiem, **czyja to książka.**	I don't know whose book this is.
Nie wiem, **kiedy macie zamiar się prze-prowadzić.**	I don't know when you intend to move.
Nie wiem, **czy czekać jeszcze.**	I don't know whether to wait any longer.

IDIOMS AND EXPRESSIONS

mieć rację	*to be right*
mieć własne zdanie	*to have one's own opinion*
zmieniać zdanie	*to change one's opinion* (or: *mind*)
chcieć to móc	*Where there is a will there is a way.*

EXERCISES

I. In the following sentences replace the personal pronouns by the correct forms of the nouns and adjectives given in brackets. The verbs should also be used in the appropriate form.

1. Adam (rozumieć) ją (moja córka). 2. Czy pani (chcieć) kupić go (duży pies)? 3. Dziecko (nie móc) uratować go (mały kot). 4. Czy pan (znać) go (zdolny reżyser)? 5. Kasia (chcieć) zobaczyć go (wielki słoń). 6. Nie wiem, czy (chcieć — wy) przeczytać ją (nowa książka). 7. Domyślam się, że państwo (chcieć) kupić ją (śliczna lalka). 8. Zastanawiam się, czy (kochać — ty) je (małe dziecko)? 9. (Nie zamierzać — ja) wychwalać go (pan Adam).

II. Turn the following questions into complex sentences, according to Pattern 10. Use the correct form of the personal pronoun where necessary.

1. Czy (on) kochasz? 2. Czy (ono) rozumiesz? 3. Czyj to pies? 4. Czy (ona) spotykasz? 5. Dlaczego (ono) wychwalasz? 6. Czy dobrze (ona) znasz? 7. Czy rozumiesz (ja)? 8. Kiedy mogę (ty) zobaczyć?

III. Make sentences, using the correct forms of the words given in brackets:

1. Ewa (chcieć, on, zobaczyć). 2. Państwo (móc, ono, uzasadnić). 3. Dziecko (wiedzieć) kto (ono, kochać). 4. (Chcieć — my, ty) często spotykać. 5. Czy (móc — wy, ja) zrozumieć?

LEKCJA 6

1. Mama i Ewa czekają

Ewa: Nie rozumiem, dlaczego Adam się spóźnia...

Mama: Nie warto się denerwować. Widocznie nie może jeszcze przyjść.

Ewa: Nie denerwuję się, tylko po prostu czekam.

Mama: O... chyba ktoś puka...

Ewa: Tak. Ktoś puka. Nie wiem, dlaczego dzwonek nie działa. Trzeba go koniecznie naprawić.

Posłaniec: Dobry wieczór. Czy tu mieszka pani doktor Ewa Gadomska?

Ewa: Tak, to ja.

Mama: Czy to pan Adam?

Ewa: Nie, to posłaniec.

Posłaniec: Proszę uprzejmie pokwitować.

Mama: Co kwitujesz? Kwiaty?

Ewa: I list.

Posłaniec: Dziękuję, do widzenia.

Mama: Ciekawa jestem, kto przysyła te kwiaty.

Ewa: Nie domyślasz się?

Mama: Domyślam się. To pewnie pan Adam...

LESSON 6

1. Mother and Ewa are waiting

I can't understand why Adam is late...

There is no point in getting upset. Evidently he can'tcome yet.

I am not getting upset. I am simply waiting.

Oh... I think someone is knocking...

Yes. Someone is knocking. I don't know why the bell is out of order. We really must have it repaired (*literally*: It must absolutely be repaired).

Good evening. Does Dr Ewa Gadomska live here?

Yes, that is me.

Is it Adam?

No, it is a messenger.

Please be so kind as to sign the receipt.

What are you signing for? Flowers?

And a letter.

Thank you, goodbye.

I wonder who sent (*literally*: sends) these flowers.

Can't you guess?

I can guess. (It is) probably Adam.

Ewa: Oczywiście. A wiesz, co pisze? ,,Mam nagły wyjazd służbowy. Wracam pojutrze. Przepraszam. Całuję ręce. Adam.''

Of course. And do you know what he says (*literally*: is writing)? "I have had to go away on business unexpectedly. I return the day after to-morrow. I am sorry. I kiss (your) hands. Adam."

Mama: No, no, no, Adam jest zakochany!

Well, well, well, Adam is in love.

Ewa: Skąd wiesz?

How do you know?

Mama: Wiem dobrze. Tak postępuje tylko zakochany mężczyzna.

I know it well (enough). Only a man in love behaves like that.

2. Hotel

2. The hotel

Adam: Dobry wieczór.

Good evening.

Portier: A... pan inżynier Bielak! Często pan odwiedza nasz hotel.

Oh... Mr. Bielak! You are a frequent visitor (*literally*: you visit our hotel frequently).

Adam: Tak, nasze biuro projektuje tu nowe zakłady kolejowe. Czy ma pan jeszcze wolne miejsca?

Yes, our office is preparing plans for some new railway works here. Have you got any room (for me) (*literally*: free places)?

Portier: Owszem, są nawet wolne pokoje. Mam pokój jednoosobowy[1].

Yes, there are even some free rooms. I have a single room (for you).

Adam: To doskonale.[2] Zajmuję ten pokój. Chcę dziś jeszcze pracować.

That is excellent. I'll take that room. I still want to work to-night.

Portier: Jest już bardzo późno — trzeba spać, a nie pracować.

It is very late already — you should sleep, and not work.

Adam: Trudno.[2] Mam pilną pracę.

Can't be helped. I have got (some) urgent work.

Portier: Proszę wypełnić kartę meldunkową i uregulować rachunek.

Please fill in the registration card and settle the bill.

Adam: Dobrze. Tu jest mój dowód osobisty — a tu pieniądze.

All right. Here is my identity card and here is the money.

---

[1] Similarly: **dwuosobowy** *double* (literally: *for two persons*), **trzyosobowy** (*for three persons*), **czteroosobowy** (*for four persons*) etc.

[2] Another verbless expression which forms a complete utterance (cf. Lesson 3, note 7).

Portier: Dziękuję. Oto klucze. Dobranoc panu.

Adam: Znam różne miasta i różne hotele, ale tu nocuję bardzo chętnie.

Thank you. Here are (your) keys. Good night, sir.

I know various towns and various hotels and (I must say) I enjoy staying here (*literally*: I stay here overnight very willingly).

3. Adam przyprowadza psa

3. Adam brings a dog

Adam: Witam[3] panie. Czy można wejść?

Mama: Ależ proszę bardzo!

Ewa: O... Adam! Nareszcie jesteś!

Adam: Jestem, i to nie sam!

Mama: To doskonale! Już nalewam herbatę[4].

Good day, ladies. May I come in?

Please do, by all means!

Oh... Adam! You are (here) at last!

(So) I am, and not alone, either!

That's splendid! I'll pour out the tea at once.

Adam: Bardzo żałuję, ale mój przyjaciel pija tylko wodę i mleko.

Ewa: Przepraszam cię, ale gdzie on jest?

I am very sorry, but my friend drinks only water and milk.

Excuse me, but where is he?

Adam: Mogę go zaraz poprosić. Gapa! Proszę bardzo! To jest twój dom, a to jest twoja pani.

I can ask him (in) straight away. Gapa! You are very welcome! This is your home, and this is your mistress.

Ewa: Ależ to pies!

Mama: Nazywa się Gapa?

But it is a dog!

Is his name Gapa (*meaning literally*: a simpleton)?

Adam: Tak, ale to nie gapa, tylko mądry pies.

Ewa: O... jakie ma mądre oczy!

Mama: I jakie długie uszy!

Ewa: Pewnie jest jeszcze bardzo młody.

Yes, only he is not a simpleton, but a clever dog.

Oh... What clever eyes he has!

And what long ears!

Surely he is still very young.

---

[3] **Witam** is a rather ceremonious form of greeting, sometimes tinged with a note of irony.

[4] Cf. Lesson 2, note 1.

Adam: Tak. To małe szczenię. Trzeba je karmić i pielęgnować.

Yes. He (*literally*: it) is still a little puppy. He must be fed and looked after.

Mama: Ewę już zna i mnie także. Teraz zwiedza mieszkanie. Śmieszny pies!

He already knows Ewa and me too. Now he is exploring the flat. (What a) funny dog!

Adam: Mają panie nowy kłopot.

You have (acquired) a new headache (*literally*: trouble).

Ewa: I nową radość.

And a new pleasure.

Proszę uprzejmie zaczekać

COMMENTS ON LESSON 6

PLURAL OF NOUNS
(other than those denoting masculine persons)

Nasze biuro projektuje tu **nowe zakłady**.
Mają **panie** nowy kłopot.
Czy ma pan jeszcze **wolne miejsca**?
Owszem, są nawet **wolne pokoje**.

All nouns, other than those denoting masculine persons (to be dealt with in Lesson 8) form the nominative and accusative plural in the following way:

Noun	Dictionary form	Drop	Add	Nominative and Accusative plural
1. Masculine and Feminine with a stem ending in a hard consonant (except those under 2 and 3)	kwiat zakład kot kobieta siostra szafa	— -a	-y	kwiaty zakłady koty kobiety siostry szafy
2. Masculine and Feminine with stem ending in **k** or **g**	park brzeg książka noga	— -a	-i	parki brzegi książki nogi
3. Masculine and Feminine ending in a soft consonant or the consonants **c, dz, cz, sz, rz, ż, l**.	słoń (słoni-)[1] kamień (kamieni-)[1] liść (liści-)[1] pokój (pokoj-)[2] hotel klucz pani kawiarnia dzielnica noc[3] sień (sieni-)[1,3]	— -a —	-e	słonie kamienie liście pokoje hotele klucze panie kawiarnie dzielnice noce sienie
4. Neuter nouns	miejsce miasto muzeum imię szczenię	-e -o -um -ę —	-a -a -a -ona -ta	miejsca miasta muzea imiona szczenięta

Explanations:
1. On the difference in the spelling of the stems see p. 53.
2. Alternation[5] in the stem from **ó** to **o** is characteristic of this form, e. g

$$\text{pok}\acute{o}\text{j} \quad — \quad \text{pok}o\text{je}$$
$$\text{st}\acute{o}\text{ł} \quad — \quad \text{st}o\text{ły}$$

Instances of alternation are given in the Vocabulary.

All the changes in the stems of nouns are given in the table on pp. 260, 262, 264.

---

[5] Alternation is the linguistic term for a regular exchange of one vowel or consonant for another in the stem or root of different grammatical forms of a word. Examples of alternation survive in English in the present and past tense forms of ring/rang, sing/sang and the singular and plural of goose/geese, foot/feet.

3. Not all feminine nouns ending in a consonant take the ending -e. Some of them take the ending -i or -y

część — części
rzecz — rzeczy

The plural endings of these nouns are given in the Vocabulary.

4. The plural of the nouns **oko, ucho, ręka** is **oczy, uszy, ręce.**
5. There are some nouns for which the plural form only is used, e. g. **drzwi** *door, doors,* **schody** *stairs,* **spodnie** *trousers.*

Adjectives and other words declined like adjectives take the ending -e when they qualify plural nouns in the nominative case (except those denoting masculine persons); e. g.

piękne **kwiaty**	beautiful flowers
wolne **pokoje**	free rooms
ładne **kobiety**	pretty women
moje **siostry**	my sisters
wolne **miejsca**	free places
różne **miasta**	various towns

The plural form of nouns described here can be used in all those sentences in which the dictionary form has been used so far (Pattern 1, 3, 4, 5, 6, 7 and 9) but in conjunction with the third person plural of the verb.

To *są* **kwiaty.**	These are flowers.
Panie bardzo ładnie *śpiewają.*	You sing very prettily.
Twoje **lalki** *są* bardzo ładne.	Your dolls are very pretty.
Róże to **kwiaty.**	Roses are flowers.
Panie *mają* rację.	You are right.
Tam *są* wolne **stoliki.**	There are some free tables over there.
Co **panie** *zamierzają robić?*	What are you ladies intending to do?

They can also be used (as a direct object) with transitive verbs (Pattern 6):

Ciekawa jestem, kto *przysyła* **te kwiaty?**	I wonder who sent those flowers?
Czy *ma* pani jeszcze **wolne miejsca?**	Have you got any room (*literally*: any free places)?
Znam różne **miasta** i różne **hotele.**	I know various towns and various hotels.

(except forms relating to masculine persons)

	Singular		Plural	
Masculine:	ten park	this park	te parki	these parks
Feminine:	ta pani	this lady	te panie	these ladies
Neuter:	to miasto	this town	te miasta	these towns

FORMS FOR PATTERN 6 (ACCUSATIVE)

Singular	Plural
Masculine: ten[1], tego[2]	te
Feminine: tę	(for all genders)
Neuter: to	

N o t e 1. **ten** — for inanimate things.
N o t e 2. **tego** — for living beings.

CONJUGATION OF VERBS OF THE **PRACOWAĆ** TYPE

In the present tense forms of verbs of the **pracować** type **-owa** changes into **-uj-**. This conjugation is as follows:

pracować:	prac*uj*ę	prac*uj*emy
	prac*uj*esz	prac*uj*ecie
	prac*uj*e	pracują

In this lesson we have met the following verbs of this group: **denerwować się** *to get upset*, **kwitować** *to sign*, **całować** *to kiss*, **postępować** *to behave*, **projektować** *to prepare*, **zajmować** *to occupy*, **nocować** *to stay* (*overnight*), **pielęgnować** *to look after*.

IDIOMS AND EXPRESSIONS

(Nie) **warto się denerwować (czekać i in.).** — *It is(n't) worth while getting upset (waiting etc.).*

Proszę (uprzejmie) pokwitować (zaczekać i in.). — *Please (be so kind as to) sign the receipt (wait etc.).*

Mam (nagły itp.) wyjazd. — *I have had to go away suddenly etc. (cf. Lesson 3 conversation 3 — "Kiedy wypada twój dyżur?")*

karta meldunkowa — *registration card*

uregulować rachunek — *to settle (foot) the bill*

dowód osobisty — *identity card*

Witam (pana, panią, państwa). — *Welcome (sir, madam, sir and madam, ladies and gentlemen).*

bardzo żałuję — *I very much regret*

mieć kłopot — *to have trouble*

I. Turn the following sentences into the plural:

1. To jest piękny kwiat. 2. To jest ładna kobieta. 3. Ta pani umie śpiewać. 4. Twój kot jest jeszcze mały. 5. Czy to miejsce jest wolne? 6. Czy to jest ciekawa książka? 7. Moja siostra zamierza dziś wyjechać. 8. Dobrze znam to miasto. 9. Mogę zapytać tę panią. 10. Zwiedzimy dziś ten park. 11. Gdzie jest wolny stolik? 12. Nie wiem, czy ta pani ma rację.

II. Give the plurals of the following words:

Ta część, ten pokój, ten stół, ta rzecz, ta noc, to miasto, ten brzeg, to ucho, to oko, ten stolik, ta lalka, ta ręka, to biuro.

III. Put in the correct form of the verbs given in brackets:

1. Nasze biuro (projektować) nowe zakłady kolejowe. 2. (Zajmować — ja) ten pokój. 3. Dlaczego (pracować — ty) dziś tak długo? 4. Kiedy państwo (uregulować) rachunek? 5. (Nocować — ja) tu bardzo chętnie. 6. Mama (pielęgnować) dziecko.

LEKCJA 7

LESSON 7

1. Mama i sąsiadka rozmawiają

1. Mother and (her woman-) neighbour are talking

Mama: Ładne jest to nasze podwórze, prawda?

Our courtyard is very attractive, isn't it?

Sąsiadka: Owszem, jest przyjemne i czyste. Dozorca codziennie je sprząta.

Yes, indeed. It is pleasant and clean. The caretaker cleans it every day.

Mama: Tak. Polewa trawniki, pielęgnuje kwiaty. Nasz dozorca to pracowity człowiek (*słychać śmiechy dziewcząt*).

Yes. He waters the lawns (and) looks after the flowers. Our caretaker is an industrious man (*girls are heard laughing*).

Sąsiadka: Czy zna pani te dziewczynki?

Do you know those girls?

Mama: Znam tylko tę pierwszą. To Kasia, moja sąsiadka.

I only know that first one. That is Kasia, my neighbour.

Sąsiadka: A ja znam je wszystkie. Ta druga, wysoka, to Hanka, ta

And I know them all. That second tall one is Hanka, the third one is trzecia to Janka, a ta czwarta, ruda, ma na imię Marysia.

Mama: To znaczy, że pani je naprawdę dobrze zna.

Sąsiadka: Tak. Często je obserwuję. Dziewczynki spędzają tu całe popołudnia.

Mama: Na pewno mają lalki.

Sąsiadka: Oczywiście. Ubierają je albo rozbierają, gotują obiady, śpiewają kołysanki...

Mama: Dziewczynki zawsze naśladują matki.

Sąsiadka: Nie zawsze. Czasem biegają, hałasują, zbierają patyki, kamienie, cegły i w ogóle różne śmiecie.

Mama: Na pewno budują zamki albo mosty.

Sąsiadka: Nie wiem, co one budują, ale mnie denerwują te hałasy.

Mama: Nie warto się denerwować. Czy pani ma dzieci?

Sąsiadka: Mam. Córka już pracuje, a syn studiuje.

Mama: Rozumiem. To już nie są małe dzieci. To dorośli[1] ludzie.

Sąsiadka: Dorośli ludzie chcą mieć spokój.

Janka, and the fourth, red-haired one's name is Marysia.

That means you know them really well.

Yes. I often watch them. The girls spend whole afternoons here.

No doubt they have got dolls.

Of course. They dress and undress them, cook lunch (*literally*: lunches), sing lullabies...

Girls always imitate (their) mothers.

Not always. Occasionally they run (about), make a noise, collect sticks, stones, bricks and generally various bits of rubbish.

No doubt they build castles or bridges (with them).

I don't know what they build, but the noise (*literally*: those noises) upsets me.

There is no point in getting upset. Have you any family (*literally*: children)?

I have. My daughter goes out to work already, and my son is a student.

I see. They are no longer small children. They are grown-ups.

Grown-ups want to have peace.

---

[1] This is the form of the adjective used with nouns denoting masculine persons (explained in the Comments on Lesson 8). This adjective can be also used instead of a noun and function as a noun e.g. dorośli = dorośli ludzie.

Mama: To prawda, ale dorośli ludzie chcą także mieć dzieci i rozumieją je.

That's true, but grown-ups also want to have children and (can) understand them.

2. Marek odpoczywa

2. Marek is having a rest

Adam: Serwus, Marek!

Hallo, Marek!

Marek: Witam! Masz może zapałki?

Greetings! Perhaps you have got some matches?

Adam: Owszem, możesz wziąć to pudełko. Mam drugie. Co porabiasz?

Yes, you can take this box. I have got another. What are you doing (these days)?

Marek: Teraz usiłuję odpoczywać, a jednak pracuję.

(Just) now I am trying to rest, but I'm working all the same.

Adam: Jak to, pracujesz? Przecież to jest kawiarnia, dokoła park, piękne drzewa, zieleń...

How do you mean, you are working? After all this is a café, (with) a park all round, fine trees, greenery...

Marek: Właśnie. Mam zamiar fotografować ten park.

Precisely! I intend to photograph this park.

Adam: Przecież pada deszcz...

But look here, it is raining...

Marek: Dlatego obserwuję teraz parasolki[2].

That is precisely why I am watching the (ladies') umbrellas.

Adam: A dlaczego nie parasole?[3]

And why not the (men's) umbrellas?

Marek: Męskie parasole są jednakowo czarne, a parasolki są kolorowe. Prawie każda kobieta ma parasolkę.

Men's umbrellas are uniformly black, while ladies' umbrellas are colourful. Nearly every woman has an umbrella.

Adam: Nie jestem pewien, czy obserwujesz parasolki, czy kobiety.

I am not sure whether you are watching the umbrellas or the women.

Marek: Obserwuję po prostu życie, jak każdy fotoreporter. O, już szósta!

I simply watch life, as every photographer (does). Oh, six (*literally*: the sixth) already!

---

[2] **parasolka** — *a woman's umbrella*
[3] **parasol** — *a man's umbrella*

Adam: Co? Już szósta godzina? Przecież jest dopiero piąta!

Marek: Nie szósta godzina, tylko szósta czerwona parasolka.

Adam: No tak... Ta parasolka ma bardzo zgrabne nogi.

What? six o'clock already? But it is only five!

Not six o'clock, but the sixth red umbrella!

Well, yes... That (particular) umbrella has got a very fine (pair of) legs.

3. Przybywa Agata

3. Agata arrives

Marek: Uwaga! Zbliża się moja żona.

Adam: Rzeczywiście. Ta pani to na pewno Agata.

Agata: Marek! Szukam cię i szukam, a ty pewnie obserwujesz życie, ale nie mnie! Jestem cała mokra! A... Adam... Witam! Was zawsze można spotkać razem. Co robicie?

Adam: Marek czeka i liczy parasolki. A gdzie jest twoja parasolka?

Marek: Właśnie. Gdzie jest twoja parasolka?

Agata: Nie wiem...

Adam: Trzeba chyba kupić drugą[4].

Marek: Nie drugą, ale już chyba dziesiątą.

Agata: Która godzina?

Adam: Siódma.

Agata: No to czas na nas.

Marek: Tak. Trzeba już iść.

Look out! My wife is approaching.

So she is. That is certainly Agata.

Marek! I have been looking for you everywhere, while you, no doubt, have been observing life, but not me! I am wet through! Oh... Adam... Hallo! You (two) can always be met together. What are you doing, both of you?

Marek is waiting and counting the umbrellas. And where is your umbrella?

Precisely. Where is your umbrella?

I don't know...

I expect you will have to buy another one.

Not another one, but a tenth one I think.

What time is it?

Seven.

Well then, it is time for us (to go).

Yes, we'll have to go.

---

[4] The word **drugi** may mean *second* or *another one*.

Adam: Czy mogę was odprowa- | May I see you both home?
dzić?

Agata: Ależ tak! Bardzo proszę! | By all means! You are very wel-
come!

Czy pan je dobrze zna?

COMMENTS ON LESSON 7

PLURAL OF NOUNS

(other than those denoting masculine persons) —continued

In this lesson there occur a number of examples of plural forms of nouns
(accompanied by adjectives and other words declined like adjectives)
used in types of sentences already discussed.

Dziewczynki spędzają tu **całe popołudnia**.
Mnie denerwują **te hałasy**.
To już nie są **małe dzieci**[1].
Męskie parasole są jednakowo czarne, a **parasolki** są **kolorowe**.

Questions: **Co cię tak denerwuje?** | What (is it that) upsets you like that?
Kto tutaj pracuje? | Who works here?

Note 1. The noun **dziecko** has the plural **dzieci**.

INSTANCES OF THE USE OF PLURAL FORMS WITH TRANSITIVE VERBS
(ACCUSATIVE)

Dozorca *polewa* **trawniki**, *pielęgnuje* | The caretaker waters the lawns (and) looks
kwiaty. | after the flowers.
Dziewczynki *zbierają* **patyki, kamienie,** | The girls collect sticks, stones, bricks and
cegły i w ogóle **różne śmiecie**. | generally all sorts of rubbish.
Masz może **zapałki?** | Perhaps you have got some matches?

68

Właśnie teraz *obserwuję* **parasolki.**	Just now I am watching the umbrellas.
Czy pani *zna* te **dziewczynki?**	Do you know these girls?
Na pewno *mają* **lalki.**	No doubt they have got dolls.
Dziewczynki *naśladują* **matki.**	(Little) girls imitate (their) mothers.
Czy pani *ma* **dzieci?**	Have you any family (*literally*: children)?
Nie jestem pewien, czy *obserwujesz* **parasolki,** czy **kobiety?**	I am not sure whether you are watching the umbrellas or the women?
Dzieci *chcą mieć* **psy, koty** lub **ptaki.**	Children want to have dogs, cats or birds.
Q u e s t i o n s : **Co polewa dozorca?**	What does the caretaker water?
Kogo naśladują dziewczynki?	Whom do little girls imitate?

PLURAL FORMS OF PRONOUNS IN SENTENCES FORMED ACCORDING TO PATTERN 6
(ACCUSATIVE)

Czy zna pani te dziewczynki?	Do you know these (little) girls?
Znam je wszystkie.	I know them all.
Pani je dobrze zna.	You know them well.
Na pewno mają lalki. Oczywiście. Ubierają je albo rozbierają.	No doubt they have got dolls. Of course. They dress or undress them.
Dorośli ludzie chcą mieć dzieci i rozumieją je.	Grown-ups want to have children and (can) understand them.
Dzieci zbierają patyki, kamienie i cegły. Po co je zbierają?	Children collect sticks, stones and bricks. What do they collect them for?
Was można zawsze spotkać razem.	You (two) can always be met together.
Czy mogę **was** odprowadzić?	May I see you home?
Te dziewczynki **nas** naśladują.	These (little) girls are imitating us.
On **nas** fotografuje.	He is photographing us.

Dictionary form	Form for Pattern 6 (Accusative)
my	nas
wy	was
oni	ich
one	je

Te dziewczynki umieją się bawić. These little girls know how to play.	Czy znasz te dziewczynki? Do you know these little girls?
One umieją się bawić. They know how to play.	Czy znasz je? Do you know them?
Ptaki śpiewają The birds are singing.	Obserwuję ptaki. I am watching the birds.
One śpiewają They are singing.	Obserwuję je. I am watching them.

Męskie parasole są czarne.	Kupuję te parasole.
Men's umbrellas are black.	I am buying these umbrellas.
One są czarne.	Kupuję je.
They are black.	I am buying them.
Dzieci hałasują.	Uspokajam dzieci.
The children are making the noise.	I am calming down the children.
One hałasują.	Uspokajam je.
They are making a noise.	I am calming them down.

Pattern 11

> **Jest godzina pierwsza**
> It is one o'clock

Która jest godzina?	What time is it?
Która godzina?	What is the time?
Jest godzina druga.	It is two o'clock.
Godzina druga.	Two o'clock.
Druga.	Two.
Jest godzina dziesiąta.	It is ten o'clock.
Godzina dziesiąta.	Ten o'clock.
Dziesiąta.	Ten.
Jest godzina dwunasta.	It is twelve o'clock.
Godzina dwunasta.	Twelve o'clock.
Dwunasta.	Twelve.

Ordinal numbers (from 1 to 12): **pierwszy** *first*, **drugi** *second*, **trzeci** *third*, **czwarty** *fourth*, **piąty** *fifth*, **szósty** *sixth*, **siódmy** *seventh*, **ósmy** *eighth*, **dziewiąty** *ninth*, **dziesiąty** *tenth*, **jedenasty** *eleventh*, **dwunasty** *twelfth*.

The ordinal numbers given above are declined as adjectives.

Pattern 12

> **Ona ma na imię Marysia**
> Her (Christian) name is Marysia
>
> **Ona się nazywa Maria Walewska**
> Her name is Maria Walewska

Mam na imię Halina.	My (Christian) name is Halina.
On ma na imię Andrzej.	His (Christian) name is Andrzej.
Question: **Jak masz na imię?**	What is your (Christian) name?
Nazywam się Andrzej Jurkowski.	My name is Andrzej Jurkowski.
Nazywam się Jurkowski.	My name is Jurkowski.

70

Ona się nazywa Julia Wiechowicz.	Her name is Julia Wiechowicz.
Ona się nazywa Wiechowicz.	Her name is Wiechowicz.
Q u e s t i o n s : Jak się nazywasz?	What is your name (what are you called)?
Jak on (ona, pan, pani) się nazywa?	What is his (her, your) name?

Sentences of the type: **Na imię mam...** and **nazywam się...** have the same meaning as sentences which follow Pattern 2 (see p. 30).

Na imię mam Włodek.	My (Christian) name is Włodek.
Jestem Włodek.	I am Włodek.
Nazywam się Adam Bielak.	My name is Adam Bielak.
Jestem Adam Bielak.	I am Adam Bielak.

When introducing ourselves to a new acquaintance, as is customary in Poland, we normally use the forms of Pattern 2. When referring to animals we say:

Jak się nazywa...	What is... called?
Nazywa się...	It is called...
Jak się nazywa twój pies?	What is your dog called?
Mój pies nazywa się Jasper.	My dog is called Jasper.

IDIOMS AND EXPRESSIONS

to znaczy, że...	*This means that...*, or: *that is to say*
na przykład	*for example, for instance*
naśladować matkę (kogo, co)	*to imitate (one's) mother (someone, something)*
na pewno	*certainly*
on na pewno ma...	*no doubt he has...*
mieć spokój	*to have peace and quiet*
serwus	*Hallo! — literally: (your) slave! (Latin: servus)*
pada deszcz (śnieg)	*It is raining (snowing)*
(nie) jestem pewien	*I am (not) sure*
czas na nas (na mnie)	*it is time for us (for me) (to go) etc.*

EXERCISES

I. a) In the following sentences replace the nouns used in forms of Pattern 6 by the appropriate pronoun form; b) Turn the sentences into plural; c) Put the pronouns in the plural:

1. Dziewczynka naśladuje matkę. 2. Pani otwiera parasolkę. 3. Dziecko ma lalkę.
4. Kto polewa trawnik? 5. Czy możesz uspokoić dziecko? 6. Pani kupuje różę.

II. Answer the question: *What's the time?*

1. 1 o'clock; 2. —11; 3. —2; 4. —12; 5. —3; 6. —7; 7. —10; 8. —8.

1. Dworzec

Ewa: O, jesteś! Szukam cię już kwadrans!

Adam: Właśnie kupuję bilety.

Ewa: A gdzie Marek i Agata?

Adam: Nie wiem. Może także nas szukają...

Ewa: Wątpię. Twoi przyjaciele są bardzo niepunktualni.

Adam: Tak, ale bardzo mili.

Ewa: Niełatwo się tu spotkać. Chyba całe miasto dziś wyjeżdża.

Adam: Trudno się dziwić. Jest piękna niedziela, wyjeżdżają i starzy, i młodzi, a wszyscy są niecierpliwi.

Ewa: No, nareszcie są bilety!

Adam: Marek i Agata też!

Marek: Dzień dobry, która godzina?

Ewa: Już prawie ósma.

Agata: Bardzo przepraszamy, ale Marek zawsze się spóźnia. On nie umie się śpieszyć. Wstaje, gimnastykuje się, goli, myje, ubiera, je śniadanie, nastawia radio i słucha.

Adam: A pani co robi?

Marek: Ona nie wstaje, nie gimnastykuje się, nie myje, nie ubiera...

1. The railway station

Oh, (here) you are! I have been looking for you for a quarter of an hour already!

I am just buying the tickets.

And where (are) Marek and Agata?

I don't know. Perhaps they are also looking for us...

I doubt (it). Your friends are very unpunctual.

Yes, but very nice.

(It is) not easy to meet (anyone) here. I daresay the whole city is going away today.

You can hardly wonder (at that). It is a fine Sunday, both young and old are going away, and everybody is impatient.

Well, here are the tickets at last!

Marek and Agata are also here!

Good morning, what is the time?

Nearly eight already.

We are very sorry, but Marek is always late. He doesn't know how to hurry. He gets up, does his exercises, shaves, washes, dresses has breakfast, turns on the radio and listens (to it).

And what do you do?

She doesn't get up, doesn't do her exercises, doesn't wash herself doesn't dress...

Ewa: Panowie żartują, a pociągi nie czekają.

You are joking, and trains don't wait.

Agata: Właśnie! Zapowiadają nasz pociąg. Czy państwo mają bilety?

Exactly! They are announcing our train. Have you got tickets already?

Ewa: Tak. Zaraz wsiadamy.

Yes. We'll get in right away.

2. Spokój

2. Peace (and quiet)

Adam: Bardzo przyjemna plaża. Lubię tak leżeć i opalać się.

(What) a very pleasant beach. I like to lie like this and get sunburnt.

Ewa: Ja też lubię wodę, słońce i spokój.

I, too, like water, sun and peace.

Agata: Mamy szczęście. Ci państwo obok zachowują się bardzo spokojnie. Nawet nie rozmawiają.

We are lucky. That couple next to us are behaving very quietly. They are not even talking.

Adam: To jasne. Oni przecież śpią.

(The reason for) that is clear. After all, they are asleep.

Agata: Ojej, co to tak gra?

Oh dear, what is that playing (like that)?

Ewa: To tamci studenci. Mają radio turystyczne. Radio nadaje właśnie muzykę jazzową.

It is those students. They have got a portable radio set. The radio is playing (*literally*: broadcasting) jazz music.

Agata: Taka muzyka tutaj — to skandal!

Music like that here — it is a scandal!

Marek: Oczywiście. Moja żona woli walczyki![1]

Of course. My wife prefers (nice little) waltzes!

Agata: Twoja żona woli spokój. Chce po prostu odpocząć.

Your wife prefers peace and quiet. She simply wants to have a rest.

---

[1] It is characteristic of Polish that diminutives (frequently more than one, and occasionally ten, or even more) can be formed from practically every noun. As it is impossible to find English equivalents for every such diminutive (i. e. for **walczyk** the diminutive of **walc** *waltz*) all one can do is to try and render the meaning by the addition of some such adjective as *little, nice,* etc. But, it should be added, in Polish, **mały walc** would mean something quite different from **walczyk**.

Adam: Wszyscy chcemy odpocząć. Wynajmujemy kajaki?	We all want to have a rest. Are we going to hire canoes?
Marek: Dobry pomysł. Przystań jest niedaleko.	A good idea. The boathouse is not far.

Nasi mężowie są uparci

### 3. Kajaki	### 3. Canoes
Adam: Czy pan wynajmuje kajaki?	Do you hire out canoes?
Instruktor: Owszem. A czy panowie umieją pływać?	Certainly. But can you (gentlemen) swim?
Agata: Tak. Ci panowie to dobrzy pływacy.	Yes. These gentlemen are good swimmers.
Instruktor: Panie również pływają?	You (ladies) also swim?
Ewa: No pewnie! Oto moja karta pływacka.	Well, I should think so! Here is my swimming certificate.
Agata: A to moja.	And here is mine.
Instruktor: Dziękuję. Mogą państwo wziąć kajaki.	Thank you, Please (*literally*: you may) pick your canoes.
Agata: Wybieram ten kajak.	I'll take (*literally*: I choose) this canoe.

Instruktor: Proszę wziąć tamten. Ten jest ciężki.

Adam: Gdzie są wiosła?

Instruktor: Stoją tutaj.

Adam: Dziękujemy.

Marek: Jesteśmy gotowi! Odpływamy.

Instruktor: Proszę wrócić punktualnie! Te kajaki chcą potem wynająć studenci!

Please take that other one. This one is heavy.

Where are the paddles?

They are standing here.

(We) thank you.

We are ready! We are putting off!

Please come back on time! (Some) students want to hire those canoes afterwards!

4. Odpoczynek

4. Rest

Ewa: Gdzie jest Adam?

Marek: Zwraca kajaki i odbiera nasze legitymacje[2].

Agata: Jestem już bardzo głodna.

Marek: A więc siadamy i jemy.

Ewa: Tu są jajka, ogórki, chleb — bardzo proszę.

Marek: Bardzo lubię ogórki.

Adam: Jecie już? To doskonale!

Marek: Właśnie jem wasze ogórki.

Agata: Marek! Mamy przecież kanapki!

Marek: Mogę zjeść i kanapki, i ogórki. Kto ma sól?

Ewa: Adam, dlaczego nie jesz?

Adam: Czytam gazetę.

Where is Adam?

He is returning the canoes and getting our documents back.

I am very hungry already.

Well then. Let us sit down and eat.

Here are eggs, cucumbers, bread — please do help yourselves (*literally*: I beg you very much).

I love (*literally*: greatly like) cucumbers.

You are already eating? That's wonderful!

I am just eating your cucumbers.

Marek! After all, we've got some sandwiches!

I can eat both sandwiches and cucumbers. Who has got the salt?

Adam, why aren't you eating?

I am reading a newspaper.

---

[2] An identity document issued by one's place of work, or a membership card. *Identity card* is **dowód osobisty**.

Marek: Czy możesz czytać głośno?

Can you read (it) aloud?

Adam: Mogę, ale chyba[3] tylko tytuły.

I can, but only the headlines I suppose.

Agata: Słuchamy...

We are listening.

Adam: Zaczynam: „Polscy inżynierowie budują elektrownię wodną", „Dzielni marynarze otrzymują odznaczenia", „Cierpliwi pacjenci", „Jak mieszkają nasi emeryci".

Here you are, then (*literally*: I begin) "Polish engineers are building a hydroelectric power station", "Gallant seamen receive decorations", "Patient patients", "How our old-age pensioners live" (*literally*: dwell).

Marek: Nie wiem, jak mieszkają nasi emeryci...

I don't know how our old-age pensioners live...

Adam: Czy nie możesz spokojnie jeść? Przeszkadzasz czytać!

Can't you eat quietly? You are disturbing (me in my) reading!

Marek: Już milczę.

I'll be quiet.

Adam: Czytam dalej: „Szkolą się nasi kosmonauci", „Trzeba umieć patrzeć", „Aktorzy mają tremę", „Co mówią gwiazdy". Jecie jeszcze?

I'll go on: "Our cosmonauts are in training", "One must know how to use one's eyes" (*literally*: look), "Actors have stage-fright", "What the stars (can) tell (us)". Are you still eating?

Agata: Czy to też tytuł?

Is that also a headline?

Adam: Nie, to nie tytuł, to moje pytanie.

No, it is not a headline. It is a question.

Marek: Panie jeszcze jedzą.

The ladies are still eating.

Agata: Marek też je, ale się nie przyznaje.

Marek is also eating, but he does not admit (it).

Ewa: Adam też musi zjeść swoją porcję.

Adam must also eat his share.

Agata: Czy mogę pana zastąpić?[4]

May I deputize for you (sir)?

Marek: Mam dość. Proponuję albo kąpiel, albo chóralny śpiew.

I've had enough. I suggest either a bathe, or (some) choral singing.

---

[3] The adverb **chyba** is another next-to-untranslatable word. It precedes a statement of something not absolutely certain, but highly probable. Occasionally it corresponds to *I daresay, I expect, I (don't) suppose.*

[4] Question sentences are explained in the Comments on Lesson 3.

PLURAL OF NOUNS DENOTING MASCULINE PERSONS
(NOMINATIVE)

Twoi **przyjaciele** są bardzo *niepunktualni.*
Dzielni **marynarze** otrzymują odznaczenia.
Te kajaki chcą potem wynająć **studenci.**
Szkolą się *nasi* **kosmonauci.**
Aktorzy mają tremę.
Ci **panowie** to *dobrzy* **pływacy.**
Polscy **inżynierowie** budują elektrownię wodną.

Q u e s t i o n s: **Kto chce wynająć kajaki?**   Who wants to hire canoes?
                  Kto otrzymuje odzna-   Who is receiving decorations?
                  czenia?

1. Nouns denoting masculine persons and with a stem ending in a soft consonant or in **cz, rz, sz, ż** or **l**, almost without exception form the nominative plural with the help of the ending -e, already known to us.

gość	— goście
tłumacz	— tłumacze
dziennikarz	— dziennikarze
listonosz	— listonosze
nauczyciel	— nauczyciele

2. The remaining nouns form the nominative plural in a different way, i.e. with the help of the endings **-owie, -i,** or **-y.**

a. The ending **-owie** mostly belongs to nouns denoting a rank or office and those denoting family relationships (as well as to some others).

król	— królowie
ambasador	— ambasadorowie
profesor	— profesorowie
ojciec	— ojcowie
syn	— synowie
pan	— panowie
widz	— widzowie
pasażer	— pasażerowie

E x c e p t i o n: **brat** — plural: **bracia.**

b. In nouns which form their plural with the help of the ending -i (-y) there is often some alternation of the final stem consonant. The most frequent instances of this consonantal alternation are:

t : ć (ci)	studen*t*	— studen*ci*
	kosmonau*t*a	— kosmonau*ci*
k : c	pływa*k*	— pływa*cy*
	robotni*k*	— robotni*cy*
r : rz	akto*r*	— akto*rzy*
	konduk*tor*	— konduk*torzy*
d : dź (dzi)	sąsia*d*	— sąsie*dzi*
z : ź (zi)	Francu*z*	— Francu*zi*

The nominative plural forms of the nouns discussed are provided in the Vocabulary.

N o t e: These plural forms of nouns denoting masculine persons (discussed above) are valid for their subject form (nominative) only. The object form (i. e. the form governed by a transitive verb) is quite different (s.p. 218 Pattern 6).

When qualifying the nouns discussed above (i. e. nouns denoting masculine persons) adjectives and other words declined like adjectives have a special ending, -i (-y) before which alternation of the final stem consonant often takes place. This is known as the masculine-personal form.

	niepunktualny	— niepunktualn*i* koledzy
	nowy	— now*i* przyjaciele
t : ć (ci)	upar*ty*	— upar*ci* ludzie
	*t*en	— *ci* pływacy
k : c	pols*ki*	— pols*cy* inżynierowie
r : rz	sta*ry*	— sta*rzy* przyjaciele
ł : l	ma*ły*	— ma*li* chłopcy
g : dz	dro*gi*	— dro*dzy* synowie
d : dź (dzi)	mło*dy*	— mło*dzi* marynarze
sz : ś (si)	na*sz*	— na*si* mężowie

These forms are provided in the Vocabulary.

C o m p a r e the following pairs of sentences:

Twoi koledzy zawsze się spóźniają.	Your (men) colleagues are always late.
Twoje koleżanki zawsze się spóźniają.	Your (girl) colleagues are always late.
Ci studenci czytają.	Those (men) students are reading.
Te studentki czytają.	Those (girl) students are reading.

Młodzi **aktorzy** mają tremę. — Young actors have stage-fright.
Młode **aktorki** mają tremę. — Young actresses have stage-fright.

Nasi **ojcowie** odpoczywają. — Our fathers are having a rest.
Nasze **matki** odpoczywają. — Our mothers are having a rest.

Similar differences in form also appear in sentences formed according to Pattern 4 (see p. 36).

Twoi **przyjaciele** są bardzo *niepunktualni.* — Your (male) friends are very unpunctual.
Tak, ale bardzo *mili.* — Yes, but very nice.

Twoje **przyjaciółki** są bardzo *niepunktualne.* — Your (female) friends are very unpunctual.
Tak, ale bardzo *mile.* — Yes, but very nice.

Wszyscy **panowie** są *niecierpliwi.* — All men are impatient.
Wszystkie **panie** są *niecierpliwe.* — All women are impatient.

Oni[1] są *uparci.* — They (men) are obstinate.
One są *uparte.* — They (women) are obstinate.

Jesteście *młodzi.*[2] — You (men, or men and women) are young.
Jesteście *młode.* — You (women) are young.

Państwo są *mili.*[3] — You (sir and madam, or ladies and gentlemen) are nice.

Panowie są *mili.* — You (gentlemen) are nice.
Panie są *mile.* — You (ladies) are nice.

Notes:

1. The pronoun **oni** refers to masculine persons, as well as to groups composed of both sexes. The pronoun **one** stands — as we already know — see p. 69 — for all remaining nouns.

Ci **chłopcy** są *mali.* — Those boys are small.
Oni są *mali.* — They are small.

Dziewczynki i **chłopcy** są *mali.* — The girls and boys are small.
Oni są *mali.* — They are small.

Te **dziewczynki** są *małe.* — Those girls are small.
One są *małe.* — They are small.

Te **przedmioty** są *małe.* — Those objects are small.
One są *małe.* — They are small.

2. These masculine-personal forms of adjectives are used in sentences referring to male persons, or to groups of persons of both sexes.

3. The word **państwo** (which, as we know, refers to men and women together, see p. 30), governs the third person plural of the verb, and takes the masculine-personal form of the adjective.

79

THE PRONOUN TAMTEN *THAT, THAT OTHER ONE*

The pronoun **tamten** has forms identical with those of **ten** (see p. 63).

Singular

Masculine:	**tamten** kajak	that other canoe
Feminine:	**tamta** łódka	that other boat
Neuter:	**tamto** dziecko	that other child

Plural

| Feminine, animal and inanimate form: | **tamte** studentki | those other women students |
| Masculine-personal form: | **tamci** studenci | those other men students |

CONJUGATION OF VERBS

1. Verbs which in their dictionary form (infinitive), end in **-ić (-yć)** as well as some of those ending in **-eć** are conjugated as follows:

robić		**leżeć**	
Singular	Plural	Singular	Plural
robię	robimy	leżę	leżymy
robisz	robicie	leżysz	leżycie
robi	robią	leży	leżą

In Lesson 8 the following verbs belonging to this group were used: **wątpić, golić się, robić, lubić, leżeć, patrzeć, szkolić się, musieć**. The verb **spać** — śpię, śpisz, śpi, śpimy, śpicie, śpią is also conjugated in the same way.

2. Others types of verbs:

jeść: jem, jesz, je, jemy, jecie, jedzą
myć się: myję się, myjesz się, myje się, myjemy się, myjecie się, myją się
wstawać: wstaję, wstajesz, wstaje, wstajemy, wstajecie, wstają.

IDIOMS AND EXPRESSIONS

nastawiać radio	*to turn on the radio*
zapowiadać pociąg	*to announce a train*
mieć szczęście	*to be lucky* or: *in luck*
nie mieć szczęścia	*to have no luck* or: *to be unlucky*
karta pływacka	*swimming certificate* or: *card*
elektrownia wodna	*hydro-electric power station*

EXERCISES

I. Turn into plural:

Mój brat, uparty syn, punktualny nauczyciel, nasz gość, stary listonosz, dobry pływak, polski aktor, młody Francuz, twój kolega, mały chłopiec, miły pan, tamten student, niecierpliwy mąż, ten człowiek, dzielny marynarz, radziecki kosmonauta, zdolny tłumacz, nasz sąsiad, wasz ojciec.

II. Answer the following questions affirmatively, replacing the plural nouns by personal pronouns:

1. Czy te studentki są zdolne? 2. Czy ci studenci nastawili radio? 3. Czy studentki i studenci lubią tańczyć? 4. Czy te książki są nowe? 5. Czy te dzieci śpią? 6. Czy małe psy muszą pić mleko? 7. Czy ci państwo są młodzi? 8. Czy dziewczynki i chłopcy chcą się bawić? 9. Czy ci mężczyźni mają karty pływackie? 10. Czy te kanapki i ogórki są smaczne?

III. Form sentences, using the correct forms of the verbs given in the brackets:

1. Co robisz? Nic nie (robić, leżeć i opalać się — ja). 2. Czy ci państwo (lubić się opalać)? 3. Nie, oni nie (lubić się opalać). 4. Czy Ewa i Adam (jeść) kanapki? 5. Ewa (jeść) kanapki, a Adam (czytać) gazetę. 6. Dlaczego nic nie (jeść — wy)? 7. (Woleć — my) teraz spać. 8. Czy Kasia chętnie (się myć)? 9. Nie, dzieci niechętnie (się myć) 10. Czy jutro wcześnie (wstawać — ty)? 11. Tak, jutro (wstawać — ja) wcześnie, (myć się, jeść — ja) śniadanie i (zaczynać — ja) pracę. 12. Czy Adam jeszcze (spać)? 13. Nie, Adam już nie (spać), on się (myć i golić).

LEKCJA 9	LESSON 9
1. Ewa się czesze	**1. Ewa has her hair done**

Ewa: Czy może mnie pani uczesać?	Can you do my hair (literally: comb me)?
Fryzjerka: Chętnie, ale musi pani zaczekać.	Gladly, but you will have to wait.
Ewa: Jak długo?	How long?
Fryzjerka: Niedługo. Mam dziś wyjątkowo mały ruch.	Not long. I have exceptionally few customers (literally: little movement) today.
Ewa: Bardzo mnie to cieszy.	I am very glad (to hear it).
Fryzjerka: Teraz jest właśnie pani kolej. Czy umyć głowę?	Now it is (precisely) your turn. Do you want a shampoo (literally: Shall I wash your head?).

Ewa: Dziękuję, nie trzeba.

Fryzjerka: A może ma pani ochotę ufarbować włosy?[1]

Ewa: Dziękuję, lubię mój naturalny kolor i nie chcę go poprawiać.

Fryzjerka: Wszystkie moje klientki farbują ostatnio włosy.

Ewa: A ja nie farbuję. Zresztą mam dziś mało czasu.

Fryzjerka: Już panią czeszę. Czy skrócić włosy?

Ewa: Można trochę skrócić. Są już dość długie.

Fryzjerka: Nie znam jeszcze pani gustu.

Ewa: Nietrudno go poznać. Lubię fryzury proste i wygodne. Nie używam lakieru[2].

Fryzjerka: Dobrze. Zrobię tak, jak pani woli.

No, thank you, there is no need.

But perhaps you feel like having your hair dyed?

No, thanks, I like my natural colour and I don't want to touch it up (*literally*: correct it).

All my customers have been dying their hair lately.

But I don't (dye mine). Besides I haven't much time today.

I'll do your hair right away. Shall I take off a bit (*literally*: shorten the hair)?

You may (shorten it). It is rather long already.

I don't know your taste yet.

Getting to know it won't be difficult. I like simple and comfortable hair styles. I don't use hairspray.

Good. I shall do as you prefer.

2. Mama i Ewa spieszą się

Mama: Która godzina?

Ewa: Wpół do siódmej.

Mama: Niemożliwe! Już wpół do siódmej? Na pewno nie zdążysz wypić herbaty.

Ewa: Zdążę. Przedstawienie zaczyna się dopiero wpół do ósmej. Mamy jeszcze sporo czasu.

2. Mother and Ewa are in a hurry

What is the time?

Half past six.

Impossible! Half past six already? I am sure you won't manage to drink (your) tea.

I'll manage. The performance doesn't begin until half past seven. We still have a fair amount of time.

---

[1] Please note that the plural form **włosy** is used for *hair* in Polish. The singular form **włos** means *a single hair* only.

[2] The Polish **lakier** may mean both *hair lacquer* and *nail varnish*.

Mama: Nic podobnego! Nie mamy ani chwili do stracenia! Teatr jest daleko!

Ewa: Nigdzie nie mogę znaleźć mojej parasolki!

Mama: Przecież nie ma deszczu!

Ewa: Ale może być! Przecież się chmurzy, nie mam zamiaru wracać mokra!

Mama: Ach okropnie dziś marudzisz...

Ewa: Gdzie jest moja nowa torebka? Nie mogę jej znaleźć!

Mama: Ojej! Nie można zostawiać otwartego okna!

Ewa: Już zamykam. Teraz rzeczywiście nie mamy czasu.

Mama: Właśnie, na pewno się spóźnimy i nie zobaczymy pierwszego aktu.

Ewa: Chyba zdążymy. Nie warto się denerwować.

Mama: Masz wreszcie tę torbę?

Ewa: Mam, klucze też.

Mama: Nareszcie!

Nothing of the kind! We haven't a minute to lose! The theatre is a long way away!

I can't find my umbrella anywhere!

But it isn't raining.

But it may! After all, it is clouding over. I have no intention of returning wet (through)!

Oh, you are shillyshallying terribly today...

Where is my new handbag? I can't find it!

Oh dear! We can't leave the window open!

I am just shutting it. Now we really have no time.

Precisely! We are sure to be late and miss the first act.

I expect we'll get there on time. It is not worth while getting upset.

Have you got that handbag at last?

I have, the keys, too.

At last!

Nie mamy ani chwili do stracenia

3. Taksówka

Ewa: Nie lubię tej ulicy. Nigdy tu nie ma taksówki[3].

Mama: Jak to nie ma? Właśnie nadjeżdża.

Ewa: Niestety, zajęta.

Mama: Nie mamy dziś szczęścia.

Ewa: Trudno, musimy poczekać.

Mama: Poczekamy... i oczywiście spóźnimy się.

Ewa: Znowu narzekasz.

Mama: Bardzo nie lubię takiego pośpiechu.

Ewa: Zaraz zatrzymam tamto auto.

Mama: Przecież to prywatny samochód!

Ewa: Rzeczywiście!

Mama: O, tam stoi taksówka!

Ewa: Tak, ale nie ma kierowcy! Gdzie go szukać?

Mama: Zdaje się, że kierowca kupuje papierosy...

Ewa: Zaraz go zawołam. Proszę pana[4]! Czekamy!

Kierowca: Już jestem. Możemy jechać. Bardzo się panie śpieszą?

3. The taxi

I don't like this street. There is never a taxi here.

How do you mean, never (*literally*: there isn't)? One is just coming.

Taken, unfortunately.

We have no luck today.

It can't be helped, we'll have to wait.

We'll wait... and, of course, we shall be late.

You are complaining again.

I hate being in such a hurry.

I'm going to stop that car right away.

But it is a private car!

So it is!

Oh, there is a taxi standing over there!

Yes, but the driver isn't there! Where is one to look for him?

The driver seems to be buying cigarettes...

I'll call him at once. Driver! (*literally*: sir!) We are waiting (for you)!

(Here) I am. We can start (at once). Are you in a great hurry?

---

[3] Polish differs from English in that it uses a double negative, so that in a litera translation the sentence would read: "There is **not never** a taxi here".

[4] In Polish it would be very off-hand, or indeed downright rude, to call somebody by the name of his profession i. e. "*Driver*!", "*Waiter*!" etc. alone. It is always preferable to use "**Proszę pana** or **pani!**" (cf. Lesson 1) or a combined form such as "**Panie konduktorze!**" "*Conductor*!".

Ewa: Tak, nasze przedstawienie zaczyna się wpół do ósmej.
Kierowca: Proszę się nie martwić. Na pewno panie zdążą.

Yes, our performance begins at half past seven.
Please don't worry. You are sure to be on time.

COMMENTS ON LESSON 9

P a t t e r n 13

> *Nie znam* jeszcze pani **gustu**
> I don't know your taste yet

Nie używam **lakieru**.
Na pewno *nie zdążysz wypić* **herbaty**.
Nie mamy ani **chwili** do stracenia.
Nie mam **zamiaru** wracać mokra.
Teraz rzeczywiście *nie mamy* **czasu**.
Na pewno się spóźnimy i *nie zobaczymy* pierwsze**go aktu**.
Nie lubię tej **ulicy**.
Nie mamy dziś **szczęścia**.
Bardzo *nie lubię* takie**go pośpiechu**.
Nie można zostawić otwarte**go okna**.

Q u e s t i o n s: **Czego nie możesz znaleźć?** What can't you find?
Kogo pani nie lubi? Whom do you dislike?

In n e g a t i v e s e n t e n c e s in Polish the direct object of a verb does not appear in the accusative case (see Pattern 6) but in the g e n i-
t i v e c a s e.

The genitive singular forms of nouns are as follows:

Noun	Dictionary form	Drop	Add	Singular form for Pattern 13 (Genitive singular)
1. All nouns ending in -a whose stem ends in a hard consonant and feminine nouns ending in a hard consonant (except for nouns under 2)	herbata ulica siostra mężczyzna noc twarz	-a —	-y	herbaty ulicy siostry mężczyzny nocy twarzy

Noun	Dictionary form	Drop	Add	Singular form for Patt. 13 (Genitive singular)
2. All nouns ending in -a whose stem ends in a soft consonant or in k, g, or l, as well as feminine nouns ending in a soft consonant	kawiarnia restauracja chwila ręka noga	-a (-ia)	-i	kawiarni restauracji chwili ręki nogi
	część jesień	—		części jesieni
3. Inanimate masculine nouns ending in a hard consonant[1]	gust lakier zamiar czas akt	—	-u	gustu lakieru zamiaru czasu aktu
4. Neuter nouns	okno miasto	-o	-a	okna miasta
	szczęście miejsce	-e		szczęścia miejsca
	muzeum imię			muzeum imienia

Notes:

1. Only some of the nouns under 3. take the ending -u. Others end in -a. Which ending should be used will be discussed in Lesson 10.

2. In Pattern 13 (the genitive case) the noun **pani** remains unchanged.

When qualifying noun forms conforming to Pattern 13 (the genitive) adjectives and words declined like adjectives have the following forms:

Masculine and neuter **-ego**

Feminine **-ej**

pierwsz**ego aktu**	of the first act
tak**iego pośpiechu**	of such a hurry
otwart**ego okna**	of the open window
moj**ej parasolki**	of my umbrella
t**ej ulicy**	of this street
mocn**ej herbaty**	of strong tea

Czy nie może **mnie** pani uczesać?	Can't you do my hair for me?
Nie rozumiem **cię**.	I don't understand you.
Czy znasz to miasto? Nie, nie znam **go**.	Do you know that town? No, I don't know it.
Gdzie jest moja nowa torebka? Nie mogę **jej** znaleźć.	Where is my new handbag? I can't find it.

Like the forms for Pattern 6 (see p. 54, 69) the forms given above are all enclytics and the principles of stress given on p. 231 also apply to them.

THE USE OF THE VERBS SZUKAĆ AND UŻYWAĆ

The verbs **szukać** and **używać** govern the Pattern 13 form of nouns (the genitive case) even when not used in negative sentences.

C o m p a r e :

Ewa *szuka* **parasolki**.	Ewa is looking for (her) umbrella.
Ewa *nie szuka* **parasolki**.	Ewa is not looking for (her) umbrella.
Szukam **lakieru**.	I am looking for the hairspray.
Nie szukam **lakieru**.	I am not looking for the hairspray.
Ewa *używa* **lakieru**.	Ewa uses hairspray.
Ewa *nie używa* **lakieru**.	Ewa does not use hairspray.
Używam **szminki**.	I use lipstick.
Nie używam **szminki**.	I don't use lipstick.

P a t t e r n 14

> Przecież *nie ma* **deszczu**
> But it is not raining (*literally*: there is no rain)

Tu *nie ma* **taksówki**.
Nie ma **kierowcy**.
Nie ma **czasu**.
Nie ma mojej **parasolki**.
Nie ma wolnego **miejsca**.
Tu **go** *nie ma*.
Dziś **jej** tu *nie ma.*

Q u e s t i o n : **Kogo (czego) nie ma?**   Who (what) is not here?

In Pattern 14 nouns, pronouns and words declined like adjectives have the same form as in Pattern 13 (the genitive case). Sentences of this type are the negative counterpart of sentences formed according to Pattern 7.

Compare:

Jest **kawa**.	There is (some) coffee.
Nie ma **kawy**.	There is no coffee.
Dziś *jest* **ładna pogoda**.	It is fine today.
Dziś *nie ma* **ładnej pogody**.	It is not fine today.
Tam *jest* **wolne miejsce**.	There is a free place over there.
Tam *nie ma* **wolnego miejsca**.	There isn't a free place over there.
Ona *jest* tutaj.	She is here.
Nie ma **jej** tutaj.	She is not here.
On jeszcze *jest* tutaj.	He is still here.
Już **go** *nie ma* tutaj.	He is no longer here.

P a t t e r n 11 (continued)

> **Jest godzina wpół do pierwszej**
> It is half past twelve

Która jest godzina?	Jest godzina wpół do drugiej.
What time is it?	It is half past one.
Która godzina?	Godzina wpół do drugiej.
What is the time?	Half past one.
	Wpół do drugiej.
	Half past one.
	Jest godzina wpół do siódmej.
	It is half past six.
	Godzina wpół do siódmej.
	Half past six.
	Wpół do siódmej.
	Half past six.

In expressions meaning half past the hour the ordinal numbers take the same forms as in Pattern 13 (i. e. the genitive case).

IMPERFECTIVE AND PERFECTIVE VERBS
SIMPLE FUTURE TENSE

Na pewno się **spóźnimy**.	We are sure to be late.
Zawsze się **spóźniamy**.	We are always late.
Zaraz **zatrzymam** taksówkę.	I'll stop a taxi right away.
Już **zatrzymuję** taksówkę.	I am just stopping a taxi.

Zaraz go **zawołam**.	I'll call him directly.
Wołam go.	I am calling him.
Zrobię to jutro.	I'll do it to-morrow.
Robię to dziś.	I am doing it today.

The first sentence of every pair contains a perfective, and the second an imperfective verb. The difference between them is one unknown to the English language.

Perfective verbs express the entire duration of an action together with its completion. That is why they are used in situations where what we want to emphasize is not the course of an action, or the fact of its taking place, but rather the fact that the action has been performed and completed, and that certain results assumed to be a consequence of the action have been achieved. It is clear from this that the perfective verbs cannot denote an action which is still going on. Consequently, they have no present tense forms. Those of their forms which are, externally, identical with the present tense forms known to us, have a future meaning. It is therefore the so-called simple future tense which here makes its appearance in the first sentence of every pair.

Imperfective verbs denote the duration of an action or the fact of its being performed, but without indicating any time limits; they can also express the fact that an action is frequently repeated. It is only these verbs that have true present tense forms.

Perfective verbs differ from imperfective verbs by their suffixes, or else by the possession of a prefix.

C o m p a r e :

Imperfective	Perfective
spóźniać się	spóźnić się
poprawiać	poprawić
zostawiać	zostawić
skracać	skrócić
wracać	wrócić
kupować	kupić
pokazywać	pokazać
zatrzymywać	zatrzymać
wstawać	wstać
robić	zrobić
myć	umyć
czesać	uczesać
czekać	zaczekać
pisać	napisać

The Vocabulary always gives both aspects of the verb and they ought to be learnt at the same time. Below are some examples of the use of perfective verbs in the lesson:

Czy może mnie pani **uczesać?**	Can you do my hair for me?
Musi pani **zaczekać.**	You (will) have to wait, (madam).
Zrobię tak, jak pani woli.	I shall do as you prefer, (madam).
Na pewno nie **zdążysz** wypić herbaty.	You will certainly not manage to drink (your) tea.
Na pewno **spóźnimy się** i nie **zobaczymy** pierwszego aktu.	I am sure we'll be late and won't see the first act.

IDIOMS AND EXPRESSIONS

nie mieć chwili do stracenia	*not to have a moment to lose*
nie mieć szczęścia (mieć szczęście)	*to have no luck, (to be lucky, to be in luck)*

EXERCISES

I. Turn the following sentences into the negative:

1. Mam dziś czas. 2. Znam pani gust. 3. Zdążę wypić herbatę. 4. Mam nową parasolkę i torebkę. 5. Ewa lubi tę ulicę. 6. Mamy dziś szczęście! 7. Państwo zobaczą pierwszy akt. 8. Zamykasz okno? 9. Mam dobre papierosy.

II. Complete the following sentences with one of the verbs given in brackets. Write in words the times given in figures.

1. Jest godzina 11,30, na pewno się (spóźniać, spóźnić - my). 2. Dlaczego Władek zawsze się (spóźniać, spóźnić)? 3. Nie lubię wcześnie (wstać, wstawać), ale dziś muszę wcześnie (wstać, wstawać). 4. Czy pani chce (skracać, skrócić) włosy? 5. Jest dopiero godzina 4-ta, jeszcze zdążą się panie (czesać, uczesać). 6. Adam często (kupować, kupić) kwiaty, 7. Teraz jest godzina 8-ma? — Nie, jest już 8,30, nie możemy dłużej (czekać, zaczekać).

LEKCJA 10	LESSON 10
1. Ewa szuka siatki	**1. Ewa looks for (her shopping-) bag**
Mama: Czego szukasz?	What are you looking for?
Ewa: Zielonej siatki.	The green shopping-bag.
Mama: Może weźmiesz tamtą, czerwoną?	Maybe you'll take that (other) red one?

Ewa: Nie mogę wziąć czerwonej siatki. Chcę przynieść cukru, chleba, mąki i masła, a czerwona siatka jest mała. Muszę znaleźć zieloną.

I can't take the red shopping-bag. I want to bring back (some) sugar, bread, flour and butter, and the red shopping-bag is (too) small. I must find the green one.

Mama: Nie warto jej szukać. Po prostu nie kupisz dziś mąki.

It is not worth while looking for it. You simply won't buy any flour today.

Ewa: No, dobrze, wezmę tę czerwoną.

Well, all right, I'll take that red one.

Mama: Czy bierzesz Gapę?

Are you taking Gapa?

Ewa: Tak, wezmę go.

Yes, I'll take him.

Mama: Gapa! Gapa! Co tam robisz?

Gapa! Gapa! What are you doing (over) there?

Ewa: To potwór, nie pies. Gryzie moją zieloną siatkę!

He is a monster, not a dog. He is biting my green shopping-bag!

Mama: Gapa, nie można gryźć siatki!

Gapa, you mustn't bite the shopping-bag!

Ewa: Teraz go nie wezmę. Trzeba go ukarać!

I won't take him now. He must be punished!

Mama: Masz sumienie karać takiego miłego psa?

Have you got the heart (*literally*: conscience) to punish such a nice dog?

Ewa: Gapa, musisz mnie przeprosić!

Gapa, you must beg my pardon!

Mama: Pies cię przeprasza! Podnosi łapę!

He is begging your pardon. He is lifting up his paw!

2. Kasia się nudzi

2. Kasia feels bored

Kasia: Dzień dobry, czy jest pani Ewa?

Good morning, is Miss Ewa in?

Mama: Nie, pani Ewy nie ma. Załatwia sprawunki.

No, Ewa is out. She is doing the shopping.

Kasia: Mojej mamy też nie ma.

My mummy is out, too.

Mama: Nudzisz się?

Kasia: Tak, nudzę się, kiedy jestem sama. A co robi Gapa?

Mama: Gapy też nie ma. On także załatwia sprawunki.

Kasia: Co? Pies też kupuje?

Mama: Nie, pies nie kupuje. Pilnuje pani Ewy.

Kasia: To bardzo mądry pies.

Mama: Może zjesz ciasta?

Kasia: Dziękuję. Zjem. Pyszne ciasto!

Are you bored?

Yes, I feel bored when I am alone. And what is Gapa doing?

Gapa is out too. He is also doing (some) shopping.

What? The dog is also buying (things)?

No, the dog is not buying (anything). He is keeping watch over Ewa.

He is a very clever dog.

Perhaps you will have some cake?

Thank you. I will. Lovely cake!

Nie znoszę tego psa

3. Kasia ogląda kalendarz

Kasia: Proszę pani, co to jest?

Mama: To kalendarz.

Kasia: Tu są bardzo ładne obrazki. Czy można je obejrzeć?

Mama: Oglądać można, nie można tylko niszczyć kalendarza.

Kasia: Styczeń, luty, marzec...

3. Kasia examines a calendar

Excuse me, what is this?

It is a calendar.

There are (some) very nice pictures here. May I have a look at them?

You may (have a look at them) but don't damage the calendar.

January, February, March...

Mama: Jesteś taka mała i już umiesz czytać?

You are so small and you can read already?

Kasia: Wcale nie czytam, tylko oglądam i mówię.

I am not reading, I am just looking and saying (the words).

Mama: A czy znasz dni tygodnia?

And do you know the days of the week?

Kasia: Znam: poniedziałek, wtorek, czwartek...

I do: Monday, Tuesday, Thursday...

Mama: Nie, poniedziałek, wtorek, środa, czwartek, piątek, sobota.

No: Monday, Tuesday, Wednesday, Thursday, Friday, Saturday.

Kasia: I niedziela.

And Sunday.

Mama: A jaki dzień mamy dzisiaj?

And what day have we today?

Kasia: Dziś jest sobota, a jutro niedziela.

Today is Saturday, and to-morrow Sunday.

Mama: Bardzo dobrze. Dziś jest sobota dwunasty czerwca, a jutro niedziela trzynasty czerwca.

Very good. Today is Saturday, the twelfth of June, and to-morrow Sunday, the thirteenth of June.

4. Ewa zwierza się

4. Ewa confides (in her mother)

Mama: Lubię nasze mieszkanie.

I like our flat.

Ewa: Tak, trudno go nie lubić. Ja też je lubię.

Yes, it would be (*literally*: is) difficult not to like it. I like it, too.

Mama: Mamy tu dużo miejsca, słońca i powietrza.

We have a lot of space, sun and air here.

Ewa: Jak myślisz, czy zmieści się tu trzecia osoba?

What do you think, will there be room for a third person here?

Mama: Jaka trzecia osoba?

What third person?

Ewa: Adam.

Adam.

Mama: Czy dobrze cię rozumiem?

Do I understand you correctly (*literally*: well)?

Ewa: Dobrze. Mamy zamiar się pobrać.

You do. We intend to get married.

Mama: Ach, jak się cieszę! Bardzo się cieszę! Muszę cię ucałować. Spodziewasz się go dzisiaj?

Oh, I am so glad! I am very glad! I must kiss you. Are you expecting him today?

Ewa: Nie, Adam dziś nie ma czasu. Spotkamy się jutro.

No, Adam hasn't got time today. We'll meet to-morrow.

Mama: Przygotuję dobrą kolację. Czy on lubi kurczaki?

I'll prepare a good supper. Does he like chicken?

Ewa: Nie wiem, chyba lubi. Można upiec kurczaka. Adam przyniesie wino.

I don't know, I suppose he does. We can roast a chicken. Adam will bring (some) wine.

Mama: Kiedy się pobieracie?

When are you getting married?

Ewa: Wkrótce, nie chcemy długo czekać.

Soon, we don't want to wait long.

COMMENTS ON LESSON 10

P a t t e r n 13 (continued)

> *Nie można niszczyć* **kalendarza**
> You must not damage the calendar

Nie chcę jeść **tego kurczaka.**
Nie lubię **waszego psa.**
Nie znoszę **pana Adama.**
Nie chcę **chleba.**

Q u e s t i o n s: **Kogo pani tak nie znosi?**   Whom do you hate so much?
                 Czego nie chcesz jeść?   What don't you want to eat?

In Lesson 9 we mentioned that only some masculine nouns take the ending -**u** in Pattern 13 (genitive case), while others take the ending -**a**. There are no cut-and-dried rules to help one choose the right ending, which must be learnt together with the dictionary form of the noun (the endings are given in the Vocabulary).

Certain rules are, however, given below.

1. The ending -**a** is taken by all animate nouns, as well as by the overwhelming majority of nouns with a stem ending in a soft consonant.

pan	— pana	profesor	— profesora
syn	— syna	liść	— liścia
marynarz	— marynarza		
E x c e p t i o n: wół	— wołu		

2. The ending -**u** is taken by uncountable nouns.

tłum	— tłumu	deszcz	— deszczu
lud	— ludu	ból	— bólu
atrament	— atramentu	gniew	— gniewu

Pattern 15

> Chcę przynieść **cukru, mąki, chleba i masła**
> I want to bring back (some) sugar, flour, bread and butter

Może zjesz **ciasta?**
Chcę kupić **zielonej sałaty.**
Może wypijesz **herbaty?**

Questions: **Czego chcesz kupić?**   What do you want to buy?

When governed by perfective transitive verbs, the noun form given in Pattern 13 (genitive case) denotes a certain not precisely defined quantity of something. There is therefore a difference in meaning between the noun form of Pattern 6 (accusative case), and the form of Pattern 15. This difference is usually expressed in English by the use of the word 'some' in front of the noun, which in Polish would be in the Pattern 13 form (genitive).

Compare:

Czy wypijesz **herbaty?**	Will you drink some tea?
Czy wypijesz **tę herbatę?**	Will you drink that cup of tea?
Podam **mięso.**	I'll serve the meat course.
Kupię **mięsa.**	I'll buy some meat.

The noun (in its genitive form) may be accompanied by one of the following words, all of which denote a certain quantity: **mało** *little*, **trochę** *a little*, **sporo** *a fair amount of*, **dużo** *a lot of*, **niewiele** *not much*, **kawałek** *a piece of*, **kilo** *a kilogram*, **pół kilo** *half a kilo*, etc.

kupić *kilo* **mąki**	to buy a kilogram of flour
zjeść *trochę* **wędliny**	to eat a little smoked meat (i. e. sausage, ham)
wypić *dużo* **kawy**	to drink a lot of coffee

USE OF THE VERBS PILNOWAĆ AND SPODZIEWAĆ SIĘ

The above verbs govern the Pattern 13 form of nouns or pronouns, (i. e. the genitive case):

Pies *pilnuje* **pani Ewy.**	The dog is keeping watch over Ewa.
Matka *pilnuje* **dziecka.**	The mother is keeping watch over (her) child.
Czy *spodziewasz się* go (jej) dzisiaj?	Are you expecting him (her) today?
Spodziewam się **listu.**	I am expecting a letter.

CONJUGATION OF VERBS

1. Some verbs whose dictionary form (infinitive) ends in -ić (-eć) show alternation of the stem consonant in certain forms. The stems of the 1st person singular and of the 3rd person plural differ from those of the remaining forms. Below are examples of the most important instances of this consonantal alternation:

ś (si) : sz

- mus*ie*ć: mus*z*ę, mu*si*sz ... mus*zą*
- pro*si*ć: pro*sz*ę, pro*si*sz ... pro*szą*

ć (ci) : c

- wró*ci*ć: wró*c*ę, wró*ci*sz ... wró*cą*
- pła*ci*ć: pła*c*ę, pła*ci*sz ... pła*cą*

dź (dzi) : dz

- ra*dzi*ć: ra*dz*ę, ra*dzi*sz ... ra*dzą*
- wi*dzi*eć: wi*dz*ę, wi*dzi*sz ... wi*dzą*

ść (ści) : szcz

- zmie*ści*ć: zmie*szcz*ę, zmie*ści*sz ... zmie*szczą*
- go*ści*ć: go*szcz*ę, go*ści*sz ... go*szczą*

2. Other types of verbs:

brać: biorę, bierzesz, bierze, bierzemy, bierzecie, biorą

All the verbs derived from the verb **brać**, e. g. **zabrać**, **przebrać**, **ubrać (się)**, **wybrać**, **pobrać (się)**, etc. are conjugated in the same way.

wziąć: wezmę, weźmiesz, weźmie, weźmiemy, weźmiecie, wezmą
nieść: niosę, niesiesz, niesie, niesiemy, niesiecie, niosą

S i m i l a r l y : przynieść, zanieść, odnieść etc.

gryźć: gryzę, gryziesz, gryzie, gryziemy, gryziecie, gryzą

S i m i l a r l y : zgryźć, przegryźć, rozgryźć, etc;

Jaki dzień mamy dzisiaj?	What day have we today?
Dzisiaj (dziś) jest sobota.	Today is Saturday.
Jutro jest niedziela.	To-morrow is Sunday.

poniedziałek	Monday	piątek	Friday
wtorek	Tuesday	sobota	Saturday
środa	Wednesday	niedziela	Sunday
czwartek	Thursday		

N o t e: In Polish, the days of the week are spelt with a s m a l l initial letter.

Którego mamy dzisiaj (który dzisiaj)?	What day is it (*lit.*: have we) today?
Dzisiaj (dziś) jest pierwszy marca.	Today is March 1st.
Piąty kwietnia	The fifth of April.
Dziś jest sobota, dwunasty czerwca.	Today is Saturday, the twelfth of June.
Jutro niedziela, trzynasty czerwca.	To-morrow (is) Sunday, the thirteenth of June.

N o t e: In Polish, the name of the month, when preceded by a date, is always given in the genitive and not in the nominative case (**piąty kwietnia**, not: piąty kwiecień; **trzynasty czerwca**, not: trzynasty czerwiec).

NAMES OF THE MONTHS

Dictionary form (Nominative)	Genitive	Dictionary form (Nominative)	Genitive
styczeń	stycznia	lipiec	lipca
luty	lutego	sierpień	sierpnia
marzec	marca	wrzesień	września
kwiecień	kwietnia	październik	października
maj	maja	listopad	listopada
czerwiec	czerwca	grudzień	grudnia

N o t e: The names of the months, like those of the days of the week, are spelt with a s m a l l initial letter.

IDIOMS AND EXPRESSIONS

mieć sumienie karać (krzywdzić, itp.)	*to have the heart* (literally: *conscience*) *to punish* (*wrong* etc.)
załatwiać (załatwić) sprawunki	*to do* (*some*) *shopping*
można...; nie można...; czy można...?	*one* (*you*) *may...*; *one* (*you*) *mustn't...*; *may one* (*I*)...?

EXERCISES

I. Answer the question „*Jaki dzień mamy dzisiaj?*", by enumerating, in turn, all the days of the week.

II. Answer the question „*Którego mamy dzisiaj?*", by reading aloud the dates given in figures:

... 6.I; ... 9.VI; ... 8.II; ... 10.V; ... 12.III; ... 7.VIII; ... 2.IV; ... 4.VII; .. 5.IX; ... 3.XI; ... 11.X; .., 1.XII.

III. **Use the correct form of the nouns given in brackets:**
1. Chcę obejrzeć (kalendarz). 2. Nie można niszczyć (kalendarz). 3. Nie trzeba bić (pies). 4. Wszyscy lubimy (ten pies). 5. Lubię pić (mocna herbata). 6. Napiję się (mocna herbata). 7. Ewa kupuje (cukier, mąka, masło). 8. Ewa chce kupić kilo (cukier), trochę (wędlina) i (duży kurczak). 9. Adam pije dużo (kawa). 10. Dziś spodziewamy się (list). 11. Nie lubię (deszcz), lubię (ładna pogoda). 12. Państwo nie znają (nasz kraj). 13. Czy znasz (ten profesor)? 14. Nie, nie znam (ten profesor).

LEKCJA 11	LESSON 11

1. Ewa odwiedza pacjenta

Żona pacjenta: Ktoś dzwoni. To pewnie lekarz.

Pacjent: Nareszcie!

Ewa: Dzień dobry państwu.

Żona pacjenta: Dzień dobry pani doktor[1].

Ewa: Czy mogę umyć ręce?

Żona pacjenta: Proszę bardzo, tu jest łazienka. Zaraz podam pani czysty ręcznik.

Ewa: Co mężowi dolega?

Żona pacjenta: Ma wysoką temperaturę, boli go głowa i gardło, nie ma apetytu.

Ewa: Zaraz pana zbadam. Proszę równo oddychać. Tak. Teraz proszę nie oddychać. Proszę otworzyć szeroko usta i powiedzieć „a".

Pacjet: Aə ...

1. Ewa visits a patient

Somebody is ringing the bell. It is probably the doctor.

At last!

Good morning.

Good morning, doctor.

May I wash my hands?

Of course, please do, the bathroom is (over) here. I'll fetch you a clean towel right away.

What is the matter with your husband?

He has a high temperature, his head and throat ache, he has no appetite.

I'll examine you right away. Please breathe evenly. That's right (*literally*: yes). Now don't breathe please. Please open your mouth wide and say 'Ah'.

Ah...

---

[1] Cf. Lesson 3, note 1.

Ewa: No tak... To angina. Musi pan poleżeć.

As I thought (*literally*: well, yes)... It is tonsillitis. You'll have to stay in bed.

Pacjent: Oj, to bardzo niedobrze! Mam jutro ważną rozprawę sądową! Sprawię zawód klientom.

Oh, dear, that is very bad! I have an important case in court to-morrow! (My) clients will be disappointed.

Żona pacjenta: Trudno. Trzeba odwołać rozprawę. Adwokat to też człowiek. Może zachorować.

Can't be helped. The hearing will have to be called off. A lawyer is also a human being. He can fall ill.

Ewa: Każdemu się to zdarza, proszę państwa, nawet lekarzowi. Nie trzeba się tylko poddawać chorobie. Tu są recepty, a tu zwolnienie[2]. Pielęgniarka zrobi panu zastrzyki, a pastylki proszę brać trzy razy dziennie.

It can happen to anybody, even to a doctor. Only one must not give in to the disease. Here are the prescriptions, and here is the doctor's certificate. A nurse will give you the injections and the lozenges should be taken three times a day.

Żona pacjenta: Zastrzyki zrobię mężowi sama. On nie ufa żadnej pielęgniarce.

I shall give my husband the injections myself. He does not trust any nurse.

Ewa: Rozumiem. Choremu mężczyźnie trudno dogodzić. Zastrzyku boi się jak ognia.

I understand. A sick man is hard to please. He dreads an injection like the plague (*lit.*: like fire).

Pacjent: Ja się boję? To nieprawda!

I dread (an injection)? That is not true!

Ewa: Może i nieprawda... Życzę pani cierpliwości, a panu zdrowia.

Perhaps it isn't. I wish you (madam) patience, and you (sir) (good) health!

Pacjent: Dziękuję, nawzajem.

Thank you, the same to you!

2. Adam robi Ewie niespodziankę

2. Adam prepares (*literally*: makes) a surprise for Ewa

Adam: Chcę ci zrobić niespodziankę.

I should like to give you a surprise.

Ewa: Bardzo lubię niespodzianki.

I love surprises.

---

[2] **Zwolnienie**; This may mean any certificate (here *a doctor's certificate*) absolving the recipient from the performance of a certain duty.

Adam: Chcę ci kupić materiał na garsonkę, ale nie wiem, jak to zrobić. Musisz mi pomóc.

I want to buy you material for a costume, but I don't know how to do it. You'll have to help me.

Ewa: To naprawdę miła niespodzianka! Chętnie ci pomogę! Tu obok jest sklep tekstylny! Zaraz wybierzemy materiał!

That really is a pleasant surprise! I'll be glad to help you! There is a shop with materials here, next door! We'll select something (*literally*: the material) right away!

3. Adam i Ewa kupują materiał

3. Adam and Ewa buy (some) material

Ewa: Czy ma pani jakąś jasną wełnę lub elanę?

Have you got any light-coloured wool or terylene?

Ekspedientka: Oczywiście. Tu jest wełna, a tutaj elana.

Of course. These materials are (*literally*: here is) wool, and these terylene.

Ewa: Jak ci się podoba ten zielony materiał?

How do you like this green material?

Adam: Nie bardzo.

Not very much.

Ewa: A ten żółty?

And that yellow one?

Adam: Też nie bardzo. O... niebieski bardzo mi się podoba.

Not very much, either. Oh... I like that blue one very much.

Ekspedientka: To dziwne. Mężczyznom zawsze się podobają niebieskie materiały.

That is strange. Men always like blue materials.

Adam: Naprawdę? To rzeczywiście zabawne. A jakie kolory podobają się kobietom?

Really? That is really funny. And what colours do women like?

Ekspedientka: Brunetkom czerwone i żółte, a blondynkom zielone i czarne.

Brunettes (like) reds and yellows, and blondes greens and blacks.

Ewa: Pani chyba żartuje...

You must be joking...

Ekspedientka: Oczywiście, trochę przesadzam, ale chętnie wybiorę państwu materiał.

Of course, I exaggerate a little, but I shall be glad to choose some material for you.

Adam: Doskonale! Proszę nam pomóc.

Ekspedientka: Pani ma ciemne włosy i brązowe oczy. Proponuję pani tę popielatą elanę.

Excellent! Please help us.

You have dark hair and brown eyes. I suggest that grey terylene for you.

4. Ewa przekonuje krawcową

4. Ewa convinces (her) dressmaker

Ewa: Proszę pani, czy uszyje mi pani garsonkę?

Do you think you could make me a costume? (*literally:* Please, madam, will you sew me a costume)

Krawcowa: Bardzo chętnie. Tylko nie zaraz. Szyję teraz innym klientkom.

With pleasure. Only not at once. I am sewing for (some) other ladies (*literally:* lady customers) just now.

Ewa: A kiedy może mi pani uszyć?

And when will you be able to make something for me?

Krawcowa: Za miesiąc.

In a month('s time).

Ewa: Przecież jedna garsonka nie sprawi pani wielkiego kłopotu...

But after all, one costume won't cause a great deal of trouble...

Krawcowa: Proszę mnie zrozumieć. Naprawdę nie mam czasu.

You must understand me (*literally:* please understand me). I really have no time.

·Ewa: Proszę mnie także zrozumieć. Naprawdę nie mogę czekać.

You must understand me, too. I really cannot wait.

Krawcowa: Dlaczego?

Why?

Ewa: Ten materiał to prezent. Mój narzeczony chce...

The material is a present. My fiancé wants...

Krawcowa: Ojej! Pani wychodzi za mąż? A... to co innego! Proszę pokazać mi materiał.

My goodness! You are getting married? Well... that is another matter! Please show me the material.

Ewa: Proszę bardzo. Mam dwa i pół metra elany.

Certainly, here you are. I have got two and a half metres of terylene.

Krawcowa: Ach, jaka śliczna elana! Muszę kupić taki sam materiał mojej córce. Jak uszyjemy tę garsonkę?

Oh, what lovely terylene! I must buy some like that for my daughter. How do you want (*literally:* shall we sew) the costume?

Ewa: Bardzo prosto. Wąska spódniczka i krótki żakiet.

Krawcowa: Dobrze. Zaraz wezmę miarę. Proszę przyjść pojutrze. Zrobimy niespodziankę pani narzeczonemu.

Very simple. A straight skirt and a short jacket.

All right. I shall take your measurements right away. Please come (again) the day after to-morrow. We'll give (*literally*: make a surprise for) your fiancé a surprise.

Chcę jej zrobić niespodziankę

COMMENTS ON LESSON 11

Pattern 16

> Pielęgniarka zrobi **panu** zastrzyk
> A nurse will give you the injection

Zaraz podam **pani** czysty ręcznik.
Zastrzyki zrobię **mężowi** sama.
Choremu mężczyźnie trudno dogodzić.
Adam chce kupić **Ewie** materiał.
Chętnie wybiorę **państwu** materiał.
Kupię taki sam materiał **mojej córce**.
Szyję teraz **innym klientkom**.
Zaraz podam **panom** kawę.
Zrobimy niespodziankę pani **narzeczonemu**.

Questions: **Komu chcesz zrobić niespodziankę?**

Who(m) do you want to surprise?

Komu pani podaje tę kawę?

Who are you giving this coffee to?

In these sentences, formed according to Pattern 16, we meet a new form of the noun (the dative case). Here this form is used to denote the indirect object. The dative singular is formed in the following manner:

Noun	Dictionary form	Drop	Add	Singular form for Pattern 16 (Dative singular)
1. All nouns ending in -a and with a stem ending in a hard consonant (except the consonants under 3). The final stem consonants of some nouns show alternation in this form. Some of them are given here:	żona			żonie
	grupa	-a	-ie	grupie
	Ewa			Ewie
zn : źni (=źń)	mężczyzna			mężczyźnie
k : c	córka			córce
t : ci (=ć)	kobieta	-a	-e	kobiecie
r : rz	kultura			kulturze
g : dz	kolega			koledze
2. All nouns ending in -a and with a stem ending in a soft consonant or in l, as well as feminine nouns ending in these consonants	ziemia	-ia		ziemi[1]
	opinia	-a		opinii[1]
	nadzieja	-ja		nadziei[2]
	restauracja	-a	-i	restauracji[2]
	chwila	-a		chwili
	młodość	—		młodości
	dłoń	—		dłoni
	łódź	—		łodzi
3. Nouns ending in -a and with a stem ending in one of the following consonants: c, cz, dz, dż, rz, sz, ż as well as feminine nouns ending in these consonants	praca			pracy
	wiedza	-a		wiedzy
	burza			burzy
	cisza		-y	ciszy
	twarz			twarzy
	młodzież	—		młodzieży
	noc			nocy
4. Feminine nouns ending in -i	pani	—	—	pani
	gospodyni			gospodyni

Noun	Dictionary form	Drop	Add	Singular form for Pattern 16 (Dative singular)
5. Masculine nouns ending in a consonant[3]	mąż (męż-)[4] student syn widz koń	—	-owi	mężowi studentowi synowi widzowi koniowi
6. Neuter nouns	dziecko miasto	-o	-u	dziecku miastu
	morze	-e		morzu
	muzeum imię	—	—	muzeum imieniu

Notes:

1. If the letter **i** preceding the ending **-a** is merely a spelling device to signal the softness of the preceding consonant, then the form under discussion (dative case) is spelt with one **-i** only, e.g. ziem*i*a — ziemi, kawiarn*i*a — kawiarni. If, on the other hand, the letter **i** denotes the [j] sound, the dative form of the word is spelt with a double **-i**, e.g. opinia — opinii, partia — partii.

2. If the letter **j** immediately preceding the ending **-a** follows a vowel, then it is omitted in the dative case, e. g. nadzie*j*a — nadziei, szy*j*a — szyi. If, on the other hand, it follows a consonant, it is not omitted in the dative: ra*cj*a — ra*cj*i, pen-*sj*a — pen*sj*i.

3. There exists a small group of masculine nouns which in the dative have the ending **-u**. The most important of them are:

pan	— panu
brat	— bratu
ojci*ec* (ojc-)	— ojcu
chłopi*ec* (chłopc-)	— chłopcu
świat	— światu
pi*es* (ps-)	— psu

4. Only a few nouns show alternation between **ą** and **ę** in their stems, e.g.:

mąż — mężowi

When qualifying singular nouns in Pattern 16 (dative singular) adjectives and words declined like adjectives have the following forms:

Masculine and neuter ending **-emu**

Feminine ending **-ej**

młodemu mężowi	tej kobiecie
mojemu synowi	naszej młodzieży
małemu dziecku	

Nouns with an adjectival form have the same forms:

narzeczony — narzeczonemu
narzeczona — narzeczonej

The plural form of Pattern 16 (dative plural) always has the ending **om**:

żona	— żonom
mężczyzna	— mężczyznom
ziemia	— ziemiom
dłoń	— dłoniom
twarz	— twarzom
mąż	— mężom
miasto	— miastom

When qualifying dative plural forms, adjectives and other words declined like adjectives have the ending **-ym (-im)**, e.g.:

młodym mężom
małym dzieciom
tym paniom

Pronoun forms for Pattern 16 (dative):

Chcę **ci** zrobić niespodziankę
Musisz **mi** pomóc.
Chętnie **ci** pomogę.
Czy uszyje **mi** pani garsonkę?
Proszę **mu (jej)** to powiedzieć.
Proszę **nam** pomóc.

Dictionary form	Form for Pattern 16
ja	mi
ty	ci
on	mu
ona	jej
ono	mu
my	nam
wy	wam
oni	im

The **mi, ci, mu** forms are enclytics, and the remarks on p. 54 also apply to them.

Other dative forms of the pronouns **ja, ty, on** see p. 230.

USE OF VERBS

1. Some verbs always govern the dative.

Examples from the lesson: **dolegać, zdarzać się, poddawać się, ufać, podobać się.**

Co mężowi *dolega*?
Każdemu *się* to *zdarza*, nawet **lekarzowi**.
Nie trzeba *się* tylko *poddawać* **chorobie**.
On *nie ufa* żadnej pielęgniarce.
Mężczyznom zawsze *się podobają* niebieskie materiały.
A jakie kolory *podobają się* **kobietom**?

2. The verb **bać się** (boję się, boisz się etc.) and **życzyć** take the genitive (the verb **życzyć** also takes the dative, i.e. Pattern 16):

Zastrzyku *boi się* jak ognia.
Boję się **burzy**.
Życzę p a n i **cierpliwości**, a p a n u **zdrowia**.
Życzymy w a m **szczęścia**!

3. The verb **boleć** takes the accusative (kogo).

Boli **go** głowa.	He has a headache.
Mego męża *boli* gardło.	My husband has a sore throat.
Czy *boli* **cię** noga?	Does your leg (or: foot) hurt?

CONJUGATION OF VERBS

1. Verbs which have the suffix **-wa-** (except **-ywa-, -owa-,** see 2. below) in their dictionary form (infinitive) in the present tense have **-j-** instead of **-wa-** e.g.:

poda*wać*: podaję, podajesz, podaje etc.
dosta*wać*: dostaję, dostajesz, dostaje, etc.

The most important verbs in this group are: **dawać** *to give*, **sprzedawać** *to sell*, **poddawać** się *to give in*, **poznawać** *to get to know*, **uznawać** *to recognize*, **przyznawać** *to concede*, **wstawać** *to get up*, **zostawać** *to remain*, **dostawać** *to get* (*something*).

106

2. Verbs which have the suffix -ywa- (-iwa-) or -owa- in their dictionary form (infinitive) in the present tense have -uj- instead of -ywa- (-iwa-) or -owa-.

pokaz*ywać*: pokaz*uję*, pokaz*uj*esz, pokaz*uje*, etc.
kup*ować*: kup*uję*, kup*uj*esz, kup*uje*, etc.

but:

naz*ywać* (się) — naz*ywa*m (się), naz*ywa*sz (się), naz*ywa* (się), etc.

Some examples: **pokazywać** *to show*, **zatrzymywać się** *to come to a stop*, **odbudowywać** *to rebuild*, **wykonywać** *to perform*, **porównywać** *to compare*, **dowiadywać się** *to find out*, **kupować** *to buy*, **ratować** *to save*, **malować** *to paint*.

3. The verbs **stać** and **bać się** are conjugated as follows:

stać: stoję, stoisz, stoi, stoimy, stoicie, stoją
bać się: boję się, boisz się, boi się, boimy się, boicie się, boją się.

4. The verb **pomóc** is conjugated like **móc** (p. 54):

pomóc: pomogę, pomożesz, pomoże, pomożemy, pomożecie, pomogą

5. The verb **szyć** (**uszyć**) is conjugated like **myć** (p. 80):

szyć: szyję, szyjesz, szyje, szyjemy, szyjecie, szyją.

IDIOMS AND EXPRESSIONS

mieć temperaturę	*to have a temperature*
sprawiać (sprawić) zawód	*to disappoint*
robić (zrobić) zastrzyk	*to give an injection*
brać (wziąć) lekarstwa (pastylki itp.)	*to take medicines (lozenges etc.)*
bać się (kogoś, czegoś) jak ognia	*to dread (somebody, something) like the plague* (literally: *fire*)
sprawiać (sprawić) kłopot	*to cause trouble*
wychodzić (wyjść) za mąż	*to marry* (speaking of·a woman)
to co innego	*that is another matter*
brać (wziąć) miarę	*to take someone's measurements*
robić (zrobić) albo sprawiać (sprawić) niespodziankę	*to surprise* or *give (someone) a surprise*

EXERCISES

I. Answer the following questions, using the words given in brackets.

1. Komu chcesz zrobić niespodziankę? (mój mąż). 2. Komu musimy dziś pomóc? (ta kobieta i ten mężczyzna). 3. Komu pani szyje garsonkę? (ta młoda, miła pani).

4. Komu podoba się nowy taniec? (nasza młodzież). 5. Komu dolega ból głowy? (chory chłopiec). 6. Komu Kasia sprawiła kłopot? (ojciec i mama). 7. Komu państwo sprawili zawód? (koledzy). 8. Komu pan ufa? (żona). 9. Komu życzysz szczęścia? (to dziecko). 10. Komu lekarz życzy zdrowia? (pacjent). 11. Komu pielęgniarka robi zastrzyk? (chory człowiek).

II. Use the correct form of the personal pronouns instead of the dative of nouns:
1. Co mężowi dolega? 2. Nie mogę sprawić klientom zawodu. 3. Pielęgniarka zrobi pacjentowi zastrzyk. 4. Zastrzyki zrobię mężowi sama. 5. Doktor życzy Kasi dużo zdrowia. 6. Adam chce zrobić Ewie niespodziankę. 7. Chcemy kupić dziecku zabawkę. 8. Krawcowa szyje tym paniom suknie. 9. Trzeba pokazać panom różne materiały. 10. Czy twojej córce podoba się niebieski kolor? 11. Zaraz podam lekarzowi czysty ręcznik.

LEKCJA 12	LESSON 12

1. Marek opowiada zabawną historyjkę

1. Marek tells a funny story

Adam: Marek ma ochotę coś opowiedzieć. Chyba się nie mylę!

Marek feels like telling us something. Surely I am not mistaken.

Marek: Owszem, nie mylisz się.

No (*literally*: Indeed), you are not mistaken.

Ewa: Chętnie posłuchamy.

We shall be glad to listen.

Marek: Moi znajomi mają dwie córki, małe dziewczynki. Rodzice bardzo je kochają. Te dziewczynki to bliźniaki.

Some friends of mine (*literally*: My acquaintances) have two daughters, little girls. Their parents love them very much. The little girls are twins

Mama: Bardzo podobne?

Very alike?

Marek: Zupełnie jednakowe. Nie można ich odróżnić. Basia[1] i Jasia[1]. Ubierają się jednakowo i nigdy nie mówią „mój", „moje", „moi", tylko zawsze „nasz", „nasze", „nasi"...

Absolutely identical. One cannot distinguish them. Basia and Jasia. They dress alike and they never say "my" but always "our".

[1] Basia — diminutive of Barbara
Jasia — diminutive of Janina

Adam: To chyba niemożliwe.

Marek: A jednak możliwe. Na przykład mama pyta: czyja to sukienka? Dziewczynki razem odpowiadają — nasza. Koleżanki pytają: czyj to ołówek? Dziewczynki odpowiadają — nasz.

Ewa: To rzeczywiście zabawne.

Marek: Czasem jedna albo druga sprawia ojcu jakąś miłą niespodziankę. Ojciec pyta, komu podziękować. Odpowiadają wtedy zgodnie — nam!

Mama: Czy one zawsze tak mówią?

Marek: Nie zawsze. Czasem dziewczynki robią mamie przykrość. A wtedy każda mówi: to moja wina.

Adam: Nie wierzę ci. Przesadzasz. Każdy dziennikarz przesadza!

Marek: Wcale nie przesadzam. To będzie właśnie temat mojego ostatniego reportażu. Proszę, możecie go zobaczyć.

Ewa: Rzeczywiście. Ale to właściwie nie reportaż tylko fotoreportaż. Wspaniałe zdjęcia!

Mama: A dziewczynki są podobne jak dwie krople wody! Czy Jasia to ta pierwsza, czy ta druga?

Marek: Niestety, nie wiem. Odróżniają je tylko rodzice.

Surely that is impossible.

And yet (it is) possible. For instance (their) mother asks: "Whose dress is this?" The little girls answer together: "Ours". (Their) school-fellows ask: "Whose pencil is this?" The girls answer: "Ours".

That is really funny.

Sometimes one or the other gives their father a pleasant surprise. Father wants to know whom to thank. They (then) answer in concert: "Us!".

Do they always talk like that?

Not always. Sometimes the little girls do something to upset their mother. Then each one says: "It is my fault".

I don't believe you. You exaggerate. Every journalist exaggerates!

I am not exaggerating at all. This is, in fact, the subject of my latest article. Here you are, you can look at it.

Well, well (*literally*: Indeed). But this is actually not an article, but a story in pictures (*literally*: photographic report). Wonderful pictures!

And the girls are as alike as two peas (*literally*: as two drops of water). Is Jasia that first one, or that second one?

Unfortunately I don't know. Only the parents can distinguish them.

2. Marek przestaje palić papierosy

Agata: Doprawdy jesteś nieznośny.

Marek: Dlaczego?

Agata: Palisz już szóstego papierosa, a przecież ja nie znoszę dymu.

Marek: Przepraszam cię, ale to dopiero czwarty papieros.

Agata: Nie rozumiem, co to za przyjemność. Twoi rodzice nie palą, twoi koledzy nie palą, ja nie palę, a ty koniecznie musisz zatruwać organizm?

Marek: Papieros czasem pomaga skupić myśli.

Agata: Ale nikotyna to wróg organizmu! Zatruwa płuca, osłabia system nerwowy...

Marek: Tak mówią lekarze, ale czy można wierzyć lekarzom? Przecież sami palą.

Agata: Zawsze znajdujesz wymówkę. A nie możesz po prostu przestać palić?

Marek: Sprawi ci to radość?

Agata: Ogromną!

Marek: Dobrze, dopalam ostatniego papierosa i rzucam palenie.

Agata: Ciekawa jestem, jak długo wytrzymasz?

2. Marek stops smoking (cigarettes)

You really are unbearable.

Why?

You are already smoking (your) sixth cigarette, although I can't bear smoke.

I beg your pardon, but this is only (my) fourth cigarette.

I don't understand what you see in it (*literally*: what kind of pleasure this is). Your parents don't smoke, your colleagues don't smoke, I don't smoke, but you simply must poison your organism.

A cigarette occasionally helps one to concentrate (*literally*: collect (one's) thoughts).

But nicotine is an enemy of (one's) organism! It poisons the lungs, weakens (the) nervous system.

That is what doctors say, but can one believe doctors? After all they smoke themselves.

You'll always find an excuse. Can't you simply stop smoking?

Will that please you?

Tremendously!

All right, I'll just finish (smoking) (my) last cigarette and (then) I'll give it up.

I wonder how long you'll stand it?

Marek: Jestem konsekwentny i dotrzymam słowa.

Agata: To mi się podoba!

I am consistent and I'll keep my word.

That is what I like!

3. Marek oddaje pożyczkę

Marek: Jak się masz[2], Adam! Chcę ci oddać pożyczkę.

Adam: Już teraz? Termin przecież mija za dwa tygodnie!

Marek: Tak, ale mam teraz trochę pieniędzy i wolę się .pozbyć długu.

Adam: To świetnie się składa.

Marek: Dlaczego? Masz jakiś kłopot?

Adam: Trudno powiedzieć, czy to kłopot. Chyba nie. Po prostu żenię się.

Marek: O! Gratuluję! Kiedy będzie ślub?

Adam: Za dwa miesiące.

Marek: Zabawny zbieg okoliczności! Trzej moi przyjaciele żenią się równocześnie.

Adam: Kto?

Marek: Jeden to ty, drugi — Franek[3], a trzeci — Jacek[4]. Ich narzeczone to dobre znajome Ewy.

Adam: Jednym słowem będą trzy wesela...

3. Marek pays back a loan

How are you getting on, Adam! I want to pay you back (that) loan.

Already? The deadline won't be up for a fortnight.

Yes, but I have got a little money now and I prefer to get rid of the debt.

That suits me very well.

Why? Have you got any difficulties?

Difficult to say, whether this is a difficulty (or not). Probably not. I am simply getting married.

Oh! Congratulations! When will the wedding be?

In two months('time).

A funny coincidence! Three of my friends are getting married at the same time!

Who?

One is you, the second Franek, and the third Jacek. Their fiancées are (good) acquaintances of Ewa's.

In a word, there will be three weddings...

---

[2] **Jak się masz!** A form of greeting which may be used when adressing someone with whom we are on rather familiar terms.

[3] Diminutive of Franciszek (English: Francis)

[4] English equivalent: Hyacinthus

Marek: Tak, będą trzy śluby i trzy młode pary.

Adam: Trochę się śpieszę, Marku. Do zobaczenia!

Marek: Chwileczkę! Przecież chcę ci oddać pieniądze!

Adam: Rzeczywiście! Ostatnio jestem trochę roztargniony. Dziękuję.

Yes, there will be three weddings and three young couples.

I am in rather a hurry, Marek. See you later.

(Just) a moment! I want to pay you back the money, you know.

Of course! I am a little absent-minded these days. Thank you.

Czy to jest jego narzeczona?

COMMENTS ON LESSON 12

EXPRESSIONS OF BELONGING

Mam córkę.
I have a daughter.

moja córka
my daughter

Masz męża.
You have a husband.

twój mąż
your husband

Mamy sukienki.
We have dresses.

nasze sukienki
our dresses

Macie siostry.
You (plural) have sisters.

wasze siostry
your (plural) sisters

In the above examples the fact of belonging is expressed by the possessive form of pronouns already known to us, (i.e. by possessive adjectives) which are declined like adjectives (see p. 35).

The fact of belonging to a third person is expressed by the possessive adjectives **jego** *his*, *its*, **jej** *her*, **ich** *their*, which are indeclinable.

On ma narzeczoną.	jego narzeczona
He has a fiancée.	his fiancée
Ona ma narzeczonego.	jej narzeczony
She has a fiancé.	her fiancé
Ono ma zabawkę.	jego zabawka
It has a toy.	its toy
Oni mają samochód.	ich samochód
They have a car.	their car
One mają papierosy.	ich papierosy
They (women) have cigarettes.	their cigarettes

Possession by persons whom we address as **pan, pani, państwo** is expressed by the genitive forms: **pana** (or the adjective **pański, pańska**), **pani, państwa** (all of them corresponding to the English *your*).

Pan ma gazetę.	pana (pańska) gazeta
You have a newspaper.	your newspaper
Pani ma torebkę.	pani torebka
You have a handbag.	your handbag
Państwo mają dom.	dom państwa
You have a house.	your house

In other cases possession of something by someone is expressed by genitive forms of the appropriate nouns:

Mój ojciec ma samochód.	samochód **mojego ojca**
My father has a car.	my father's car
Ta dziewczyna ma siostrę.	siostra **tej dziewczyny**
This girl has a sister.	this girl's sister
Dziecko ma zabawkę.	zabawka **dziecka**
The child has a toy.	the child's toy

NUMBERS WITH NOUNS

dwa **zeszyty, okna**	two notebooks, windows
dwie **książki**	two books
trzy **zeszyty, okna, książki**	three notebooks, windows, books
cztery **zeszyty, okna, książki**	four notebooks, windows, books

When qualified by the numbers **dwa** (**dwie** for the feminine), **trzy, cztery,** nouns, except those denoting masculine persons (together with the adjectives which qualify them), take the nominative plural form (see p. 61).

The nominative form of these nouns (in the subject function) and their accusative form (in the object function) are identical.

Te *dwie* **dziewczynki** razem odpowiadają.
These two girls answer together.

Tam są *dwa* **nowe zeszyty.**
There are two new notebooks (over) there.

Tam stoją *trzy (cztery)* **prywatne samochody.**
There are three (four) private cars standing (over) there.

Moi znajomi mają *dwie* **dorosłe córki.**
My friends have two grown-up daughters.

On ma *dwa (trzy, cztery)* **wieczne pióra.**
He has two (three, four) fountain-pens.

With nouns denoting masculine persons these numbers take the form: **dwaj, trzej, czterej,** e.g.:

dwaj **przyjaciele**	two friends
trzej **mężczyźni**	three men
czterej **panowie**	four gentlemen

Such combinations appear only in patterns where the dictionary form (nominative) is used, e.g.:

Trzej moi **przyjaciele** żenią się równocześnie.
My three friends are getting married at the same time.

Pattern 17

> Termin mija **za dwa tygodnie**
> The deadline will be up (*literally*: passes) in two weeks

Sukienkę mogę pani uszyć **za miesiąc.**
Ślub będzie **za dwa miesiące.**
Spotkamy się **za trzy dni.**
Wrócę **za godzinę.**

Questions: **Kiedy wrócisz?**
When will you come back?

Za ile dni (miesięcy itp.) **się spotkamy?**
In how many days' (months' etc.) time shall we meet?

In these sentences we have the word **za,** which here corresponds to the English *in*, and takes the form given in Pattern 6 (accusative).

114

FUTURE TENSE OF THE VERB BYĆ

1. będę   będziemy
2. będziesz   będziecie
3. będzie   będą

Kiedy będzie ślub?   When will the wedding be?
Jednym słowem, będą trzy wesela.   In a word, there will be three weddings.

USE OF VERBS

1. The verbs dziękować (podziękować), wierzyć (uwierzyć) govern the Pattern 16 (dative) form of both nouns and pronouns:

Ojciec pyta, komu podziękować.   Nie wierzę ci.
Dziewczynki odpowiadają — nam.   Czy można wierzyć lekarzom?

2. The verb przepraszać takes the Pattern 6 (accusative) form of both nouns and pronouns.

Natychmiast przepraszają mamę.   They at once apologize to (their) mother.
Przepraszam pana.   I am sorry, or: Excuse me.

3. The verb pozbyć się to get rid of takes the Pattern 13 (genitive) form of both nouns and pronouns.

Wolę się pozbyć długu.   I prefer to get rid of the debt.

IDIOMS AND EXPRESSIONS

robić (zrobić) przykrość — to upset someone (to hurt someone's feelings)

podobne (podobni) jak dwie krople wody — as like as two peas (literally: as two drops of water)

palić papierosa — to smoke a cigarette

sprawiać (sprawić) radość — to give pleasure

rzucać (rzucić) palenie — to stop smoking

dotrzymać słowa — to keep (one's) word

Świetnie się składa, co? — A wonderful coincidence, or, that suits (me) very well.

mieć kłopot — to have trouble, to be in trouble (difficulties)

zbieg okoliczności — a coincidence

jednym słowem — in a word

do zobaczenia — see you later (au revoir)

chwileczkę — just a moment

spieszyć się — to be in a hurry

EXERCISES

I. Change the following sentences, using possessive adjectives:
1. Mam mieszkanie. 2. Mamy książki. 3. Masz kwiaty. 4. Macie samochód. 5. Ona ma siostrę. 6. On ma córkę. 7. Ono ma psa. 8. Oni mają przyjaciół.

II. Use the correct form of words given in brackets:
2 (ciekawa książka), 2 (młoda dziewczyna), 2 (młody przyjaciel), 3 (wysokie okno), 3 (przystojny mężczyzna), 3 (dorosła córka), 4 (polski dziennikarz), 4 (nowa suknia), 4 (dobra studentka), 4 (wieczne pióro), 3 (mój brat), 2 (ich siostra), 4 (jej przyjaciółka) 3 (ładna zabawka), 4 (czarny ołówek), 2 (jego kolega).

III. Use the nouns given in brackets in the form which expresses the fact of belonging:
1. To są koledzy (Marek). 2. Zeszyty (dziewczynki) są bardzo ładne. 3. Reportaż (dziennikarz) jest ciekawy. 4. To są zabawki (nasze córki). 5. Ta pani to dobra znajoma (Ewa i Adam).

IV. Read the expressions of time given in brackets and in your answers use them with a preposition:
1. Kiedy się spotkamy? (2 tydzień). 2. Kiedy państwo wrócą? (3 miesiąc). 3. Kiedy będzie ślub? (miesiąc). 4. Kiedy rzucisz palenie? (4 dzień). 5. Za ile dni oddasz mi pożyczkę? (2 dzień).

LEKCJA 13	LESSON 13
1. Adam i Ewa odprowadzają mamę	**1. Adam and Ewa see Mother off**
Ewa: Adasiu[1], weź walizki, a ja wezmę torbę.	Adaś, (you) take the suitcases and I'll take the travelling-bag.
Mama: Torbę poniosę sama, nie jest przecież ciężka.	I'll carry the bag myself, after all it is not heavy.
Ewa: Mamo, nie protestuj. Torbę wezmę ja. Ty weź parasolkę.	Mother, don't argue (*literally*: protest). I shall take the bag. You take the umbrella.

---
[1] Adaś — diminutive of Adam

116

Mama: No, chodźmy już, chodźmy. Spóźnimy się!

Well, let's go now, let's go. We'll be late!

Ewa: Nie denerwuj się. Masz przecież miejsce sypialne. Nikt ci go nie zajmie[2].

Don't get upset. After all, you have got a sleeping berth. No one will take it away (*literally*: will occupy it) from you.

Adam: Mamy jeszcze sporo czasu. Zdążę kupić pani gazetę.

We still have a fair amount of time. I'll manage to buy you a newspaper.

Ewa: Dobrze, kup, ale szybko.

All right, buy one, but quickly.

Mama: Ojej! Gdzie mój bilet?

Oh dear! Where is my ticket?

Ewa: Trzymasz go przecież!

Look, you are holding it!

Mama: Czy wiecie, gdzie stoi mój pociąg?

Do you know (what platform) my train is standing at?

Ewa: Zaraz zapytamy. Panie konduktorze[3], gdzie stoi pociąg do Zakopanego?

We'll ask right away. Conductor, what platform is the Zakopane train standing at?

Konduktor: Peron piąty, tor drugi.

Platform five, track two.

Ewa: Dziękujemy.

Thank you.

Adam: To jest właśnie ten pociąg: wagon pierwszej klasy, wagon drugiej klasy, jeszcze jeden drugiej klasy i wagon sypialny. Proszę chwilę poczekać, ja wniosę bagaże.

This is the (very) train: a first-class carriage, a second-class carriage, another second-class carriage and the sleeping car. Please wait a moment. I'll put the luggage in.

Mama: Pamiętaj, córeczko, jedz codziennie śniadanie.

Remember, (my darling) daughter, eat breakfast every day.

Ewa: Dobrze, mamo.

All right, Mother.

Adam: Ma pani wygodne miejsce. Pomogę pani wsiąść do wagonu.

You have a comfortable berth. I shall help you to get in (the carriage).

Mama: Bardzo wam dziękuję. Bądźcie zdrowi[4]!

Thank you (both) very much. Keep well.

---

[2] Cf. Lesson 9, note 3.
[3] Cf. Lesson 9, note 4.
[4] The expression **"Bądźcie zdrowi"** (literally: *"Be in good health"*) is frequently used on occasions of leave-taking.

Ewa: Do widzenia, mamo!
Adam: Do widzenia pani! Szczęśliwej podróży!

Goodbye, Mother.
Goodbye, happy journey!

2. Adam i Ewa planują wielką podróż

2. Adam and Ewa plan a great journey

Adam: Lubisz podróże?

(Do) you like travelling (*literally*: journeys)?

Ewa: Bardzo. Dlaczego pytasz?

Very much. Why do you ask?

Adam: Bo ja też lubię podróżować i nawet wiem, dokąd pojedziemy.

Because I, too, like travelling and I even know where we are going to go.

Ewa: Bardzo jestem ciekawa.

I am very curious (to know).

Adam: Daj atlas. Pokażę ci trasę naszej podróży.

Give (me) the atlas. I'll show you the route of our journey.

Ewa: Zaczekaj chwilę. Najpierw podam kompot[5]. Chce mi się pić.

Wait a moment. First I'll serve the stewed fruit. I feel thirsty.

Adam: Doskonale. Przynieś kompot, a ja dam Gapie wody. Psu też jest gorąco.

Splendid. Fetch the fruit, and I'll give Gapa some water. The dog is also hot.

Ewa: Proszę, weź atlas.

Here you are; take the atlas.

Adam: A ty weź ołówek, kartkę i notuj.

And you take a pencil, a piece of paper and make notes.

Ewa: Słucham...

I am listening...

Adam: Najpierw pojedziemy do Gdyni, tam wsiądziemy na statek i popłyniemy do Kopenhagi. Zwiedzimy Danię, potem Holandię, popłyniemy do Anglii i zatrzymamy się kilka dni.

First we'll go to Gdynia. There we'll board a ship and sail to Copenhagen. We'll visit Denmark, then Holland, (then) we'll sail to England and stop (there) for a few days.

Ewa: Bardzo ładnie. Teraz ja zaplanuję dalszą trasę: Wsiądziemy do samolotu i polecimy do Paryża, a potem do Marsylii. Tam znowu wsiądziemy na wielki statek, prze-

Very nice. Now I'll plan (our) further route: we'll board a plane and fly to Paris, and then to Marseilles. There we'll once more board a big ship, sail through the whole of the

---

[5] Stewed fruit (or compôte) is made rather liquid in Poland and is 'drunk' rather than 'eaten'.

płyniemy całe Morze Śródziemne, Kanał Sueski, Morze Czerwone, Ocean Indyjski i dopłyniemy do Bombaju.

Mediterranean, the Suez Canal, the Red Sea, the Indian Ocean, and get to Bombay.

Adam: Zanim wysiądziemy, kapitan zapyta: „Dlaczego państwo nie mają bagażu?" Co mu odpowiemy?

Before we land, the captain will ask: "Why haven't you got any luggage?" What shall we answer him?

Ewa: Odpowiemy tak: „Panie kapitanie, nam bagaż nie jest potrzebny. Podróżujemy przecież na niby!"

We'll answer. like this: "Captain, we don't need any luggage. After all, our journey is only a make-believe one!"

Adam: A dokąd pojedziemy naprawdę?

And where shall we really go?

Ewa: Naprawdę spakujemy plecaki, wsiądziemy do pociągu i pojedziemy na Mazury[6].

In reality we'll pack (our) rucksacks, board a train and go to the Mazurian Lakes.

Adam: A zanim wyruszymy, dasz mi jeszcze trochę kompotu?

And before we set off, will you give me some more stewed fruit?

Ewa: Proszę bardzo. Pij.

Certainly. Drink (it).

Adasiu, nie denerwuj się

---

[6] A region of lakes in Northern Poland.

3. Ewa poznaje Janka

Ewa: Gapa! Gapa! Chodź tu piesku!

Chłopiec: Ale to wesoły pies! I imię ma takie śmieszne! Taki pies to chyba nie gryzie?

Ewa: Nie bój się. Gapa to młody szczeniak. Nie ma jeszcze roku i bardzo się lubi bawić. Zaraz zobaczysz... Rzuć piłkę. Gapa, przynieś piłkę!

Chłopiec: Ojej! Przynosi piłkę!

Ewa: Gapa, podaj łapę!

Chłopiec: Ojej! Podaje łapę! Szkoda, że nie mam takiego psa...

Ewa: Lubisz psy?

Chłopiec: Bardzo lubię. W ogóle lubię zwierzęta.

Ewa: A ty jak się nazywasz?

Chłopiec: Janek.

Ewa: Często się tu bawisz?

Chłopiec: Codziennie. Jutro też przyjdę, ale za tydzień wyjadę. A pani często tu przychodzi?

Ewa: Często. Mam tu ulubioną ławkę i w ogóle lubię ten park.

Chłopiec: Ja też lubię tu przychodzić, ale cieszę się, że wyjeżdżam na wieś[7]. Mieszka tam moja babcia.

Ewa: Babcia pewnie ma gospodarstwo?

3. Ewa gets to know Janek

Gapa! Gapa! Come here, doggie!

What a jolly dog that is! And he has such a funny name! A dog like that surely doesn't bite?

Don't be afraid. Gapa is a young puppy. He is not yet a year old and he is very fond of playing. You will see right away... Throw the ball. Gapa, fetch the ball back!

Goodness! He is bringing the ball back!

Gapa, give (me) your paw!

Goodness, he is giving (you) his paw! What a pity I haven't got a dog like that...

You like dogs?

Very much. I like animals in general.

And what is your name?

Janek.

You often play here?

Every day. To-morrow I am coming (here) too, but in a week('s time) I am going away. And you, do you often come here?

Often. I have a favourite seat here and in general I like this park.

I also like coming here, but I am glad I'm going to the country. My granny lives there.

Granny probably has a farm?

---

[7] **Wieś** may mean *village* or *countryside*, but the expression **na wieś** is only used when **wieś** means the *countryside* in general, not a specific village.

Chłopiec: Tak, tam są konie, krowy, kury i jeden bardzo zły pies. Nazywa się Burek[8].
Ewa: Ja też bardzo lubię wieś. Gapa! Gapa! Chodź tu. Wracamy do domu!
Chłopiec: Ja też już idę.
Ewa: Do widzenia, Janku.
Chłopiec: Do widzenia pani. Cześć, Gapa!

Yes, there are horses, cows and hens there, and one very vicious dog. His name is Burek.
I, too, like the countryside very much. Gapa! Gapa! Come here. We are going home.
I am going too.
Goodbye, Janek.
Goodbye. Cheerio, Gapa!

COMMENTS ON LESSON 13

THE IMPERATIVE MOOD OF VERBS

Weź parasolkę.
Chodźmy już, **chodźmy**.
Dobrze, **kup**, ale szybko.
Jedz codziennie śniadanie.

Bądźcie zdrowi.
Daj atlas.
Przynieś kompot.
Proszę bardzo, **pij**.

In the above sentences we have forms of the imperative mood of verbs. The second person singular form of the imperative mood is formed as follows.

Verbs	Formed from	Initial form	Drop	2nd person singular form
1. When the 3rd person singular of the present (imperfective verbs) and simple future (perfective verbs) ends in -e, -i or -y	3rd person singular	przyniesie pije myje (się) bierze protestuje	-e	przynieś pij myj (się) bierz protestuj
		rzuci prosi myśli	-i	rzuć proś myśl
		patrzy	-y	patrz
2. When the 3rd person singular of the present (and simple future) tense has no ending	3rd person plural	słuchają rzucają ubierają wiedzą jedzą	-ą	słuchaj rzucaj ubieraj wiedz jedz

---

[8] One of the commonest names for a peasant's dog, formed from the adjective "**bury**" *brownish-grey*.

Notes:

1. In forms such as: **przynieś, rzuć, proś** and others, special letters (ć, ś) are used to signal the softness of the final consonant.
2. Verbs with a stem ending in b', p', w', f', m' (i.e. one of these consonants softened), e.g.: **zgubi, kupi, mówi, kłamie**, lose the softness of the consonant in the imperative form.
3. In some verbs alternation takes place between o and ó, e.g.:

> b*o*i się — b*ó*j się
> r*o*bi — r*ó*b
> st*o*i — st*ó*j

4. Exceptions from the above rules: **weź (weźmie), daj (dadzą) zrozum (zrozumie), bądź (będzie), dawaj (daje)**, as well as other verbs with the suffix -*wa*, see p. 106.

The 1st person plural of the imperative mood is formed from the singular of the imperative mood by adding the ending **-my**:

> przynieś — przynieś**my**
> rzuć — rzuć**my**
> słuchaj — słuchaj**my**
> rób — rób**my**
> bądź — bądź**my**
> Exception: zrozumiejmy — (zrozum)

The 2nd person plural is formed from the singular of the imperative mood by adding the ending **-cie**:

> przynieś — przynieś**cie**
> rzuć — rzuć**cie**
> słuchaj — słuchaj**cie**
> rób — rób**cie**
> bądź — bądź**cie**
> zrozum — zrozum**cie**

The forms **chodź, chodźcie** correspond to the English *come on*—speaking to one or more persons respectively.

The form **chodźmy** corresponds to the English *let us go*.

It ought to be remembered that forms of the imperative mood are formed from both aspects of the verb (perfective and imperfective). For the difference in meaning between perfective and imperfective verbs see p. 89.

In a negative command we use, in principle, forms of the imperative mood of imperfective verbs, e.g.:

Nie denerwuj się.	Don't get upset.
Nie kupuj tej sukienki.	Don't buy that dress.

Nie bądźmy źli.	Let us not be angry.
Nie proście jej.	Don't ask (anything from) her.

For other forms of the imperative mood of verbs see p. 143 and 170.

Pattern 18

> **Adasiu,** weź walizki
> Adaś, take the suitcases

Mamo, nie protestuj.
Pamiętaj, **córeczko,** jedz codziennie śniadanie.
Panie konduktorze, gdzie stoi pociąg do Zakopanego?
Do widzenia, **Janku.**

These sentences contain a special form of the noun used in addressing somebody (or something) known as the vocative case. In everyday colloquial speech such forms are often replaced by the nominative.

Nouns	Dictionary form	Drop	Add	Singular form for Pattern 18 (Vocative)
1. Ending in -a (with the exception of the nouns under 2 below)	mama ojczyzna córka kolega	-a	-o	mamo ojczyzno córko kolego
2. Diminutive proper nouns and diminutive common nouns ending in -a preceded by a soft consonant or l	Ola Hania ciocia mamusia	-a	-u	Olu Haniu ciociu mamusiu
3. Masculine nouns ending in a hard consonant (with the exception of the nouns under 4 below)	kapitan pan kot[1]	—	-(i)e	kapitanie panie kocie
4. Masculine nouns ending in a soft consonant as well as in any of the following: c, cz, dz, sz, rz, ż, l, k, g, ch[2]	leń listonosz żołnierz Janek	—	-u	leniu listonoszu żołnierzu Janku
5. Feminine nouns ending in a consonant	noc młodzież radość	—	-y -i	nocy młodzieży radości

6. The vocative form of all neuter nouns, as well as of all plural nouns is the same as the nominative form.

Notes:

1. In the vocative form some final stem consonants are subject to alternation, e.g.
r becomes rz, t — ci (=ć), l — l etc.
2. The words: **Bóg, chłopiec, ojciec,** take the vocative form **Boże, chłopcze, ojcze.**

CONJUGATION OF VERBS

jechać: 1. jadę   jedziemy
            2. jedziesz   jedziecie
            3. jedzie   jadą

All the verbs derived from the verb **jechać,** e.g.: **przyjechać, dojechać, ujechać, pojechać,** etc., are conjugated in the same way.

iść: 1. idę   idziemy
       2. idziesz   idziecie
       3. idzie   idą

All verbs derived from **iść,** e.g.: **pójść, przyjść, przejść, dojść, podejść,** etc. are conjugated in the same way.

It should be remembered that in Polish there is a fundamental difference between the verbs **iść** and **jechać. Iść** can only apply to walking on foot; locomotion by any other means (on horseback, in any vehicle travelling on land, or even by ship, boat, etc.) is described by the verb **jechać.** Sailing on water can also be expressed by the verb **płynąć** (**pływać** means to swim or to float, but can also mean to go sailing regularly).

wsiąść: 1. wsiądę   wsiądziemy
           2. wsiądziesz   wsiądziecie
           3. wsiądzie   wsiądą

The verbs **wysiąść, usiąść** etc. are conjugated in the same way.

Pattern 19

> Najpierw pojedziemy **do Gdyni**
> First we'll go to Gdynia

Tam wsiądziemy na okręt i popłyniemy **do Kopenhagi.**
Wsiądziemy **do samolotu** i polecimy **do Paryża.**
Wsiądziemy **do pociągu** i pojedziemy **na Mazury.**
Będziemy urządzać wyprawy **do lasu.**
Wracamy **do domu.**
Question: Dokąd (gdzie) pojedziemy? Where are we going to go (by vehicle)?

124

The word **do** used in the above sentences governs the form given in Pattern 13 (genitive case). When used with verbs of movement it corresponds to the English preposition *to* or *into*.

With some nouns, however, the preposition **na** (*literally*: *on, onto*), is always used to express the English *to*, and this takes the form given in Pattern 6 (accusative case).

THE USE OF THE NOMINATIVE OF PERSONAL PRONOUNS WITH VERBS

Masz przecież miejsce sypialne.
After all, you have a sleeping berth.

Przecież **ty masz** miejsce sypialne.
It is you who have the sleeping berth, after all.

Mamy jeszcze sporo czasu.
We still have a fair amount of time.

My jeszcze **mamy** sporo czasu.
As for us, we still have a fair amount of time.

Wezmę torbę.
I shall take the bag.

Torbę **wezmę ja.**
It is I who will take the bag.

Teraz **zaplanuję** dalszą podróż.
Now I'll plan (our) further route.

Teraz **ja zaplanuję** dalszą podróż.
Now it is my turn to plan (our) further route.

Jak się **nazywasz?**
What is your name?

A ty jak się **nazywasz?**
And you, what is your name?

In Lesson 1 we drew the reader's attention to the fact that in Polish verb forms are usually used without personal pronouns (in the nominative). The personal pronoun makes its appearance only under special circumstances, for instance when the logical stress falls on it (e.g. when two persons are contrasted with one another) or when the sentence contains words which emphasize it, e.g. **też** *also*, **również** *also*, **a** *and, but*, **natomiast** *on the other hand*, etc. The sentences above illustrate the difference discussed here.

IDIOMS AND EXPRESSIONS

wagon sypialny
sleeping car

jeść śniadanie (obiad, kolację)
to have (eat) breakfast, dinner, supper

bądź zdrów (bądźcie zdrowi)
keep well!

szczęśliwej podróży
happy journey

urządzać wyprawę nad jeziora (rzekę, morze)
to go on an expedition to the lakes (river, seaside)

szkoda, że
(it is) a pity that

cześć!
hallo or *cheerio*

EXERCISES

I. Use the correct form of the verb:

1. (Jechać — ja) za tydzień do Warszawy. 2. Jutro (pojechać — wy) do Sofii. 3. Za trzy tygodnie Ewa (pojechać) na Mazury. 4. Ty (popłynąć) do Oslo, a ja (pojechać) do Paryża. 5. Za godzinę (wracać — my) do domu. 6. Państwo (wracać) do domu, a my (zostawać). 7. Oni (wsiąść) do pociągu i (pojechać) nad morze. 8. Dziś (jechać — ty) do Londynu? 9. Za dwie godziny pani (odlecieć) do Moskwy, a ja (wrócić) do Wrocławia.

II. Put the nouns given in brackets into the form of Pattern 18 (the vocative case), and the verbs into the imperative mood:

1. (Ewa, wypić) trochę kompotu. 2. (Mama, wziąć) parasolkę. 3. (Kasia, kupić) gazetę. 4. (Córeczka, jeść) codziennie śniadanie. 5. (Pan konduktor), gdzie jest wagon pierwszej klasy? 6. (Janek, spakować) walizkę. 7. (Ciocia), szczęśliwej podróży! 8. (Kolega), mamy jeszcze sporo czasu. 9. (Chłopczyk, powiedzieć) jak się nazywasz? 10. (Agata, nie kupować) tej sukienki. 11. (Adaś, wsiąść — my) do samolotu i (polecieć — my) do Kopenhagi. 12. (Piesek, chodzić) tu szybko!

III. a) Use the nouns given in brackets in the correct form together with the preposition appropriate for expressing change of direction, b) Explain the use of the personal pronouns:

1. Mama Ewy jedzie (Zakopane), a ty (Mazury). 2. My urządzimy wyprawę (las), a wy zostańcie (rzeka). 3. Ja wniosę bagaże (wagon), a ty poczekaj trochę. 4. Teraz ty możesz iść (park). 5. Teraz ja zaplanuję dalszą podróż (Ameryka), a ty posłuchaj.

LEKCJA 14	LESSON 14
1. Agata prowadzi lekcję	**1. Agata conducts a lesson**
Agata: Dzień dobry dzieci.	Good morning, children.
Dzieci: Dzień dobry pani!	Good morning, madam.
Agata: Siadajcie. Dzisiaj mamy ostatnią lekcję geografii. Przekonamy się zaraz, kto w naszej klasie naprawdę zna geografię Polski.	Sit down. Today we are having our last geography lesson. We shall find out right away, (*literally*: convince ourselves) who in our form really knows the geography of Poland.

Uczniowie: Ja! Ja! Ja!

Agata: Tadek[1] nam powie, w jakiej części świata leży Polska, i pokaże jej granice na mapie.

Tadek: Polska leży w Europie. Północna granica Polski to Morze Bałtyckie. Na zachodzie jest granica pokoju na Odrze i Nysie. Na południu naturalną granicę stanowią góry Karpaty, a na wschodzie — rzeka Bug.

Agata: Bardzo dobrze. A teraz ty, Teresko[2], wymień nasze główne porty na Bałtyku.

Tereska: Główne porty Polski na Bałtyku to Gdańsk, Gdynia i Szczecin. W Gdańsku i w Szczecinie są stocznie. W stoczniach inżynierowie i robotnicy budują okręty.

Agata: Doskonale! Tadek, zbliż się do mapy i pokaż, gdzie leży Puszcza Białowieska.

Tadek: Puszcza Białowieska leży na północnym wschodzie Polski w województwie[3] białostockim. Jest to wielki park narodowy i rezerwat przyrody.

Agata: Tak. Powiedz nam jeszcze, dlaczego mówimy „czarny Śląsk"?

Tadek: Mówimy „czarny Śląsk", bo Śląsk to polskie zagłębie węglowe, a węgiel jest czarny. Mój stryjek[4] mieszka na Śląsku i pracuje w kopalni.

I (do)! I (do)! I (do)!

Tadek will tell us in what part of the world Poland lies, and will show us her frontiers on the map.

Poland lies in Europe. The northern frontier of Poland is (formed by) the Baltic. In the west (we have) the friendship frontier on the Odra and Nysa. In the south the Carpathians form a natural frontier, and in the east the river Bug.

Very good. And now you, Tereska, enumerate our principal ports on the Baltic.

Poland's principal ports on the Baltic are Gdańsk, Gdynia and Szczecin. In Gdańsk and Szczecin there are shipyards. In the shipyards engineers and workers build ships.

Excellent! Tadek, come up to the map and show (us) where the Białowieża Forest lies.

The Białowieża Forest lies in the north-east of Poland, in the voivodship of Białystok. It is a great national park and a nature reserve.

That's right. And now tell us why do we say "black Silesia"?

We say "black Silesia", because Silesia is the Polish coal basin, and coal is black. My uncle lives in Silesia and works in a mine.

---

[1] Diminutive of Tadeusz (English: Thaddeus)
[2] Diminutive of Teresa (English: Theresa)
[3] The administrative division of Poland is into voivodships (49) and communes (**gminy**).
[4] There are two distinct words for uncle in Polish: one's *father's brother* is **stryj**, one's *mother's brother* **wuj**.

Agata: Czy wasi koledzy dobrze odpowiadają?

Are your school-fellows' answers correct (*literally*: Do your colleagues answer well)?

Uczniowie: Bardzo dobrze!

Yes! (*literally*: very well).

Agata: Ja też tak uważam. O, już dzwonek! Możecie iść na boisko.

I think so, too. Oh, (there is) the bell already! You may go into the playground.

2. Agata i Klara szukają siódmej klasy

2. Agata and Klara look for the seventh form

Agata: Klaro, ta moja siódma klasa jest naprawdę nieznośna! Nie wiesz przypadkiem, gdzie są moje dzieci? Nigdzie ich nie widzę: ani na boisku, ani w klasie, ani na korytarzach.

Klara! That seventh form of mine are really unbearable! You don't know by any chance, (do you) where (those) children of mine are? I can't see them anywhere: (they're not) in the playground, or in the classroom, or in the corridors.

Klara: Pewnie już są w świetlicy[5]. Przecież przygotowują wystawę! O, popatrz, to chyba Janka[6]! Niesie jakiś plakat...

They are probably already in the clubroom. After all they are preparing an exhibition! Oh, look, that looks like Janka! She is carrying some kind of poster...

Janka: Mam tu plakat! Na plakacie są postacie, które znacie[7]!

I have got a poster here! On the poster there are characters whom you (all) know.

Agata: Janka! Co ty wyprawiasz!
Janka: Proszę pani! Nasza wystawa jest prawie gotowa! Prosimy uprzejmie do świetlicy! Robimy próbę generalną!

Janka! What on earth are you up to! Madam! Our exhibition is nearly ready! Kindly come to the clubroom! We are having a dress rehearsal!

Agata: No, nareszcie jesteście! Chodź, Klaro, popatrzymy.

Well, (here) you are at last! Come on, Klara, we'll have a look.

---

[5] A clubroom in school, industry, office etc.
[6] Janka, Janeczka — diminutive of Janina (English Jane).
[7] A triple jingling rhyme in Polish.

Janka: Zaraz panie się przekonają! Żadna klasa nie ma takiej ładnej wystawy!

You will find out for yourselves right away. No (other) form has such a fine exhibition!

Klara: Dobrze, tylko zostawię dziennik w kancelarii. Świetlica jest przecież na pierwszym piętrze. Poczekaj chwilkę, Janeczko!

All right, only I'll leave the register in the office. After all, the clubroom is on the first floor. Wait a moment, Janeczka!

W domu nikogo nie ma

3. Agata i Klara oglądają wystawę szkolną

3. Agata and Klara inspect the school exhibition

Janka: Szanowni Państwo! Mam zaszczyt przedstawić państwu naszą szkolną wystawę. Proszę się przyjrzeć tej mapie. To mapa Polski. Polska obchodzi właśnie urodziny. Ma już tysiąc lat. Naród polski i rząd dają ojczyźnie piękny prezent: tysiąc szkół na tysiąclecie.

Honourable Ladies and Gentlemen! I have the honour of presenting our school exhibition. Please examine this map. It is a map of Poland. Poland is just celebrating her birthday. She is already a thousand years old. The Polish nation and government are giving their country a fine present: a thousand schools for (her) millennium.

Tadek: A ja dostanę w prezencie rower.

Agata: Tadek, uspokój się! Czy ty nigdy nie możesz być cicho?

Janka: Na tej mapie widzą państwo czerwone punkty. Każdy taki punkt to szkoła tysiąclecia. My też znajdujemy się w takim punkcie, bo szkoły tysiąclecia są w każdym województwie, w miastach, w miasteczkach i we wsiach.

Tadek: A na tej ścianie widzę fotografię naszej klasy. W pierwszej ławce siedzi rudy Franek[8] i ja.

Klara: Tadek, ty chyba nigdy się nie uspokoisz!

Tadek: Bardzo przepraszam, zaraz się uspokoję.

Janka: Proszę spojrzeć na lewo. To jest historyczna fotografia: uczniowie stoją na podwórzu, a pan kierownik wita ich w naszej szkole tysiąclecia. To właśnie nasza szkoła.

Tadek: A na prawo na schodach do szkoły stoi pan Paweł[9], nasz woźny i chyba krzyczy jak co dzień: ,,Do szkoły nie wolno wchodzić w butach[10]!"

And I'll get a bicycle as a present.

Tadek, be quiet! Can't you ever keep silent?

On this map you see (some) red dots. Every such dot is a millennium school. We too are marked by (*literally*: situated in) such a dot, because there are millennium schools in every voivodship, in cities, towns and villages.

And on this wall I see a photograph of our form. Red-haired Franek and myself are sitting on the front bench.

Tadek, you will probably never quieten down!

I am very sorry, I'll quieten down at once.

Please look (to your) left. This is a historical photograph: the pupils are standing in the yard, and the headmaster is welcoming them to our millennium school. This is in fact our school.

And to the right, on the steps (leading) to the school, stands Paweł, our janitor and I suppose he is shouting, as (he does) every day: "You mustn't come into school with your shoes on!"

---

[8] Diminutive of Franciszek.
[9] Paul.
[10] In Polish we say **w butach** (*in shoes*), **w płaszczu** (*in an overcoat*), **w kapeluszu** (*in a hat*) etc., in the sense of wearing or having something on.

Janka: Proszę teraz spojrzeć na prawo. Widzimy tu nieznośnego kolegę Tadka z piątej klasy. Jutro nie wpuścimy go. do świetlicy, bo nam przeszkadza oglądać wystawę.

Now please look to (your) right. We see here (our) impossible school-fellow Tadek of the fifth form. Tomorrow we will not let him into the clubroom, because he prevents us from looking at the exhibition.

COMMENTS ON LESSON 14

P a t t e r n 20

> Polska leży w Europie
> Poland lies in Europe

... kto **w naszej klasie** zna geografię Polski.
W Gdańsku i **w Szczecinie** są stocznie.
Mój stryjek mieszka **na Śląsku** i pracuje **w kopalni**.
Zostawię dziennik **w kancelarii**.
My też znajdujemy się **w takim punkcie**.
W pierwszej ławce siedzi rudy Franek i ja.
Uczniowie stoją **na podwórzu**, a pan kierownik wita ich **w naszej szkole** tysiąclecia.
W stoczniach buduje się okręty.
Szkoły tysiąclecia buduje się... **w miastach, miasteczkach** i **we wsiach**.
Nigdzie ich nie widzę: ani **na boisku**, ani **w klasie**, ani **na korytarzach**.
Świetlica jest **na pierwszym piętrze**.
Na prawo **na schodach** stoi pan Paweł.

Q u e s t i o n: **Gdzie leży Polska?**   Where does Poland lie?

In the above sentences a form of the noun (locative case) is used to denote location. In the sentences formed according to Pattern 20 this form is governed by the preposition **w (we)** or **na**. It is formed in the following way:

Nouns	Dictionary form	Formation	Singular form for Pattern 20 (Locative case singular)
1. All nouns ending in -**a** and feminine nouns ending in a consonant[1]	Europa klasa góra koper*ta* ław*ka*	as the form for Pattern 16 (dative singular) see p. 103	Europie klasie gó*rze* koper*cie* ławce

Nouns	Dictionary form	Formation	Singular form for Pattern 20 (Locative case singular)
1. (continued)	kuchnia kancelaria wieś ulica twarz	see above (p. 131)	kuchni kancelarii wsi ulicy twarzy
2. Masculine nouns ending in a consonant[1]	klub las teatr punkt ląd korytarz park pociąg kraj Bóg chłopiec ojciec	as the form for Pattern 18 (vocative singular) see p. 123	klubie lesie teatrze punkcie lądzie korytarzu parku pociągu kraju Bogu chłopcu ojcu
3. Neuter nouns[1]	niebo piętro miasto podwórze wejście boisko muzeum imię	according to the same principles as those governing masculine nouns	niebie piętrze mieście podwórzu wejściu boisku muzeum imieniu

Notes:

1. Some of the nouns which form the locative with the help of the ending -e show alternation of the final stem consonant. The most important examples of alternation are:

r : rz	teatr	— teatrze,	góra	— górze
t : ć (ci)	punkt	— punkcie,	koperta	— kopercie
st : ść (ści)	miasto	— mieście	most	— moście
d : dź (dzi)	ląd	— lądzie,	woda	— wodzie
s : ś (si)	las	— lesie,	klasa	— klasie
ł : l	czoło	— czole,	mgła	— mgle
k : c	ławka	— ławce		
g : dz	noga	— nodze		

Some nouns, moreover, have alternation between **a** and **e**, e. g.: świ*a*t — świ*e*cie, mi*a*sto — mi*e*ście.

2. There are several exceptions to the rules formulated above: the nouns **dom, pan, syn, państwo** form the locative with the help of the ending **-u: domu, panu, synu, państwu.**

When qualifying the locative singular of nouns, adjectives and words declined like adjectives have the following endings:

Masculine and neuter: **-ym (-im)**

Feminine: **-ej**

> E. g.: na północnym **wschodzie**
> na pierwszym **piętrze**
> w mo**im domu**
> w nasze**j klasie**

The locative plural of nouns is formed with the help of the ending **-ach** for all three genders:

> klasa   — klas**ach**
> ulica   — ulic**ach**
> teatr   — teatr**ach**
> miasto — miast**ach**

When qualifying the locative plural of nouns, adjectives and words declined like adjectives have the ending **-ych (-ich)**:

> w naszy**ch domach**
> na wszystki**ch piętrach**
> w biały**ch kopertach**

To indicate a place inside an object, we use the preposition **w** with the locative of the noun (some nouns, however, take the preposition **na**), e.g.:

w Europie	but, e.g.: **na** poczcie
w Anglii	**na** uniwersytecie
w klasie	**na** korytarzu
w stoczniach	**na** dworcu
w kopalni	**na** świecie
w mieszkaniu	**na** Śląsku
w pokoju, etc.	**na** Bielanach etc.

Nouns denoting non-enclosed, non-three-dimensional areas are exclusively governed by the preposition **na**.

na południu ⎫
na zachodzie ⎬ when meaning the points of the compass
na Bałtyku ⎭
na plakacie
na boisku
na mapie
na ścianie
na schodach
na wyspie

N o t e: Nouns which take the preposition **w** in the pattern under discussion take the preposition **do** in Pattern 19 (when we indicate direction, see p. 124).

C o m p a r e:

być **w klasie**	— wejść **do klasy**
to be in the classroom	— to enter the classroom
pracować **w mieszkaniu**	— wejść **do mieszkania**
to work at home	— to enter the flat

In the same way sentences in which the preposition **na** is used with the locative have their counterpart in sentences with the same preposition but formed according to Pattern 19. In that case the preposition **na** no longer governs the locative, but the accusative.

C o m p a r e:

być **na poczcie**	— *iść* **na pocztę**
to be at the post-office	— to go to the post-office
mieszkać **na Śląsku**	— *jechać* **na Śląsk**
to live in Silesia	— to make a journey to Silesia

NEGATIVE WORDS

Nigdzie ich nie widzę: ani na boisku, ani w klasie...
Żadna klasa nie ma takiej ładnej wystawy.
Czy ty **nigdy** nie możesz być cicho?
Ty chyba **nigdy** się nie uspokoisz.
Nikt nie odpowiada.
Nic nie wiem.
Nikogo tu nie ma.
Nigdzie nie wyjeżdżam.

If a sentence contains one of the negative words: **nikt** *nobody, no one,* **nic** *nothing,* **żaden** *none, no,* **niczyj** *nobody's,* **nigdy** *never,* **nigdzie** *nowhere,*

do nikąd (*to*) *nowhere*, rarely used, **znikąd** *from nowhere* — the verb absolutely requires the negative word **nie**. Unlike English, Polish holds firmly to the principle of double negation: both the verb and the pronoun, adverb, etc. must be negative.

N o t e : The words **ani ... ani** *neither ... nor* are used in enumerating objects in sentences containing a negative verb.

C o m p a r e :

Widzę chłopca i dziewczynkę.	I see a boy and a girl.
Nie widzę **ani chłopca, ani dziewczynki.**	I see neither the boy nor the girl.
Jadę na Śląsk i do Krakowa.	I am going to Silesia and to Cracow.
Nie jadę **ani na Śląsk, ani do Krakowa.**	I am going neither to Silesia nor to Cracow.
Oni są albo w klasie, albo na boisku.	They are either in the classroom, or in the playground.
Nie ma ich **ani w klasie, ani na boisku.**	They are neither in the classroom nor in the playground.

CONJUGATION OF VERBS

1. The verb **powiedzieć** is conjugated like **wiedzieć** (see p. 54):

1. powiem	powiemy
2. powiesz	powiecie
3. powie	powiedzą

Similarly conjugated are the verbs: **odpowiedzieć, opowiedzieć, dowiedzieć się.**

2. The verb **pokazać** is conjugated:

1. pokażę	pokażemy
2. pokażesz	pokażecie
3. pokaże	pokażą

Similarly conjugated are the verbs: **rozkazać, przekazać, wskazać** etc.

3. The verb **dostać** is conjugated:

1. dostanę	dostaniemy
2. dostaniesz	dostaniecie
3. dostanie	dostaną

Similarly conjugated are the verbs: **przestać, zostać, pozostać.**

IDIOMS AND EXPRESSIONS

zagłębie węglowe	*coal basin*
mieć zaszczyt (coś robić)	*to have the honour to*
obchodzić urodziny (imieniny, rocznicę itp.)	*to celebrate one's birthday (nameday, an-niversary etc.)*
dostać w prezencie (książkę itd.)	*to get (a book) etc.) as a present*

EXERCISES

I. Give the forms of Pattern 20 (locative case singular and plural):

Na (ulica), w (duża klasa), na (wysoka góra), w (pociąg), w (nasza wieś), na (jej twarz), w (twoje miasto), na (ich podwórze), na (drugie piętro), w (jasne klasy), w (mój dom), na (północny wschód), na (zachód), w (polskie teatry), w (ciemny las), w (nasz pokój), w (ładny klub), w (duży park), w (Londyn), w (Paryż), w (Warszawa), w (Ameryka), w (Europa), w (miasto), na (dworzec), na (uniwersytet), na (świat), w (białe koperty).

II. Use the singular and plural forms of Pattern 20 with the appropriate preposition:
1. Dzieci bawią się (boisko). 2. Pan kierownik wita uczniów (szkoła tysiąclecia). 3. Nauczycielka jest (klasa). 4. (Korytarz) jest też ładnie. 5. (Stocznie) buduje się okręty. 6. Jego stryj pracuje (kopalnia). 7. Moja koleżanka siedzi (pierwsza ławka). 8. (Schody) stoi pan Paweł. 9. (Miasta, miasteczka, wsie) buduje się szkoły tysiąclecia. 10. (Ten pociąg) nie ma wagonu sypialnego.

III. Use the correct forms of verbs given in brackets:
1. Teraz dzieci (powiedzieć), gdzie leży Polska. 2. Olu, (pokazać — ty) to teraz na mapie. 3. (Opowiedzieć — my) wam teraz o Śląsku. 4. Czy (dostać — ja) jutro prezent? 5. (Dowiedzieć się — wy) jutro, kiedy pojedziemy nad morze.

LEKCJA 15	LESSON 15
1. Mama wybiera się w góry	**1. Mother prepares to take a trip into the mountains**
Ciocia Zosia[1]: Jak się czujesz w górach, Helenko[2]?	How do you feel (here) in the mountains, Helenka?
Mama: Bardzo dobrze.	Very well.

---

[1] Diminutive of Zofia (Sophia).
[2] Diminutive of Helena (Helen).

Ciocia Zosia: W takim razie wybierzcie się jutro z Hanią[3] na Kasprowy Wierch[4].

Mama: Bardzo chętnie, ale nie wiem, czy to nie za daleko.

Hania: Ależ nie, ciociu! Autobus staje na rogu naszej ulicy. Autobusem pojedziemy do stacji kolejki linowej, a kolejką na sam szczyt.

Mama: Niedzielę spędzimy chyba w domu?

Hania: Oczywiście, ale pojutrze wybierzemy się autobusem do Morskiego Oka[5].

Ciocia: Albo pieszo na Halę Gąsienicową[6]. To bardzo ładna trasa.

Hania: Właśnie! Na Hali odpoczniemy w schronisku i spotkamy się z moimi koleżankami i kolegami. Przyjdą tam inną trasą.

Mama: A nie będzie wam ze mną nudno, Haniu?

Hania: Z tobą nudno? Ciociu! Co też ty mówisz?

Mama: Jestem przecież stara.

Hania: Ciociu, ty się nigdy nie zestarzejesz!

Mama: Bardzo wątpię.

Ciocia Zosia: Nie sprzeczaj się z nią, Helenko. Idźcie wcześnie

In that case take a trip up Kasprowy Wierch with Hania to-morrow.

Very gladly, but I don't know whether it isn't too far.

Oh, but it isn't, auntie! The bus stops at the corner of our street. We shall go by bus to the funicular station, and by funicular to the very top.

I suppose we'll spend Sunday at home?

Of course, but the day after to-morrow we'll set out for a bus trip to Morskie Oko.

Or on foot to Gąsienicowa Alp. It is a very lovely route.

That's right! On the Alp we'll have a rest in the hostel and meet some friends of mine (*literally*: male and female colleagues). They will get there by another route.

Won't you be bored with me, Hania?

Bored — with you? Auntie! What are you talking about!

After all I am old...

Auntie! you will never grow old!

I very much doubt (it).

Don't argue with her, Helenka. Go to bed early, and in the morning

---

[3] Diminutive of Hanna (Ann).
[4] A mountain near Zakopane, 2088 metres (nearly 7000 feet) above sea level, accessible by funicular, the goal of thousands of skiers.
[5] One of the most beautiful lakes in the Tatra Mountains; its name means, literally, 'the Eye of the Sea'.
[6] A piece of highland pasture near Zakopane.

spać, a rano w drogę. I wracajcie zdrowo.

(set out) on your journey. And return safely.

Hania: Mamo, ciociu, chodźcie i popatrzcie, jakie piękne gwiazdy!

Mother, auntie, come and look, what beautiful stars!

Ciocia: Rzeczywiście. To znaczy, że jutro będzie ładna pogoda.

Yes, indeed! That means that tomorrow there will be fine weather.

A nie będzie wam ze mną nudno, dzieci?

2. Adam i Ewa błądzą w lesie

2. Adam and Ewa stray in a forest

Adam: Idzie żołnierz borem lasem, borem lasem

A soldier is going through wood and forest

Przyśpiewuje sobie czasem, sobie czasem[7].

Sometimes he sings a song to himself.

Tra la la la,   tra la la la ...

Tra la la la,   tra la la la ...

Ewa: Przestań śpiewać, Adam. Ja się boję...

Stop singing, Adam. I am frightened...

Adam: Nie obawiaj się. Ze mną nie zginiesz.

Don't be frightened. Nothing will happen to you (*literally*: you won't perish) while I am with you.

Ewa: Ale nie wiem, dokąd dojdę. Wędrujemy już cztery godziny i ciągle jesteśmy w lesie. Jestem po prostu zmęczona tą wędrówką.

But I don't know where I'll end up at. We have already been walking (for) four hours, and we are still in the forest. I am simply tired of this ramble.

---

[7] The first words of an old Polish soldiers' song.

Adam: Możemy odpocząć. Siadajmy.

Ewa: Nie, chodźmy dalej i wyjdźmy wreszcie na drogę.

Adam: Niestety nie wiem, gdzie jest droga.

Ewa: To wejdź na ten dąb i rozejrzyj się.

Adam: Wątpię, czy potrafię wejść na takie wysokie drzewo. Zresztą to nie jest dąb, tylko lipa.

Ewa: A więc nie wchodź, ale zdecyduj, którędy pójdziemy.

Adam: Ktoś idzie w naszą stronę. Zaraz go zapytamy.

Ewa: Proszę pana!

Adam: Niech pan nam pokaże, gdzie tu jest droga?

Człowiek: A jakiej drogi państwo szukają?

Adam: Drogi do domu. Mieszkamy w Ośrodku Wypoczynkowym.

Ewa: Błądzimy już cztery godziny.

Człowiek: Niech państwo idą tą ścieżką.

Ewa: Tędy?

Człowiek: Nie, tamtędy, tą ścieżką, na prawo. Dojdą państwo do wsi Gaj.

Ewa: Ale my nie chcemy iść do wsi...

Człowiek: We wsi wskażą państwu drogę do Ośrodka.

Ewa: Niech pan nam chociaż powie, czy daleko do tego Gaju?

We can have a rest. Let us sit down.

No, let us go on and get out on to a road at last.

Unfortunately I don't know where the road is.

Then climb that oak and have a look round.

I doubt if I'll manage to climb such a tall tree. Besides, it is not an oak but a lime-tree.

Well then, don't climb (it), but decide which way we are to go.

Someone is coming our way. We'll ask him right away.

Excuse me!

Do show us where the road is.

Which road are you looking for?

The road home. We are staying at the Holiday Centre.

We have been straying for four hours already.

Go along that path, (sir and madam).

This way?

No, that way, along that path on the right. You will get to the village of Gaj.

But we don't want to get to the village...

In the village they will show you the way to the Centre.

Do tell us at least whether it is a long way to that Gaj?

Człowiek: Dwa kilometry drogi lasem i kilometr łąką.

Two kilometres (of road) through the forest and one kilometre across the meadow.

Adam: Dziękujemy panu.

Thank you.

Człowiek: Niech się państwo spieszą, nadchodzi burza!

Hurry up, there is a storm coming!

COMMENTS ON LESSON 15

Pattern 21

> **Autobusem** pojedziemy do stacji kolejki linowej
> We shall travel by bus to the funicular station

Kolejką linową pojedziemy na sam szczyt.
Pojutrze wybierzemy się **autobusem** do Morskiego Oka.
Czy chcesz jechać **pociągiem**, czy lecieć **samolotem**?
Wjedziemy **windą** na dziesiąte piętro.
Do tego placu dojedziemy **metrem**.

Question: **Czym pojedziemy?**

What shall we travel by?

Sentences formed according to Pattern 21 contain a new form of the noun, known as the instrumental case. This frequently denotes a manner of locomotion. It is formed in the following way:

Nouns	Dictionary form	Drop	Add	Form of the singular for Pattern 21 (Instrumental case singular)
1. All the nouns ending in -a and feminine nouns ending in a consonant.	winda kolejka łódka	-a	-ą	windą kolejką łódką
	kolej łódź	—		koleją łodzią
2. Masculine nouns ending in a consonant and all neuter nouns	autobus samolot statek tramwaj	—	-em	autobusem samolotem statkiem tramwajem
	metro auto	-o		metrem autem

140

In the instrumental singular, adjectives and words declined like adjectives have the following endings:
Masculine and neuter -ym (-im)
Feminine -ą

pociągiem pospiesznym	by fast train
samolotem odrzutowym	by jet plane
autem osobowym	by (passenger) car
koleją linową	by funicular
windą szybkościową	by a fast lift

Pattern 22

> Pójdziemy **tą drogą**
> We shall follow that road

Kasia idzie **ulicą**.
Przyjdą tam **inną trasą**.
Idzie żołnierz **borem, lasem**.
Niech państwo idą **tą ścieżką**.
Tamtędy, **tą ścieżką** na prawo, dojdą państwo do wsi.
Dwa kilometry drogi **lasem** i kilometr **łąką**.
Question: **Którędy pójdziemy?**   Which way shall we go?

The noun form which we know from Pattern 21 (instrumental case singular) is used in the above sentences to denote the place where locomotion is taking place.

In sentences of this kind the words **tędy** *through here, this way* and **tamtędy** *through there, that other way,* are also used.

Pattern 23

> Wybierzcie się jutro **z Hanią** na Kasprowy Wierch
> Make a trip to Kasprowy Wierch with Hania to-morrow

Przygotujemy **z Markiem** kolację.
Adam ciągle sprzecza się **z Ewą**.
Ewa ciągle sprzecza się **z Adamem**.
A nie będzie wam **ze mną** nudno, Haniu?
Z tobą nudno?
Nie sprzeczaj się **z nią**, Helenko.
Ze mną nie zginiesz.
Napijcie się **z nami** wina!
Na Hali Gąsienicowej spotkamy się **z moimi koleżankami** i **kolegami**.

In the above sentences the noun form known to us from Pattern 21, (the instrumental case singular) appears with the preposition z (ze). When combined in this way the whole prepositional phrase denotes a person who assists or accompanies another in performing a certain action. In the same pattern we also have forms of the instrumental plural of nouns, as well as of personal pronouns. The instrumental plural of nouns is formed (with few exceptions) with the help of the ending -ami.

koleżanka	—	koleżankami
kolega	—	kolegami
pani	—	paniami
pan	—	panami
inżynier	—	inżynierami
auto	—	autami

In the instrumental case plural, adjectives and words declined like adjectives have the endings -ymi (-imi).

dobrymi koleżankami
sympatycznymi panami
nowymi autami
moimi koleżankami

INSTRUMENTAL CASE OF PERSONAL PRONOUNS

Dictionary form	Form of Pattern 23 (Instrumental case)
ja	mną
ty	tobą
on, ono	nim
ona	nią
my	nami
wy	wami
oni, one	nimi

USE OF WORDS

The word zmęczony *tired* is used with the form of Patterns 21-23 (instrumental case):

Jestem *zmęczony(a)* tą wędrówką.	I am tired out by that ramble.
Jesteśmy *zmęczeni* podróżą.	We are tired out by the journey.
Oni są *zmęczeni* oczekiwaniem.	They are tired out by waiting.

142

IMPERATIVE MOOD

Niech *on* jutro **przyjedzie**.	Let him come (by vehicle) to-morrow.
Ty **pracuj**, a *ona* niech **odpoczywa**.	You work, and let her have a rest.
Niech *państwo* **idą** tą ścieżką.	Go along that path.
Niech *pan* nam **powie**, czy daleko do wsi.	Tell us if it is a long way to the village.
Niech się *pani* **nie gniewa**.	Don't be angry.
Niech się *państwo* **spieszą**, nadchodzi burza.	Hurry up, there is a storm coming.

The third person singular and plural of the imperative mood is formed by means of the word **niech,** used with the present tense form of imperfective verbs, (or with the future tense form of perfective verbs). **Niech** is the equivalent of the L a t i n *ut, utinam,* F r e n c h *que* (cf. qu'il vienne! qu'elle s'en aille!). It is this form of the imperative mood that we use with the words **pan, pani, państwo.** The form of the second person plural is only used when addressing a group of people with whom we are on Christian name, or at any rate very familiar terms.

C o m p a r e :

Idźcie wcześnie spać.	Go to bed early (*said by the aunt to mother and Hania*).
Niech *panie* **idą** spać.	Go to bed (ladies).
Mamo, ciociu, **popatrzcie,** jakie piękne gwiazdy.	Mummy, auntie, (just) look, what beautiful stars.
Proszę niech *panie* **popatrzą,** jakie piękne gwiazdy.	Please do have a look (ladies) what beautiful stars.
Wybierzcie się autobusem do Morskiego Oka.	Make a bus trip to Lake Morskie Oko (*said to close friends*).
Niech się *państwo* **wybiorą** do Morskiego Oka.	Make a trip to Lake Morskie Oko (*more formal*).
Przyjdźcie do nas jutro.	Come and see us to-morrow (*informal*).
Niech *państwo* **przyjdą** do nas jutro.	Come and see us to-morrow (*formal*).

N o t e : When expressing a polite request, wish etc. you should add the word **proszę** *please* to the sentence with **niech**:

P r o s z ę niech *państwo* **przyjdą** do nas jutro.	Please come and see us to-morrow.

CONJUGATION OF VERBS

1. The verb **czuć się** is conjugated like **myć się** (see p. 80):

1. czuję się	czujemy się
2. czujesz się	czujecie się
3. czuje się	czują się

The following verbs are also conjugated in the same way: **pić, szyć, żyć** as well as verbs derived from them, e. g.: **napić się, wypić, przyszyć, prze-żyć** etc.

2. The verbs **odpocząć, zginąć** are conjugated:

1. odpocznę	odpoczniemy	1. zginę	zginiemy
2. odpoczniesz	odpoczniecie	2. zginiesz	zginiecie
3. odpocznie	odpoczną	3. zginie	zginą

The majority of verbs with an infinitive ending in **-nąć** or **-ąć** e.g.: **minąć, płynąć, zamknąć, zasnąć, zacząć, zapiąć** etc. are also conjugated in the same way.

3. The verb **starzeć się, zestarzeć się** *to grow old* is conjugated:

1. starzeję się	starzejemy się
2. starzejesz się	starzejecie się
3. starzeje się	starzeją się

EXERCISES

I. Use the following nouns: *statek, auto, kolejka linowa, pociąg pospieszny, autobus,* **in negative answers to the following questions:**

1. Czy nad jezioro pojedziemy koleją? 2. Czy do placu Zwycięstwa można dojechać metrem? 3. Czy na Kasprowy Wierch pojadą państwo samochodem? 4. Czy na tę wyspę popłyniemy łodzią? 5. Czy do Krakowa polecisz samolotem?

II. Use the words in brackets in the form of Pattern 22 (i. e. the instrumental case singular):

1. Którędy pójdziemy dalej? Dalej pójdziemy (gęsty las). 2. Czy tędy dojdziemy do wsi? Tak, (ta droga) dojdą państwo do wsi. 3. Czy tędy można dojść do rzeki? Nie, proszę iść tamtędy (ta wąska ścieżka). 4. Czy (ta ulica) dojdę do placu Teatralnego? Nie, do placu Teatralnego dojdzie pani (ulica Bielańska). 5. Którędy jedzie nasz autobus? Nasz autobus jedzie (trasa Północ-Południe).

III. Form one or two sentences, according to whether there are one or two pairs of brackets, using the forms of Pattern 23 and the appropriate preposition:

1. Ewa tańczy (Adam) (on). 2. Zapoznam cię (moja koleżanka) (ona). 3. Zjemy (Marek) (on) kolację. 4. (Wy) jest zawsze bardzo wesoło. 5. (Ty) nie umiem się bawić. 6. Chodźcie (my) do kina! 7. Dlaczego Marek sprzecza się (Agata) (ona)? 8. Wybieramy się dziś do teatru (córki) (one). 9. Dzisiejszy wieczór spędzę (koledzy) (oni).

1. Ewa czeka na list

Adam: Wiesz, Ewuniu[1], za rok chyba też tu przyjedziemy. Na Mazurach można doskonale wypocząć.

Ewa: Mhm...

Adam: Zdaje mi się, że mnie wcale nie słuchasz. O czym ty myślisz?

Ewa: O mamie.

Adam: Martwisz się, że mama nie pisze?

Ewa: Trochę się niepokoję o zdrowie mamy. Nie wiem, czy dobrze znosi górski klimat.

Adam: Jestem przekonany, że wszystko jest w porządku. Ciocia Zosia na pewno dba o mamę. Zresztą jutro albo pojutrze dostaniemy list.

Ewa: A może list będzie już dziś?

Adam: Być może. A teraz przebierzmy się i chodźmy na plażę.

Ewa: O której przychodzi listonosz?

Adam: Nie wiem dokładnie. O wpół do dziesiątej, o dziesiątej albo o wpół do jedenastej.

1. Ewa awaits a letter

You know, Ewunia, I expect we'll come here again next year. One can have a wonderful rest on the Mazurian Lakes.

Mhm...

It seems to me that you are not listening to me at all. What are you thinking about?

About Mother.

You are worrying because Mother does not write?

I am a little anxious about Mother's health. I don't know whether the mountain climate suits her.

I am convinced that everything is all right. Aunt Zosia is sure to look after Mother. Besides, we'll get a letter to-morrow or the day after to-morrow.

Perhaps the letter will be here today already?

Perhaps. And now let us change and go to the beach.

What time does the postman come?

I don't know exactly... At half-past-nine, at ten or at half-past-ten.

---

[1] Diminutive of Ewa.

Ewa: Dlaczego odzywasz się takim niemiłym tonem?

Adam: Wydaje mi się, że mówię normalnym głosem. I doprawdy nie wiem, o co ci chodzi.

Ewa: Chodzi mi o to, że niepotrzebnie się sprzeczamy.

Adam: Przecież my się wcale nie sprzeczamy, tylko...

Ewa: Co masz na myśli?

Adam: Teraz nie mogę ci powiedzieć. Porozmawiamy o tym później. Właśnie idzie listonosz.

Why do you address me in such an unpleasant tone?

It seems to me that I am speaking in (my) normal voice. And I really don't know what you mean.

What I mean is that we are quarrelling unnecessarily.

But we are not quarrelling at all, only...

What do you mean?

I can't tell you now. We'll talk about it later on. The postman is just coming.

2. Co pisze mama

2. What Mother writes

Adam: Czy możesz mi powiedzieć, co pisze mama?

Ewa: W liście są same pytania. Nie potrafię ich powtórzyć. Mogę ci przeczytać.

Adam: Przeczytaj, proszę.

Ewa: Mama pisze: ,,Kochana córeczko. Bardzo jestem ciekawa, czy dobrze się czujecie. Czy macie dobrą pogodę? Komunikaty radiowe mówią o pięknej pogodzie w całej Polsce. Napisz mi, jakie macie wyżywienie, czy łatwo kupić owoce? Nic o was nie wiem..."

Adam: Rzeczywiście, prawie same pytania. Mama bardzo troszczy się o nas.

Ewa: I tak do końca listu. Mama pyta o nasze zdrowie, o spacery,

Can you tell me what Mother writes?

There are nothing but questions in the letter, I can't repeat them. I can read (the letter) to you.

Please do (*literally*: read).

Mother writes: "(My) darling daughter. I am very interested (to know) whether you feel well. Have you got good weather? The radio bulletins speak of fine weather all over Poland. Let me know (*literally*: write to me) what sort of food you are getting, whether fruit is easy to buy? I don't know anything about you..."

Indeed, hardly anything but questions. Mother is very much concerned about us.

And this is how (it goes on) right to the end of the letter. Mother in-o wodę w jeziorze, o towarzystwo, o mój humor, o twój humor, pisze, że nie chce myśleć o powrocie do Warszawy i prosi o list.

quires about our health, about the walks, about the water in the lake, about the company, about my state of mind (*literally*: mood), about your state of mind, she writes that she does not want to think of (her) return to Warsaw, and asks (us) for a letter.

Adam: Jak sądzisz, o czym świadczy ten list?

What do you think, what does this letter show (*literally*: bear witness to)?

Ewa: Taki list świadczy chyba o tym, że mama doskonale się czuje.

I suppose a letter like that shows that Mother is feeling perfectly (well).

Adam: Trzeba szybko odpisać.

We must reply soon.

Ewa: No to siadajmy i piszmy.

Well then, let us sit down and write.

Adam: Sądzę, że równie dobrze możemy pisać nad jeziorem.

I think we may just as well write by the lake.

Ewa: Zgadzam się. Zabierz pióro i kartkę pocztową.

I agree. Take (your) fountain-pen and a postcard with you.

Adam: Już mam. Chodźmy.

I already have (them). Let us go.

O czym ty myślisz?

3. Adam i Ewa nad jeziorem

Ewa: Gdzie usiądziemy? Na trawie, czy na pomoście?

Adam: Chodźmy na pomost.

Ewa: Ależ tu pięknie! To jednak zupełnie co innego niż w mieście!

Adam: Ja teraz poleżę trochę na słońcu, a ty siadaj i pisz.

Ewa: Dobrze, ale nie kładź się na mydle!

Adam: A ty nie siadaj na moich okularach!

Ewa: Tym piórem nie można pisać. Nie ma w nim atramentu!

Adam: To pisz ołówkiem. Jest w torbie.

Ewa: ,,Kochana Mamo!..." Co za straszydło płynie tym kajakiem?

Adam: O jakim straszydle ty piszesz?

Ewa: Nie piszę, tylko mówię. Popatrz.

Adam: Rzeczywiście. Bardzo zabawny pan z brodą, w chusteczce na głowie.

Ewa: "Kochana Mamo. Czujemy się tu doskonale. Cieszymy się słońcem i wodą..." Na takiej małej kartce niewiele można napisać.

Adam: Co ty znowu piszesz?

Ewa: Tego nie piszę, tylko mówię.

Adam: Napisz, że wracamy do Warszawy za tydzień.

3. Adam and Ewa by the lake

Where shall we sit? On the grass, or on the jetty.

Let us go on to the jetty.

Isn't it lovely here! It really is something quite different from (being) in town!

I'll lie in the sun for a bit, and you sit down and write.

All right, but don't lie down on top of the soap!

And you don't sit down on my glasses.

You (*literally*: one) can't write with this pen! There is no ink in it!

Then write with the pencil. It is in the bag.

"Dear Mother..." What a scarecrow (that) is sailing in that canoe!

What scarecrow are you writing about?

I am not writing, but talking. Look.

Yes, indeed. A very funny bearded gentleman with a handkerchief on (his) head.

"Dear Mother. We are feeling extremely well here. We enjoy the sun and water..." You can't write much on such a small card.

What's that you are writing now?

I am not writing that, only saying (it).

Write that we are returning to Warsaw in a week('s time).

Ewa: Ojej! Nie napiszę!	Oh dear! I shan't (write it)!
Adam: Dlaczego?	Why?
Ewa: Moja kartka pływa!	My card is swimming (away).
Adam: Nie martw się. Uważam, że twoja kartka ślicznie pływa!	Don't be upset. I think your card swims beautifully!

COMMENTS ON LESSON 16

Pattern 24

> Porozmawiamy **o tym** później
> We'll talk about that later on

Myślę **o mamie.**
Komunikaty radiowe mówią **o pięknej pogodzie** w całej Polsce.
Nic **o was** nie wiem.
Mama pisze, że nie chce myśleć **o powrocie** do Warszawy.
O jakim straszydle ty piszesz?
O czym świadczy ten list?
Opowiedz mi coś **o nim.**
Co **o niej** sądzisz?

Questions:	**O kim opowiadasz?**	Who are you talking about?
	O czym ty myślisz?	What are you thinking of? (or: about?)

In the above sentences the locative form of nouns, adjectives and words declined like adjectives, as well as of personal pronouns, is used together with the preposition **o**. This construction is used with verbs which express the fact of speaking or thinking about something (apart from those verbs given in Pattern 25).

FORMS OF PERSONAL PRONOUNS FOR PATTERNS 20 AND 24
LOCATIVE CASE

Dictionary form	Form for Patterns 20 and 24 (Locative)
ja	mnie
ty	tobie
on, ono	nim
ona	niej

Dictionary form	Form for Patterns 20 and 24 (Locative)
my	nas
wy	was
oni, one	nich

Pattern 25

> Trochę się niepokoję **o zdrowie** mamy
> I am a little anxious about Mother's health

Ciocia Zosia na pewno dba **o mamę.**
Mama bardzo troszczy się **o nas.**
Mama pyta **o nasze zdrowie, o spacery, o wodę** w jeziorze, **o towarzystwo, o mój humor, o twój humor...**
Mama prosi **o list.**

In the above sentences the preposition **o** governs the accusative (known to us from Pattern 6). The most frequently used verbs which take this construction are: **prosić (poprosić)** *ask* (for something), **pytać (zapytać)** *ask* (a question), **sprzeczać się (posprzeczać się)** *disagree*, **kłócić się (pokłócić się)** *quarrel*, **gniewać się (pogniewać się)** *be angry with*, **troszczyć się (zatroszczyć się)** *look after, be concerned about*, **martwić się** *be upset, worry*, **dbać** *look after, take care*, **niepokoić się** *worry, be concerned at*, **obawiać się** *be afraid*.

Pattern 26

> *Zdaje się,* **że mnie wcale nie słuchasz**
> It seems to me that you are not listening to me at all

Martwisz się, **że mama nie pisze?**
Jestem przekonany, **że wszystko jest w porządku.**
Wydaje mi się, **że mówię normalnym głosem.**
Mama pisze, **że nie chce myśleć o powrocie.**
Taki list świadczy chyba o tym, **że mama doskonale się czuje.**
Sądzę, **że równie dobrze możemy pisać nad jeziorem.**
Napisz, **że wracamy do Warszawy za tydzień.**
Uważam, **że twoja kartka ślicznie pływa.**

In the above sentences we have examples of noun clauses introduced by the word *że* that; by an interrogative pronoun (**kto, co** — *who, what*), adjective (**jaki** — *which*) or adverb (**gdzie, kiedy** — *where, when*); or by the interrogative word **czy**.

Compare:

Napisz, **że wracamy za tydzień.**	Write that we are coming back in a week.
Napisz, **czy wracacie za tydzień.**	Write (and tell me) whether you are coming back in a week.
Napisz, **kiedy wracacie.**	Write (and tell me) when you are coming back.
Napisz, **co porabiasz.**	Write (and tell me) what you are doing.
Mówi, **że nie przyjdzie.**	He says he will not come.
Mówi, **kiedy przyjdzie.**	He is telling (us) when he will come.
Mówi, **co myśli.**	He says what he thinks.
Nie mówi, **czy przyjdzie.**	He does not say whether he will come.

The same pattern also covers the phrase: **chodzi o to że** ... *what I mean is... the point is that...*

Note: The conjunction *że* c a n n e v e r b e o m i t t e d, as the conjunction *that* often is in English.

Pattern 27

> **Tym piórem** nie można pisać
> One can't write with this pen

To pisz **ołówkiem.**
Kasiu, ucz się jeść **widelcem i nożem.**
Pij herbatę **łyżeczką.**
Myj się **tym mydłem,** a nie **tamtym.**
Wycieraj się **tym ręcznikiem.**

In the above sentences the instrumental case (known to us from Pattern 21) is used to denote an object with the help of which an action is performed (a tool or instrument).

USE OF SOME WORDS IN PHRASES

1. The word **przekonany** *convinced* is used in a construction with the preposition **o** and the locative case (according to Pattern 24).

Jestem *przekonany* **o** jego **słuszności.**	I am convinced he is right (*literally*: of his rightness).
Oni są *przekonani* **o konieczności** wyjazdu.	They are convinced of the necessity of going away.

2. The verb **cieszyć się** *to enjoy* takes the instrumental case (when the cause of the enjoyment is something constant).

Cieszymy się **słońcem** i **wodą.**	We enjoy the sun and water.
Cieszymy się **myślą** o odpoczynku.	We are glad at the thought of having a rest.

3. The verbs **kłaść, położyć** *to lay,* **kłaść się, położyć się** *to lie down,* **siadać, usiąść** *to sit down* conform to Pattern 20 (i. e. they take the locative).

Nie kładź się **na trawie.**	Don't lie down on the grass.
Usiądź **na kocu.**	Sit down on the blanket.
Nie siadaj **na moich okularach.**	Don't sit down on my glasses.

4. The verbs **czekać, zaczekać, poczekać** *to wait* take the proposition **na** and the accusative.

Ewa *czeka* **na list**	Ewa is expecting a letter.
Czekamy **na telefon.**	We are awaiting a telephone call.
Poczekaj tu **na taksówkę.**	Wait here for a taxi.

P a t t e r n 11 (continued)

> **O której godzinie** przychodzi listonosz?
> What time does the postman come?

O których godzinie?	O godzinie dziesiątej.	At ten o'clock.
O której?	O dziesiątej.	At ten.
What time?		
	O (godzinie) pierwszej	At one (o'clock).
	O (godzinie) drugiej.	At two (o'clock).
	O (godzinie) trzeciej.	At three (o'clock).
	O godzinie wpół do dziesiątej.	At half past nine o'clock.
	O wpół do dziesiątej.	At half past nine.
	O (godzinie) wpół do pierwszej.	At half past twelve (o'clock).
	O (godzinie) wpół do drugiej.	At half past one (o'clock).
	O (godzinie) wpół do trzeciej.	At half past two (o'clock).

CONJUGATION OF VERBS

1. The verb **pisać (napisać)** is conjugated as follows:

1. piszę	(napiszę)	piszemy	(napiszemy)
2. piszesz	(napiszesz)	piszecie	(napiszecie)
3. pisze	(napisze)	piszą	(napiszą)

2. The verb **kłaść (się)** is conjugated as follows:

1. kładę (się)	kładziemy (się)
2. kładziesz (się)	kładziecie (się)
3. kładzie (się)	kładą (się)

IDIOMS AND EXPRESSIONS

Zdaje mi się (wydaje mi się), że...	*It seems to me that...*
w porządku	*in order; all right!*
O co chodzi?	*What do (you) mean, what is (it) a/ out?*
Chodzi (komu) o to, że...	*What he means (wants), is...*
mieć coś na myśli	*to have something in mind, to mean to say that...*
jak sądzisz...	*What do you think...*
nad jeziorem (morzem, rzeką)	*by the lake (seaside, river)*

EXERCISES

I. In the following sentences read out the time in full with the appropriate preposition:
1. Zdaje mi się, że listonosz przychodzi (godzina 11-ta). 2. Napisz, że wrócimy (10-ta). 3. Marek sądzi, że (godzina 2-ga) skończy się konferencja. 4. Uważamy, że (12^{30}) zastaniemy ich w domu. 5. Oni wiedzą, że pociąg odchodzi (godzina 8^{30}). 6. Wydaje mi się, że (godzina 10^{30}) nikogo już tam nie ma.

II. Answer the following questions with full sentences:
1. Czym Kasia je zupę? 2. Czym Kasia pije herbatę? 3. Czym Kasia uczy się jeść drugie danie? 4. Czym piszesz list? 5. Czym się myjesz, a czym wycierasz? 6. Czym otwieramy drzwi? 7. Czym dziecko rysuje?

III. Read the words given in brackets in the form of Pattern 24 or 25:
1. Ewa myśli (mama). 2. Adaś i Ewa niepokoją się (zdrowie mamy). 3. Ciocia Zosia na pewno dba (zdrowie siostry). 4. Mama się martwi, że nic (my) nie wie. 5. Ona się troszczy (my). 6. Oni myślą (powrót) do Warszawy. 7. (Kto) piszesz w liście? 8. Mówię (pan) w chusteczce. 9. Mama pyta (nasze zdrowie). 10. (Co) świadczy taki list? 11. Prosimy (cisza). 12. Mama prosi (list). 13. Zapytaj go (Marek i Agata).

LEKCJA 17

1. Redaktor[1] Marek Czerwiński wyjeżdża

Agata: Wiesz, Mareczku[2], nie mam dziś ochoty siedzieć w domu.

Marek: Nudzisz się, Agatko[3]?

Agata: Nie, nie nudzę się. Po prostu mam chęć wyjść na dwór, przejść się. Cały rok tylko szkoła i dom, dom i szkoła!

Marek: Nie narzekaj. Za dwa tygodnie jedziemy przecież do Bułgarii.

Agata: Jedziemy, czy lecimy?

Marek: A co wolisz? Lecieć samolotem, czy jechać pociągiem?

Agata: Chyba polecimy samolotem.

Marek: Dobrze. Polecimy za 14 dni. Mamy jeszcze dużo czasu. Ja pojutrze muszę wyjechać.

Agata: Mareczku, doprowadzasz mnie do rozpaczy! Przecież ty bez przerwy jeździsz!

Marek: Nie przesadzaj. Jeżdżę z przerwami. Jestem przecież już siedem dni w domu.

LESSON 17

1. Marek Czerwiński goes on a journey

You know, Mareczek, I don't feel like staying at home today.

Are you bored, Agatka?

No, I'm not bored, but I simply feel like going out (and) taking a walk. All the year nothing but school and home, home and school.

Don't complain. After all in a fortnight('s time) we are going to Bulgaria.

Are we going or flying?

What do you prefer? — To fly (by plane), or to go by train?

I suppose we'll fly.

All right. We'll fly in fourteen days ('time). We still have a lot of time. (As for me), I must go away the day after to-morrow.

Mareczek, you reduce me to despair! You never stop travelling (*literally*: you travel without a break).

Don't exaggerate. I do stop (*literally*: travel with breaks). After all I have already been home for seven days.

---

[1] Redaktor (editor) is a title conferred on all journalists in Poland, not only on the editor-in-chief.

[2] Diminutive of Marek.

[3] Diminutive of Agata.

Agata: Ty też nie przesadzaj. Jesteś w domu zaledwie sześć dni. Dokąd tym razem jedziesz?

Marek: Do Tarnobrzegu. Muszę jeszcze przed urlopem zrobić reportaż z kopalni siarki.

Agata: Będzie mi smutno.

Marek: No, to jedź ze mną. Zobaczymy najbogatsze złoża siarki w Europie.

Agata: Doskonale! Bardzo się cieszę.

Marek: Ale teraz muszę już wyjść. Mam ważną konferencję w Ministerstwie Zdrowia.

Agata: Wydaje mi się, że nie wypada iść bez krawata.

Marek: Agato, zlituj się! Jest przecież trzydzieści stopni w cieniu! Wszyscy chodzą bez krawatów do biura, a nawet do teatru. Włożę białą koszulę i będę bardzo elegancki.

Agata: Dobrze! Jest jeszcze jedna w szafie. A w ogóle masz za mało białych koszul. Nigdy ich nie można nastarczyć.

Marek: Białą koszulę noszę tylko jeden dzień. Teraz koszule szybko się brudzą.

Agata: Musisz kupić jeszcze co najmniej trzy koszule.

Marek: Dobrze. Odprowadź mnie, wstąpimy do sklepu.

Don't you exaggerate, either. You have been home for barely six days. Where are you going to this time?

To Tarnobrzeg. Before the holidays I still have to write a report about the sulphur mine.
I'll feel sad.

Well, then come with me. We'll see the richest sulphur deposits in Europe.

Splendid! I am looking forward to it.

But now I must go out. I have an important conference at the Ministry of Health.

It seems to me that it wouldn't do to go (there) without a tie.

Agata, for Heaven's sake! (*literally*: have pity). After all, it is thirty degrees in the shade. Nobody is wearing a tie (*literally*: everybody goes without a tie) to the office, or even to the theatre! I shall put on a white shirt and be very smart.

All right! There is still one (left) in the wardrobe. But altogether you have too few white shirts. One can never supply (you) with enough of them.

I wear a white shirt for one day only. Shirts quickly get dirty these days.

You must buy at least another three shirts.

All right. See me off, we shall drop into a shop.

2. Warszawa się zmienia

Marek: Bardzo się zmienia nasze miasto, a człowiek nie dostrzega tych zmian.

Agata: Tak. Każdy chodzi codziennie tą samą drogą i zupełnie nie wie, co się dzieje w sąsiedniej dzielnicy.

Marek: A budujemy teraz sporo ładnych domów, szerokich ulic, nowoczesnych kin. Na pewno nie wiesz, ile kin jest teraz w Warszawie?

Agata: Kin? Chyba trzydzieści.

Marek: Nie, dwa razy tyle.

Agata: Myślisz o Wielkiej Warszawie?

Marek: Nie. Kin podmiejskich nie liczę.

Agata: Niemożliwe!

Marek: A ile mamy basenów?

Agata: Zaczekaj, policzę. W Pałacu Kultury — to raz, w Klubie Kolejarza — to dwa, w Klubie "Legia" — to trzy...

Marek: Nie trudź się. Nie mamy ich wiele. Najwyżej siedem. To bardzo mało.

Agata: Nie mamy też ładnych placów, ani pomników.

Marek: O nie, moja droga, nie zgadzam się. A pomnik Szopena?

2. Warsaw is changing

Our city is changing a great deal and one does not even notice the changes.

Yes. Everybody takes the same route every day and hasn't the faintest idea what is going on in neighbouring districts.

We are building a great many fine houses, wide streets and modern cinemas nowadays. I am sure you don't know how many cinemas there are in Warsaw now?

Cinemas? I suppose thirty.

No, twice as many.

You mean (in) Greater Warsaw?

No, I am not counting the suburban cinemas.

Impossible!

And how many swimming-pools have we got?

Wait a moment, I shall count (them). In the Palace of Culture — that's one, at the Railwayman's Club — that's two, at the "Legia" Club — that's three...

Don't bother. We haven't got many; there are seven at the most. That is very few.

We haven't got any nice squares or monuments either.

Oh no, my dear, I don't agree. What about the Chopin Monu-

A pomnik Bohaterów Warszawy na Placu Teatralnym. Na pewno nigdy nie masz czasu spokojnie się mu przyjrzeć.

Agata: Rzeczywiście warszawska Nike[4] jest piękna. Chodźmy na Plac Teatralny, zobaczymy ją jeszcze raz.

3. Targi Poznańskie

Marek: Agatko, obudź mnie jutro o siódmej.

Agata: Dlaczego tak wcześnie?

Marek: Muszę rano zanieść zdjęcia do redakcji.

Agata: Jakie zdjęcia? Pokaż mi!

Marek: Mogę ci pokazać, ale musisz mnie ładnie poprosić.

Agata: Bardzo ładnie cię proszę.

Marek: No dobrze, ja ci pokażę zdjęcia, a ty mnie rano obudzisz.

Agata: Zgoda, obudzę cię. Powiedz wreszcie, gdzie są te zdjęcia. Sama je przyniosę.

Marek: Nie musisz ich przynosić. Mam je tutaj w teczce[5]. Popatrz...

Agata: Aha, to są zdjęcia z Targów Poznańskich...

ment? And what about the Monument to the Heroes of Warsaw in Plac Teatralny (Theatre Square). I am sure you never have time to inspect it quietly.

That's true, the Warsaw Nike is beautiful. Let us go to Plac Teatralny, we'll have another look at her.

3. The Poznań Fair

Agatka, wake me up at seven tomorrow.

Why so early?

I must take these photos to the editorial office in the morning.

What photos? Show me!

I can show you, but you must ask me nicely.

I am asking you very nicely.

Well, all right, I'll show you the photos, and you'll wake me up in the morning.

Agreed, I'll wake you up. Come on, tell me (*literally*: tell finally) where those photos are. I'll fetch them myself.

You needn't fetch them. I have got them here in (my) briefcase. Have a look...

Oh, I see, they are photos from the Poznań Fair...

---

[4] Nike (Victory) A monument to Warsaw's fallen during the Second World War, erected in 1964.
[5] Not only personal pronouns but also possessive adjectives are very often dropped in Polish.

Marek: Tak. To są zdjęcia z Międzynarodowych Targów Poznańskich.

Yes, they are photos from the International Poznań Fair.

Agata: Ojej, ile tu lokomotyw!

Oh dear, what a lot of locomotives (here)!

Marek: A na tym zdjęciu widzisz prototypy najnowszych polskich wagonów kolejowych.

And on this picture you (can) see prototypes of the latest Polish railway carriages.

Agata: Dlaczego fotografujesz tyle maszyn i urządzeń technicznych?

Why do you photograph so many machines and technical equipment?

Marek: Fotografuję to, co Polska wystawia na Targach Poznańskich i sprzedaje za granicą.

I photograph what Poland exhibits at the Poznań Fair and sells abroad.

Agata: O, znowu maszyny!

Oh, machinery again!

Marek: To są maszyny rolnicze, a tamta — model całej fabryki.

These are agricultural machines and that is the model of an entire factory.

Agata: Jakiej fabryki?

What kind of factory?

Marek: Nie poznajesz? To przecież cukrownia!

Don't you recognize (it)? Why, it's a sugar refinery.

Agata: Ale poznaję rowery.

I do recognize the bicycles.

Marek: Nie wiesz jednak, że sprzedajemy je do Anglii, Szwecji i Stanów Zjednoczonych.

But you don't know that we sell them to England, Sweden and the United States.

Agata: Nie widzę na twoich zdjęciach ani ubrań, ani sukienek, ani korali.

I don't see any suits, or dresses, or beads, in your photos.

Marek: Proszę bardzo. To czeska biżuteria.

Here you are. This is Czech jewellry.

Agata: Ach, jaka śliczna broszka! Ile ona kosztuje?

Oh, what a lovely brooch! How much does it cost?

Marek: Agatko! Zastanów się, co ty mówisz! Na Międzynarodowych Targach zawiera się poważne umowy handlowe, a nikt nie kupuje jednej broszki.Taką broszkę można kupić w sklepie na ulicy Żurawiej.

Agatka! Consider what you are saying! At an International Fair one makes substantial trade agreements, and no one buys a single brooch. One can buy a brooch like this in the shop in Żurawia Street.

Agata: Tobie to dobrze, jeździsz, oglądasz, zwiedzasz wiele ciekawych miast, nigdy się nie nudzisz.

Marek: Nie nudzę się, to prawda. Ale muszę fotografować Targi. To ciężka praca. Jest tam przecież kilkadziesiąt pawilonów państw z całego świata. Do Poznania przyjeżdża wtedy tysiące cudzoziemców, wielu specjalistów z różnych dziedzin.

Agata: I oczywiście wielu fotoreporterów.

It is all very well for you to talk. You travel, see things, visit a lot of interesting cities, you are never bored.

I am not bored, that is true. But I have to photograph the Fair. That's hard work. Why, there are dozens of pavilions there, belonging to countries from all over the world. Thousands of foreigners, many experts in various fields, visit Poznań at this time.

And lots of photographers, of course.

Doprowadzasz mnie do rozpaczy

COMMENTS ON LESSON 17

NOUNS COMBINED WITH NUMERALS AND WORDS OF QUANTITY

Masz *za mało* białych koszul.
Budujemy teraz *sporo* ładnych domów, szerokich ulic, nowoczesnych kin.
Ile kin jest teraz w Warszawie?
Ile mamy basenów?
Jest najwyżej *pięć* basenów.

Północną stronę placu zamknie *szereg* **bloków mieszkalnych.**
Ile **tu lokomotyw!**
Dlaczego fotografujesz *tyle* **maszyn i urządzeń technicznych?**
Zwiedzasz *wiele* **ciekawych miast.**
Jest tam przecież *kilkadziesiąt* **pawilonów** państw z całego świata.
Do Poznania przyjeżdża wtedy *tysiące* **cudzoziemców.**
Przyjeżdża *wielu* **fotoreporterów.**

The use of nouns in combination with the numerals 2, 3 and 4 was discussed in Lesson 12. Lesson 17 introduces the use of nouns in combination with the numerals from 5 upwards (with the exception of complex numerals ending in 2, 3 or 4, i. e.: 23, 34 etc.), as well as with words denoting quantity, e. g. **za mało** *too little,* **tyle** *so much,* **wiele, dużo** *a lot of* **za wiele, za dużo** *too much,* **szereg** *a number of,* **sporo** *a good many,* **ile** *how much,* **parę** *a couple of,* **kilka** *several,* **kilkadziesiąt** *some tens of,* etc, These numerals and words take the genitive plural of countable nouns. Numerals have two forms: when qualifying male persons they have the ending **-u,** with the remaining nouns they keep the dictionary form.

pięć **pań**	*pięciu* **panów**
five ladies	five men
wiele **uczennic**	*wielu* **uczniów**
many (girl) pupils	many (boy) pupils
kilka **cudzoziemek**	*kilku* **cudzoziemców**
several foreigners (women)	several foreigners (men)
pięć **maszyn**	*sześć* **pawilonów**
five machines	six pavilions
kilka **maszyn**	*wiele* **pawilonów**
a few machines	many pavilions

The genitive plural is formed as follows

Nouns	Dictionary form	Drop	Add	Form of the genitive plural
1. Masculine with the stem ending in a hard consonant or **j** (with the exception of the consonants: **cz, dz, rz, ż, sz,** and **l**)[1]	dom basen blok cudzoziemiec (-mc) fotoreporter kraj	—	-ów	domów basenów bloków cudzoziemców fotoreporterów krajów
	kolega kierowca[2]	-a		kolegów kierowców

Nouns	Dictionary form	Drop	Add	Form of the genitive plural
2. Feminine ending in -a, with the stem ending in a hard consonant, or in a soft consonant immediately preceded by a vowel[3], as well as the neuter nouns ending in -o or -e	koszula ulica lokomotywa maszyna sukienka szyja	-a		koszul ulic lok omotyw maszyn sukienek[4] szyj
	miasto kino	-o		miast kin
	urządzenie ubranie	-e		urządzeń ubrań

Notes:

1. The genitive form of the remaining masculine nouns as well as some exceptions will be dealt with in the next lesson.

The words **dzień, stopień, koral,** which appear in the lesson, have the following forms in the genitive plural: **dni, stopni, korali.**

2. The noun **mężczyzna** and nouns ending in -in have no special ending in the genitive plural, e. g.:

> mężczyzn *of men* (sing. mężczyzna)
> Słowian *of Slavs* (sing. Słowianin)

Exceptions:

> Amerykanin — Amerykanów
> Meksykanin — Meksykanów

3. The genitive plural form of the remaining feminine nouns will be dealt with in the next lesson.

4. Where there is a collision of two or more consonants in the stem, in the genitive plural these consonants are divided by the vowel -e, e. g.:

> sukienka — sukienek
> cudzoziemka — cudzoziemek
> krzesło — krzeseł

When qualifying the genitive plural of nouns, adjectives and words declined like adjectives have the ending **-ych (-ich).**

> białych koszul   of white shirts
> ładnych domów   of attractive houses
> szerokich ulic   of wide streets
> nowoczesnych kin   of modern cinemas

11

The combinations with numerals or with words denoting quantity discussed here appear in all those patterns where the dictionary form (nominative) or the accusative are used.

Examples:

Tu stoi *pięciu* **panów**.
There are five men standing here.

Spotkałam *pięciu* **panów**.
I met five men.

W tym pawilonie znajduje się *wiele* **maszyn**.
There are many machines in this pavilion.

Marek fotografuje *wiele* **maszyn**.
Marek photographs many machines.

The genitive plural form also appears (without numerals) in all those patterns in which we have so far had the genitive singular (i.e. in Pattern 13 see p. 85) e.g.:

Człowiek *nie widzi* **tych zmian**.
Nie liczę **kin podmiejskich**.
Nie mamy też **ładnych placów**.
Nie widzę na twoich zdjęciach ani **ubrań**, ani **sukienek**, ani **korali**.
Nigdy **ich** *nie można nastarczyć*.
Nie musisz **ich** *przynosić*.

GENITIVE PLURAL OF PERSONAL PRONOUNS

Dictionary form	Genitive plural
my	nas
wy	was
oni	ich
one	ich

USE OF THE CONSTRUCTION: Z PLUS GENITIVE WITH NOUNS

Zdjęcia z **targów** poznańskich.
Reportaż z **kopalni** siarki.
Specjaliśc z r zn ı dziedzin.
Wrażenia p dr y.
Pawilony państw z **całego świata**.

Pattern 28

> Jestem przecież już **siedem dni** w domu
> After all I've been home for seven days already

Jesteś w domu zaledwie **sześć dni.**
Cały rok tylko szkoła i dom.
Białą koszulę noszę tylko **jeden dzień.**
Będę z tobą **całe życie.**
Pracowaliśmy **parę godzin.**
Poczekaj **pięć minut.**
To potrwa **godzinę.**

Q u e s t i o n s: **Jak długo to potrwa?** How long will it last (take)?
     Ile czasu to trwa? How long does it take?

In the above pattern the accusative form is used to denote the duration of an action.

Pattern 29

> **Ile kosztuje** ta broszka?
> How much does that brooch cost?

Broszka *kosztuje* **dwadzieścia złotych.** The brooch costs twenty zlotys.
Bilet do teatru *kosztuje...* **dolarów.** A theatre ticket costs... dollars.
Koszula *kosztuje...* **szylingów.** A shirt costs... shillings.
Rękawiczki *kosztują...* **franków.** Gloves cost... francs.

USE OF VERBS

1. The verb **nastarczyć** *to supply enough*, takes the genitive:

Nigdy ich *nie można nastarczyć.* One can never supply enough of them.
Nie można nastarczyć **cukierków,** zawsze One cannot possibly supply enough
ich brak. sweets, they are always in short supply.

2. The verb **przyglądać się** (imperfective aspect), **przyjrzeć się** (perfective aspect), *to have a good look at, to examine, to inspect* takes the dative:

Na pewno nigdy nie masz czasu spo- I am sure you never have the time to look
kojnie *się* **mu** *przyjrzeć.* at him (or: it) quietly.
Przyglądam się **naszemu miastu.** I am looking at our city.

The verbs **przypatrywać się** *to take a good look at, to gaze, to stare* and **przysłuchiwać się** *to listen attentively to* form analogous constructions.

IDIOMS AND EXPRESSIONS

doprowadzać kogoś do rozpaczy	*to reduce someone to despair*
robić coś bez przerwy	*to keep on doing something*
Ministerstwo Zdrowia	*the Ministry of Health*
nie wypada iść, robić i in.	*it doesn't do to go, do,* etc.
co najmniej	*at least, at the least*
dwa (trzy, cztery, pięć itd) razy tyle	*twice (three, four, five* etc. *times) as many*
zgoda!	*agreed! all right!*
zawierać (zawrzeć) umowę	*to conclude an agreement*
tobie (wam, panu, pani i in.) to dobrze	*it is all very well for you (them) to talk.*

EXERCISES

I. Answer the following questions:

1. Ile kosztuje ta sukienka? (95 zł*). 2. Przepraszam, ile kosztuje bilet do Milanówka? (8 zł). 3. Proszę pani, ile kosztują te korale? (36 zł). 4. Ile kosztuje bilet do kina? (6 zł). 5. Panie konduktorze, ile kosztuje bilet tramwajowy? (50 gr**). 6. Ile kosztuje tamten krawat? (40 zł). 7. Marku, ile dni jesteś już w domu? (5 dzień). 8. Proszę ´pana, ile godzin idzie pociąg pośpieszny do Krakowa? (6 godzina). 9. Agato, ile czasu na mnie czekasz? (10 minuta). 10. Ile godzin dziś pracowałeś? (8 godzina). 11. Jak długo będziecie państwo nad morzem? (2 tydzień).

II. Read the following phrases:

5 kraj; 4 europejskie miasto; 7 duże kino; 6 nowoczesny dom; 9 basen; 10 biała koszula; 3 ładna suknia; 3 polski fotoreporter; 2 angielska dziennikarka; 5 zagraniczny specjalista; 8 odrzutowy samolot; 9 szeroka ulica; 1000 cudzoziemiec; 100 pani.

III. Read the words given in brackets in the correct form:

1. Masz dużo (biała koszula). 2. Budujemy teraz sporo (ładny dom, szeroka ulica, nowoczesne kino). 3. Nie liczę (kino podmiejskie). 4. Ile jest w Warszawie (basen)? 5. Mamy mało (basen). 6. W tym mieście jest wiele (park, ładny plac, pomnik). 7. Marek ma dużo (ciekawe zdjęcie). 8. Ile tu jest (lokomotywa)? 9. Zwiedzamy wiele (ciekawe miasto). 10. Do Poznania przyjedzie tysiące (cudzoziemiec), wielu (specjalista) z różnych dziedzin i wielu (fotoreporter).

IV. a) Instead of the accusative of the noun, or of the noun accompanied by a qualifying word, use the correct form of the personal pronoun. b) Make the sentences negative, also using the correct form (i. e. the genitive case) of the personal pronoun.

1. Oglądamy zdjęcia. 2. Turyści fotografują pawilony. 3. Dziennikarz pisze reportaże. 4. Poznajemy różnych specjalistów. 5. Przedstawimy państwu kilku dziennikarzy. 6. Odwieziemy panie na dworzec. 7. Agata kupi korale. 8. Zwiedzą państwo wszystkie zabytki.

---

* zł — abbreviation of złoty.
** gr — abbreviation of grosz.

1. Mama i Ewa jedzą obiad[1]

Mama: Nareszcie jesteś! Czy wiesz, która godzina?

Ewa: Nie wiem.

Mama: Spójrz na zegarek[2].

Ewa: Jest za piętnaście czwarta.

Mama: A teraz posłuchaj radia.

Radio: Tu polskie radio Warszawa. Minęła godzina siedemnasta[3]. Nadajemy audycję z cyklu „Życie sławnych malarzy"...

Ewa: Wynika z tego że mój zegarek stoi.

Mama: Ale ty nie stój, tylko połóż torebkę[2] i siadaj do stołu.

Ewa: Za chwileczkę siadam. Pozwól, że jeszcze umyję ręce[2].

Mama: Dopiero za dwa dni idziesz do pracy, a już się spóźniasz na obiad. Zastanów się, dziecko, jak tak można.

Ewa: Bardzo cię, mamo, przepraszam, ale wiesz, jak to jest w mieście, szczególnie w sobotę... W jednym sklepie trzeba poczekać pięć

1. Mother and Ewa have dinner

(Here) you are at last! Do you know what the time is?

I don't.

Look at (your) watch.

It is a quarter to four.

And now listen to the wireless.

This (is) the Polish Radio Warsaw. It is five o'clock. We are (now) broadcasting a programme in the series "Lives of famous painters"...

It appears from this that my watch has stopped (*literally*: stands still).

But don't you stand still, just put down (your) handbag and sit down at the table.

I'll sit down right away. Only let me wash (my) hands.

You are not going to work for another two days, and already you come home late for dinner. Consider, child, how can you (go on) like that!

I am very sorry, Mother, but you know what it is like in town, particularly on a Saturday... In one shop you have to wait five min-

---

[1] **Obiad**, the main meal of the Polish day, is usually eaten after work at about 4 p. m It may therefore be translated as lunch or dinner according to the circumstances
[2] Cf. Lesson 17, note 5.
[3] The 24 hour clock is used in Poland for official announcements (i.e. on the radio, in time-tables etc.).

minut, w drugim dziesięć albo piętnaście, na tramwaj też trzeba czekać...

Mama: Wiem, wiem. Siadaj i jedz.

Ewa: Bardzo smaczna zupa, tylko trochę za mało słona.

Mama: To ją posól. Tu masz sól. Zaraz podam drugie danie. Kluski z serem.

Ewa: O, to moja ulubiona potrawa! Pozwól, że ja podam, a ty siadaj i jedz razem ze mną.

Mama: Dobrze. Przynajmniej kilka minut porozmawiamy.

utes, in another ten or fifteen, then you have to wait for a tram...

I know, I know. Sit down and eat.

Very tasty soup, only it needs a little more salt (*literally*: it is a little unsalted).

Then put some salt in it. Here you have the salt. I shall serve the second course right away. Dumplings with cheese.

Oh, that is my favourite dish! Let me serve (it) while you sit down and eat together with me.

All right. We'll (be able to) talk for a few minutes at least.

2. Janek pomaga nauczycielce[4]

Janek: Dzień dobry pani. Czy nie przeszkadzam?

Nauczycielka: Jak się masz, Janku! Bardzo się cieszę, że cię widzę! Siadaj i poczekaj chwilę. Skończę tylko zmywanie talerzy.

Janek: Czy mogę pani pomóc?

Nauczycielka: Dobrze. Pomóż mi wycierać talerze. Czy mamie też tak pomagasz?

Janek: Pomagam. Zawsze we wtorek sprzątam mieszkanie, a w piątek mam dyżur w kuchni.

Nauczycielka: Pewnie chcesz znowu pożyczyć książkę?

2. Janek helps (his) teacher

Good morning, madam. I am not disturbing you, am I?

How are you, Janek. I am very glad to see you! Sit down and wait a moment. I'm only going to finish washing up these plates.

May I help you, madam?

All right. Help me to dry the plates. Do you help your mother like this too?

Yes, I do. On Tuesday I always clean the flat, and on Friday I have kitchen duty.

I suppose you want to borrow another book?

---

[4] **Nauczycielka** is the Polish term for a woman teacher (cf. **nauczyciel** — a male teacher).

Janek: Tak. Oddaję dzisiaj „Szatana z siódmej klasy". To bardzo wesoła książka.

Nauczycielka: A pamiętasz, kto jest jej autorem?

Janek: Nie pamiętam.

Nauczycielka: No to otwórz książkę i przeczytaj.

Janek: Kornel Makuszyński. Aha! Znam jeszcze jedną książkę tego pisarza. To „Awantura o Basię". Też bardzo wesoła książka.

Nauczycielka: A znasz „Wybór baśni" Andersena?

Janek: Nie znam, ale ja nie lubię baśni.

Nauczycielka: A co lubisz?

Janek: Lubię przygody żeglarzy, żołnierzy i lotników.

Nauczycielka: Doskonale. Dam ci książkę "Żołnierze Kościuszki", ale dopiero za kilka dni — drugiego albo trzeciego września. Pożyczymy ją z biblioteki szkolnej. A teraz chodźmy do pokoju. Coś ci pokażę.

Yes. Today I am returning "The Fiend of the Seventh Form". It is a very jolly book.

And do you remember who the (*literally*: its) author is?

No, I don't.

Well then, open the book and read.

Kornel Makuszyński. Oh yes! I know another book by the same writer — (it is) "A Lot of Fuss about Basia". Also a very jolly book.

And do you know Andersen's "Selected Fairy Tales"?

No, I don't, but I don't like fairy tales.

And what do you like?

I like adventure (stories) about sailors, soldiers and airmen.

Splendid. I'll give you a book (called) "Kościuszko's Soldiers", but only in a few days ('time) — on the second or the third of September. We'll borrow it from the school library. And now let us go to (my) room. I'll show you something.

3. Nauczycielka pomaga Jankowi

3. The teacher helps Janek

Nauczycielka: Otwórz to pudełko i zobacz, co tam jest.

Janek: O... pocztówki! Jakie ładne! Wszystkie kolorowe!

Nauczycielka: Przyjrzyj się tej pocztówce. Jak myślisz, co to jest?

Open that box and see what there is in it.

Oh... postcards! How lovely! All (of them) coloured!

Have a good look at this postcard. What do you think this is?

Janek: To taka góra wielkich kamieni. Nazywa się, nazywa się...

It is a hill (made) of large stones. It is called, it is called...

Nauczycielka: No, nie rób takiej smutnej miny! Zastanów się, na pewno pamiętasz.

Now, don't make such a worried face! Stop and think, I am sure you remember.

Janek: Już wiem — to piramida!

I know — it is a pyramid!

Nauczycielka: Oczywiście. To jest piramida egipska.

Of course. It is an Egyptian pyramid.

Janek: To ta pocztówka jest z Egiptu?

So that postcard is from Egypt?

Nauczycielka: Tak, ze stolicy Egiptu — Kairu.

Yes, from the capital of Egypt — Cairo.

Janek: Ta druga pocztówka to chyba z Moskwy, prawda[5]? Poznaję Kreml!

That other postcard is surely from Moscow, isn't it? I recognize the Kremlin!

Nauczycielka: Tak, ta następna jest ze Szwajcarii, a tamte trzy z Francji.

Yes. And that next one is from Switzerland, and those other three (are) from France.

Janek: Kto pani przysyła takie pocztówki?

Who sends you these postcards?

Nauczycielka: Mam dwóch braci — marynarza i kolejarza. Obydwaj dużo podróżują i z każdego miasta albo kraju przesyłają pocztówki.

I have two brothers — a sailor and a railwayman. Both travel a lot and send me postcards from every town or country.

Janek: Proszę pani, jak długo się jedzie pociągiem z Warszawy do Moskwy?

Excuse me, madam, how long does one travel by train from Warsaw to Moscow?

Nauczycielka: Zaraz obliczysz sam. Weź ołówek i pisz. Z Warszawy do Moskwy jest dziewięćset kilometrów. Pociąg jedzie z szybkoś-

You'll work it out yourself right away. Take a pencil and write. (The distance) from Warsaw to Moscow is 900 kilometres. A train travels at

---

[5] The word **"prawda"** (lit.: *truth*), at the end of a sentence, plays the role of the English question-tag.

cią sześćdziesięciu kilometrów na godzinę. Co teraz trzeba zrobić?

Janek: To bardzo proste! Podzielić!

Nauczycielka: No to podziel.

a speed of 60 kilometres per hour. What has one got to do now?

That is very simple. Divide!

Well then divide.

No, nie rób takiej smutnej miny

COMMENTS ON LESSON 18

FORMATION OF THE GENITIVE PLURAL OF NOUNS
(continued)

In this lesson we have instances of the use of the genitive plural form of nouns other than those discussed in the previous lesson (see p. 160), used in sentences constructed according to patterns already known tu us.

Nadajemy audycję z cyklu *"Życie sławnych malarzy"*.

We are broadcasting a programme from the series "Lives of famous painters".

Skończę tylko *zmywanie* **talerzy**.

I'll just finish washing up (these) plates.

A znasz *"Wybór* **baśni"** Andersena?

Do you know Andersen's "Selected Fairy Tales?" — No, I don't, but I don't like fairy tales.

Nie znam — ale ja *nie lubię* **baśni**.

Lubię *przygody* **żeglarzy, żołnierzy** i **lotników**.

I like adventure (stories) about sailors, soldiers and airmen.

To taka *góra* **wielkich kamieni**.

It is a hill (made) of large stones.

The genitive plural here is formed in the following way:

Nouns	Dictionary form	Drop	Add	Genitive plural form
1. Masculine with a stem ending in a soft consonant or in one of the following consonants: **cz, dz, rz, ż, sz, l**[1]	liść gość kamień dzień (dn-) nauczyciel	} —	} -i	liści gości kamieni dni nauczycieli
	klucz malarz żołnierz listonosz		} -y	kluczy malarzy żołnierzy listonoszy[2]
2. Feminine ending in -a with a stem ending in a soft consonant, preceded by another consonant, as well as feminine nouns ending in a consonant[3]	linia partia stacja	} -a	} -i	linii partii stacji
	szatnia uczelnia	} -ia		szatni uczelni
	baśń myśl wieś (ws-)	} —		baśni myśli wsi
	rzecz noc twarz		} -y	rzeczy nocy twarzy

Notes:

1. A number of nouns belonging to this group, however, form their genitive plural with the help of the ending -ów (see p. 160), e. g. **uczniów, wodzów, mężów.** Some other nouns, again, may have two forms of the genitive: e. g. **motocykli** and **motocyklów, koszy** and **koszów, płaszczy** and **płaszczów.**

2. There are a few exceptions to the rule given here, e. g. **alei, nadziei.** Some nouns may have two forms of.the genitive plural, e. g. **sukni** and **sukien, wiśni** and **wisien, kopalni** and **kopalń.**

In view of these irregularities, the genitive plural of this group of nouns is given in the Vocabulary.

IMPERATIVE MOOD OF VERBS
(continued)

Spójrz na zegarek.   Look at (your) watch.

Ale ty **nie stój,** tylko **połóż** torebkę.   But don't you stand still, just put down (your) handbag.

Pozwól, że jeszcze umyję ręce.	Let me wash (my) hands.
Zastanów się, dziecko, jak tak można.	Consider, child, how can you (go on) like that.
Pomóż mi wycierać talerze.	Help me to dry the plates.
Otwórz to pudełko i zobacz, co tam jest.	Open that box and see what there is in it.
No, **nie rób** takiej smutnej miny.	Now don't make such a worried face.

The imperative forms used in the above sentences are constructed according to the principles given in Lesson 13 (see p. 121). The only difference is that alternation from **o** to **ó** takes place in the stem when this ends in a voiced consonant.

3rd person of the Present (simple future) tense	Forms of the Imperative Mood
spojrzy	spójrz, spójrzmy, spójrzcie
zastanowi się	zastanów się, zastanówmy się, zastanówcie się
pomoże	pomóż, pomóżmy, pomóżcie
robi	rób, róbmy, róbcie
posoli	posól, posólmy, posólcie
zgodzi się	zgódź się, zgódźmy się, zgódźcie się

This alternation does not, however, take place consistently throughout and there are verbs which form their imperative mood without it (the **o** sound remains), e. g.:

chodzi — chodź, chodźmy, chodźcie
ogoli się — ogol się, ogolmy się, ogolcie się
posłodzi — posłodź, posłodźmy, posłodźcie
wozi — woź, woźmy, woźcie

P a t t e r n 30

> Obydwaj **z każdego miasta** albo **kraju** przesyłają pocztówki
> Both (of them) send (me) postcards from every town or country

Jak długo się jedzie **z Warszawy** do Moskwy?
Za kilka dni wyjadę **z Paryża**.
Wychodzimy **z teatru**.
Zdejmuję obraz **ze ściany**.
Latem **z różnych krajów** przyjeżdżają do Polski turyści.

Q u e s t i o n: **Skąd wracasz?**   Where are you returning from?

In the above sentences the word z appears with the form known to us from Pattern 13 (the genitive case, see p. 85). The meaning of the whole phrase expresses direction from somewhere i.e. a direction opposite to that of the construction of Pattern 19 (see p. 124). Z here is the antonym of the words **do** and **na**. Where there is a collision of two or more consonants at the beginning of a word, the word z often becomes **ze**; cf.:

z Warszawy	but	ze Szczecina
z Polski	,,	ze Szwajcarii
z podłogi	,,	ze ściany

The word **z (ze)** with the genitive form of nouns is also used together with the verb **być** to express the place of origin of an object, e.g.:

To ta pocztówka *jest* z **Egiptu?**
So that postcard comes from Egypt?

Tak, **ze stolicy** Egiptu — Kairu.
Yes, from the capital of Egypt — Cairo.

Ta druga pocztówka to chyba z **Moskwy**, prawda?
That other postcard is surely from Moscow, isn't it?

Ta następna *jest* **ze Szwajcarii,** a tamte trzy z **Francji.**
That next one is from Switzerland, and those other three from France.

„Szatan z **siódmej klasy"**
"The Fiend of the Seventh Form"

Audycja z **cyklu** „Życie sławnych malarzy"
A programme from the series "Lives of famous painters"

P a t t e r n 28 (continued)

W jednym sklepie trzeba *poczekać* **pięć minut,** w drugim **dziesięć** albo **piętnaście...**
In one shop one has to wait five minutes, in another ten or fifteen...

Przynajmniej **kilka minut** *porozmawiamy.*
Siadaj i *poczekaj* **chwilę.**
Z Moskwy do Warszawy pociąg *jedzie* **dwadzieścia godzin.**
Czekam tu już **godzinę.**
Mieszkam tu dopiero **kilka tygodni.**

Q u e s t i o n s: **Jak długo czekasz?**[6]
How long have you been waiting?

Ile czasu to potrwa?
How long will it take (or: last)?

(ile czasu czekasz?)
(how long have you been waiting?)

To denote the time of the duration of an action we use the accusative form of nouns (when a noun is accompanied by a numeral, it is the numeral that takes the accusative, while the noun has the form required

---

[6] Note that in this construction Polish uses the present tense.

by the numeral in question, see pp. 113, 240). This form only appears in combination with imperfective verbs, and with those perfective verbs which have the prefix **po-** (meaning a little, for some time) e.g. **porozmawiać, poczekać, potańczyć**, and so on.

EXPRESSIONS OF TIME

Wiesz, jak to jest w mieście, szczególnie **w sobotę**.	You know what it is like in town, particularly on a Saturday.
Zawsze **we wtorek** sprzątam mieszkanie, a **w piątek** mam dyżur w kuchni.	On Tuesday I always clean the flat, and on Friday I have kitchen duty.
W niedzielę pójdziemy do teatru.	On Sunday we shall go to the theatre.

The equivalent of the English *on Monday, Tuesday* etc., is the Polish word **w (we)** used with the accusative form of the days of the week or the noun **święto** *holiday*, e.g.:

w poniedziałek	on Monday	— **w poniedziałki**	on Mondays
we wtorek	on Tuesday etc.	— **we wtorki**	on Tuesdays
w święto[7]	on a holiday	— **w święta**	on holidays

S i m i l a r l y :

w dni powszednie	on weekdays
w dni świąteczne	on holidays
w dni przedświąteczne	on the days immediately preceding a holiday

Dam ci tę książkę **drugiego** albo **trzeciego września**.	I shall give you that book on the second or third of September.
Przyjdę **dziesiątego kwietnia**.	I shall arrive on the tenth of April.
Dwudziestego drugiego lipca obchodzimy Święto Odrodzenia Polski.	On the twenty-second of July we celebrate (the feast of) Poland's Rebirth.
Q u e s t i o n : **Którego dnia (kiedy) przyjedziesz?**	On which day (when) will you arrive?

To express a point in time with the help of dates we use the genitive form (see p. 85). The same form is also used in expressing time with the help of 'calendar' terms (e.g. day, week, month) used together with such words as **ten** *this*, **tamten** *that, that other one*, **pewien** *a certain* and some others, e.g. **tego wieczoru** *that evening*, **tego ranka** *that morning*, **pewnego dnia** *one day*, **następnego dnia** *the next day*, **tamtej nocy** *that (other) night*, etc.

---

[7] W **święto** may also refer to a particular holiday, i.e. **Sunday, Christmas** or **Easter** (its most likely meanings).

Pattern 31

> Pociąg jedzie z szybkością sześćdziesięciu kilometrów na godzinę
> The train travels at a rate (*literally*: speed) of sixty kilometres per hour.

Samolot odrzutowy leci z *szybkością* **ośmiuset kilometrów** na godzinę.

A jet plane flies at a rate of eight hundred kilometres per hour.

Wiatr wieje dziś z *szybkością* **dziesięciu metrów** na sekundę.

Today the wind is blowing at a rate of ten metres per second.

Pojazd kosmiczny leci z *szybkością* **dwunastu kilometrów** na sekundę.

A space craft travels at a rate of twelve kilometres per second.

In sentences constructed according to the above pattern numerals have the forms **jednego** (**jednej**) *of one*, **dwóch** *of two*, **trzech** *of three*, **czterech** *of four* and from five onwards, forms with the ending **-u**, e.g. **pięciu** *of five*, **sześciu** *of six*, **dziesięciu** *of ten*, **dwunastu** *of twelve*, etc.

Która godzina?

What is the time?

(Jest) za piętnaście (za kwadrans) czwarta.

(It is) fifteen (a quarter) to four.

(Jest) za pięć (minut) druga.

(It is) five (minutes) to two.

(Jest) za dwadzieścia piąta.

(It is) twenty to five.

O której godzinie?

At what time?

(O godzinie) za piętnaście (za kwadrans) czwarta.

At fifteen (minutes) (a quarter) to four.

(O godzinie) za pięć (minut) druga.

At five (minutes) to two.

(O godzinie) za dwadzieścia (minut) piąta.

At twenty (minutes) to five.

To denote clock time from the half-hour to the full hour we use the word **za** with the accusative form as in sentences formed according to Pattern 17 (see p. 114). For other ways of denoting clock time, see pp. 70, 88, 249.

174

1. The verb **wynikać (wyniknąć)** *to result* takes the word **z (ze)** and the genitive:

Wynika **z tego**, że mój zegarek stoi.　　It appears (results) from this that my watch has stopped (*literally*: is standing still).

2. The verb **pożyczać (pożyczyć)** *to borrow* takes the word **z (ze)** and the genitive of the noun denoting the place of origin:

Pożyczymy tę książkę **z biblioteki** szkolnej.　　We shall borrow that book from the school library.

3. The noun **awantura** *row, fuss*, as well as the nouns **spór** *dispute*, **sprzeczka** *squabble*, **kłótnia** *quarrel* take the word **o** and the accusative:

Awantura **o Basię**　　A lot of fuss about Basia
Spór **o książkę**　　A dispute about a book

IDIOMS AND EXPRESSIONS

zegarek stoi　　*the watch has stopped*
zegarek idzie　　*the watch is going*
siadać do stołu　　*to sit down to table, to a meal*
Jak tak można!　　*How can you go on like that!*
Jak się masz?　　*How are you getting on?*
—followed by the vocative, e. g. **Janku**; not to be confused with the formal English *how do you do*?
mieć dyżur　　*to be on duty*
robić smutną (zdziwioną itp.) **minę**　　*to make a worried (astonished* etc.) *face*

EXERCISES

I. Read out in full the speed of the vehicles and the time of their arrival:

1. Samolot Ił-14 leci (szybkość 600 km/godz.); o godzinie 8⁴⁵ będziemy w Belgradzie.
2. Jedziemy (szybkość 40 km/godz.); o 8⁵⁵ przybędziemy do Łodzi. 3. Motocykl jedzie (szybkość 70 km/godz.); o 12⁵⁰ motocyklista przyjedzie do Poznania. 4. Rowerzysta jedzie (szybkość 25 km/godz.), o godzinie 5³⁵ będzie on we Wrocławiu. 5. Pociąg jedzie (szybkość 80 km/godz.); o 9⁴⁵ podróżni przyjadą do Gdańska. 6. Autobus jedzie (szybkość 75 km/godz.), o 4⁴⁰ pasażerowie będą już w Lublinie.

II. Rewrite the following sentences using verbs with the opposite meaning:

E x a m p l e:

Wczoraj Sławek **przyjechał** *do* Opola.

Wczoraj Sławek *wyjechał z* Opola.

1. Dziś o godzinie 7^{35} przyjechaliśmy do Warszawy. 2. Jutro o godzinie 10^{40} Rybczyńscy przyjadą do Szczecina. 3. Wczoraj o 12^{55} Marek przyjechał do P‹ 4. Za tydzień o godzinie 11^{50} przylecę samolotem Ił-18 do Moskwy. 5. W‹ o 7^{45} pójdziemy do teatru. 6. Z rana o 8^{50} Agata idzie do pracy. 7. Jutro o ‹ 6^{55} przypłyniemy do Szwecji.

III. a) Put the words in brackets into the accusative case plural, b) Use pronouns instead of the plural of nouns, c) Make the sentences negative, d)] negative sentences use personal pronouns instead of nouns.

1. Lubię zapraszać (gość). 2. Ewa lubi zbierać (jesienny liść). 3. Dzieci szar uczyciel). 4. Adam chowa (klucz). 5. Kasia rysuje (linia). 6. Chłopiec zbiera (‹ 7. Dziewczynki naśladują (nauczycielka).

IV. Form the imperative mood of the following verbs:

Spojrzeć, pomóc, zrobić, zgodzić się, chodzić, posolić, posłodzić, zastanowić si‹ się, pozwolić, otworzyć.

LEKCJA 19 | LESSON 19

1. Ewa dostaje prezent

1. Ewa gets a present

Ewa: Czy są dziś do mnie jakieś listy?

Are there any letters for me

Mama: Są. List od cioci Zosi, kartka od Teresy i jeden list urzędowy.

There are. A letter from aun sia, a postcard from Teresa, official letter.

Ewa: Pokaż mi ten list urzędowy.

Show me the official letter.

Mama: Wszystkie leżą na stole.

They are all lying on the ta

Ewa: Och, mamo, dostanę wspaniały ślubny prezent!

Oh, Mother, I am getting ‹ nificent wedding gift!

Mama: Co dostaniesz?

What are you getting?

Ewa: Telefon.

Mama: Od kogo?

Ewa: Od Dyrekcji Poczt i Telegrafów.

Mama: Przecież Dyrekcja Poczt i Telegrafów nie wie o twoim ślubie...

Ewa: Może się domyśla, bo ma dla mnie telefon. Ale to raczej zbieg okoliczności.

Mama: Życzę ci więcej takich miłych zbiegów okoliczności. Bez telefonu bardzo nam niewygodnie.

Ewa: Na przykład teraz muszę wyjść i zadzwonić do Agaty. A ty, mamo, co masz zamiar robić?

Mama: Sprzątnę kuchnię, odpocznę chwilę i zacznę poważnie myśleć o ślubnym przyjęciu.

Ewa: Przecież to nie będzie przyjęcie, tylko skromne śniadanie! Doskonale wiesz o tym.

Mama: Skromne, ale trzeba je przygotować. Chyba nie wątpisz, że to dla mnie przyjemność.

Ewa: Już idę. Wrócę chyba późno. Mam dziś jeszcze spotkanie z Adasiem i jego kolegą.

A telephone.

From whom?

From the postal authorities (*literally*: the Post Office and Telegraphs Management).

Why, the postal authorities don't know (anything) about your wedding...

Perhaps they have guessed, because they have a telephone for me. But it is more likely (to be) a coincidence.

I wish you more such pleasant coincidences. It is very inconvenient for us here without a telephone.

For instance, I have to go out now and ring up Agata. And you, Mother, what do you intend to do?

I'll clean the kitchen, rest a while and begin to think seriously about the wedding reception.

But it won't be a reception, only a modest breakfast. You know that perfectly well.

Modest (maybe) but it has to be prepared[1]. Surely you don't doubt that for me this will be a pleasure.

I am just going. I expect I'll be home late. I (still) have an appointment today with Adam and a friend of his.

---

[1] *Literally*: one must prepare it. The passive voice is rarely used in Polish.

2. Spotkanie Adama z Bolesławem

Adam: Serwus Bolek![2] Kopę[3] lat!

Bolek: Jak się masz, Adam! A to dopiero niespodzianka!

Adam: Co robisz w Warszawie?

Bolek: Właśnie przenoszę się z Krakowa do stolicy. Mam prowadzić wykłady na Politechnice Warszawskiej.

Adam: O... gratuluję panu profesorowi!

Bolek! Daj spokój[4]! Chodźmy lepiej na kawę.

Adam: Doskonale. Spieszę się właśnie na spotkanie z narzeczoną. Poznasz ją przy okazji.

2. Adam meets Bolesław

Hallo, Bolek! Haven't seen you for donkey's years!

How are you (getting on) Adam! What a surprise!

What are you doing in Warsaw?

I am just moving from Cracow to the capital. I am to give lectures at the Warsaw Technical University (*literally*: Polytechnic).

Oh... my congratulations, Professor.

Cut it! (*literally*: give peace!) Let us rather go and have some coffee.

Splendid. I am just hurrying to meet my fiancée. It will be a chance for you to get to know her.

Mówię do pana, a pan nie słucha

---

[2] Diminutive of Bolesław (no English equivalent).
[3] **Kopa** is an old Polish word meaning *sixty*. Nowadays it has survived only in the phrase used here, and in peasant speech.
[4] The expression ″**Daj spokój**″ is used when we want someone to desist from saying, or doing something.

3. Ewa dobrze radzi panu Bolesławowi

3. Ewa gives some good advice to Bolesław

Adam: Ewuniu, chcę ci przedstawić mojego kolegę Bolesława Malaka.

Ewunia, I want to introduce Bolesław Malak, a friend of mine, to you.

Ewa: Bardzo mi miło[5]. Wiem, że Adam wiele panu zawdzięcza.

How do you do. I know Adam owes you a great deal.

Bolesław: Nie ma o czym mówić, to stare dzieje.

It isn't worth talking about, it is an old story.

Adam: A więc przejdźmy do współczesności. Bolek ma do ciebie prośbę.

Well then, let us pass on to modern times. Bolek has a request to (make to) you.

Bolesław: Tak. Mam nadzieję, że mi pani pomoże.

Yes. I hope you'll help me.

Ewa: Słucham. Co mogę dla pana zrobić? Może zapisać jakieś lekarstwo?

Well? What can I do for you? Perhaps prescribe some medicine?

Bolesław: Ach, nic podobnego! Niech mi pani pomoże kupić prezent dla żony.

Oh, nothing of the kind! Do help me buy a present for my wife.

Ewa: Co pan chce kupić żonie?

What do you want to buy your wife?

Bolesław: Sądzę, że mi pani doradzi. Nie umiem załatwiać takich spraw.

I imagine you can advise me. I don't know how to cope with such matters.

Ewa: Niech się pan nie martwi. Załatwimy wszystko szybko i sprawnie. Można kupić na przykład szal albo pończochy, albo bluzkę...

Don't worry. We'll cope with everything quickly and efficiently. We could buy a shawl for instance, or stockings or a blouse...

Bolesław: Ma pani na myśli wełniany szal?

You mean a woollen shawl?

Ewa: Tak. Lekki i ciepły szal to bardzo odpowiedni podarunek dla

Yes. A light, warm shawl is a very suitable gift for a woman. One can

---

[5] Literally: It is very pleasing to me (cf. pleased to meet you). This phrase is always used by the person to whom someone is introduced.

kobiety. W takim szalu można pójść na spotkanie towarzyskie, na kawę, do teatru, na wystawę do muzeum, na koncert...

wear a shawl like that to a party, to a coffee-house (*literally*: to a social meeting, a coffee) to the theatre, to an exhibition in a museum, to a concert...

Bolesław: Doskonale! Wobec tego kupimy szal.

Splendid! In that case we'll buy a shawl.

4. Za tydzień ślub Adama i Ewy

4. Adam and Ewa's wedding will take place in a week's time

Ewa: Powiedz mi, co trzeba jeszcze załatwić?

Tell me, what is there still to settle?

Adam: Nie masz pojęcia, jak się cieszę, że już za tydzień powiem do ciebie: „moja żono".

You have no idea how happy I am that in a week's time I shall (be able to) call you 'my wife'.

Ewa: A ja się boję, że nie powiem do ciebie: „mój mężu".

But I am afraid I shall not be able to call you 'my husband'.

Adam: Dlaczego?

Why not?

Ewa: Mamy już tylko tydzień czasu i bardzo dużo spraw do załatwienia. Możemy nie zdążyć[6].

We have only got another week and a great many matters to settle. We may not manage in time.

Adam: A więc dobrze. Trzeba wysłać zawiadomienie do cioci Zosi, do mojego wuja w Gdańsku, do dwóch moich przyjaciół w Katowicach, do...

Well then, all right. We have got to send the (wedding) announcement to aunt Zosia, to my (maternal) uncle in Gdańsk, to my two friends in Katowice, to...

Ewa: Nie zapamiętam. Weź kartkę i spisz wszystkie osoby.

I shan't remember (them all). Take a piece of paper and write all (those) people down.

Adam: Trzeba zacząć przygotowania do wesela.

We have got to start the preparations for the wedding party.

Ewa: To znaczy?

Meaning? (*literally*: That means?)

---

[6] The verb **zdążyć** (perfective aspect only) means *to* (*manage to*) *do something in time* or *to* (*manage to*) *arrive somewhere in time*.

Adam: Ja się zajmę orkiestrą, a ty wynajmiesz salę balową.

I shall take care of the band, and you will hire the ballroom.

Ewa: Adam, nie żartuj. Czy masz już metrykę urodzenia?

Adam, stop joking. Have you got your birth-certificate already?

Adam: Metryki nie mam, ale mam już obrączki[7].

I haven't got my birth certificate, but I have got the wedding-rings.

Ewa: Bez metryki nie dadzą nam ślubu.

Without a birth-certificate they won't marry us.

Adam: Zmuszę ich!

I will force them (to)!

Ewa: Mój kochany, kiedy ty zaczniesz myśleć poważnie?

Darling, when will you start thinking seriously?

Adam: Za osiem dni.

In eight days (time).

COMMENTS ON LESSON 19

Pattern 32

> Chodźmy lepiej **na kawę**
> Let us rather go (and) have some coffee

Spieszę się właśnie **na spotkanie** z narzeczoną.
W takim szalu można pójść **na spotkanie towarzyskie, na kawę, na wystawę** do muzeum, **na koncert.**
Kiedy pójdziemy **na tę sztukę?**
Chodź ze mną **na mecz (na wycieczkę, na film, na występ** ... etc).

When accompanied by verbs of movement, nouns denoting entertainment of any kind, take the accusative and are governed by the preposition **na** (where other nouns are concerned see p. 191).

Pattern 33

> Teraz muszę wyjść i zadzwonić **do Agaty**
> Now I have to go out and ring up Agata

Trzeba wysłać zawiadomienie **do cioci Zosi, do mojego wuja** w Gdańsku, **do dwóch moich przyjaciół** w Katowicach.
Już za tydzień powiem **do ciebie**: „moja żono".

---

[7] In Poland both husband and wife wear rings.

A small group of verbs take the preposition **do** and the genitive (not dative) form in order to denote an addressee. They include: **pisać (napisać)** *write*, **dzwonić (zadzwonić)** *ring*, **depeszować (zadepeszować)** *telegraph*, **posyłać (posłać)**, **wysyłać (wysłać)** *send*, **zwracać się (zwrócić się)** *turn to*, **adresować (zaadresować)** *address*, **uśmiechać się (uśmiechnąć się)** *smile*.

The verb **mówić (powiedzieć)** takes both the genitive and the dative. The construction **do** plus the genitive is used when the verb denotes the fact of addressing someone.

C o m p a r e:

Mówię **do pana**, a pan nie słucha.	I am talking to you but you are not listening.
Powiem **panu** coś o nim.	I shall tell you something about him.
Mówisz **do niej**, czy **do mnie?**	Are you talking to her, or to me?
Mówię **ci** wszystko.	I tell you everything.

In the following phrases this construction has a similar meaning, e.g.:

list **do mnie**	a letter for me
Mam prośbę **do pana**.	I have a request to (make to) you.
Jest **do pani** telefon.	There is a telephone call for you.

This lesson also contains a number of instances of the use of the dative to denote the person at whom an action is aimed.

To denote the immediate addressee of an action, a person for whom something is intended, we use **dla** with the genitive, e.g.:

Co mogę **dla pana** zrobić?	What can I do for you?
Niech mi pani pomoże kupić prezent **dla mojej żony**.	Do help me buy a present for my wife.
Kup **dla Adama** krawat.	Buy a tie for Adam!

The same construction is also used with nouns, e.g.:

To bardzo odpowiedni podarunek **dla kobiety**.	This is a very suitable gift for a woman.
prezent **dla żony**	a present for (my, your, his) wife
kwiaty **dla narzeczonej** itd.	flowers for (my, your, his) fiancée etc.

THE USE OF VERBS

1. With the following verbs the indirect object (the person thanked, advised, etc.) is in the dative: **zawdzięczać, doradzać, doradzić,** e.g.:

Wiem, że Adam wiele **panu** *zawdzięcza.*	I know that Adam owes you a great deal.
Sądzę, że **mi** pani *doradzi.*	I imagine you will advise me.

2. The verb **gratulować**, like **życzyć** takes the dative of the person congratulated and the genitive of the occasion for the congratulation, e.g.:

Gratuluję **panu profesorowi** s u k c e s u.	I congratulate you on your success, Professor.
Gratuluję **ci** o t r z y m a n i a dyplomu.	I congratulate you on receiving your diploma.
Gratuluję **panu** a w a n s u.	I congratulate you on your promotion.

C o m p a r e:

Życzę **ci** więcej t a k i c h m i ł y c h z b i e g ó w o k o l i c z n o ś c i.	I wish you more of such pleasant coincidences.

3. The verb **przygotowywać (się)** — **przygotować (się)**, as well as the noun **przygotowanie** take the construction **do** with the genitive, e.g.:

Przygotowuję się **do egzaminu.**	I am preparing for an examination.
Trzeba zacząć *przygotowania* **do wesela.**	We must start preparations for the wedding.

4. The verb **zajmować się** — **zająć się** takes the instrumental case, e.g.:

Ja *się zajmę* **orkiestrą.**	I shall take care of the band.
Nie *zajmuj się* **tą sprawą.**	Don't deal with that matter.

CONJUGATION OF VERBS

The verbs ending in **-ąć: zająć, wynająć, zdjąć, wyjąć, przyjąć** are conjugated like **wziąć**, e.g.:

wynająć:	1. wynajmę	wynajmiemy
	2. wynajmiesz	wynajmiecie
	3. wynajmie	wynajmą

Other verbs ending in **-ąć** have been dealt with in Lesson 15 (see p. 144)

IDIOMS AND EXPRESSIONS

list urzędowy	*official letter*
prezent ślubny	*wedding gift*
zbieg okoliczności	*coincidence*
kopę lat!	*Haven't seen you for donkey's years!*
Jak się masz!	*How are you getting on?*
prowadzić wykłady	*to give lectures*
bardzo mi miło	*I am very pleased* (e.g. *to meet you*)
nie ma o czym mówić	*it is nothing; don't mention it*
mieć nadzieję, że...	*to hope that...*
zapisać lekarstwo	*to prescribe a medicine*
nic podobnego	*nothing of the kind*
załatwiać sprawy (coś)	*to settle (deal with) some matters (something)*
wobec tego	*under the circumstances; seeing that*
nie mieć pojęcia (o czym)	*to have no idea (of something)*
mieć coś do załatwienia	*to have something to see to (deal with) (arrange)*
metryka urodzenia	*birth-certificate*

EXERCISES

I. Answer the questions or complete them, using the words given in brackets in the correct form together with the preposition appropriate for expressing an entertainment:

1. Dokąd pójdziemy teraz? (kawa). 2. Dokąd się śpieszysz? (spotkanie z narzeczoną). 3. Czy państwo wybieracie się dziś do filharmonii? (tak, koncert). 4. Czy pójdziemy jutro do teatru? (tak, ta sztuka). 5. Dokąd poszedł Marek? (mecz). 6. Czy pójdziesz ze mną (lody)? 7. Czy można jeszcze dostać dwa bilety (wystawa) do muzeum?

II. Put in the correct form of the noun in brackets, using the preposition indicating the addressee:

Pisać (przyjaciel); dzwonić (Ewa); mówić (Kasia); depeszować (rodzice); list (nauczyciel); depesza (ciocia); uśmiechać się (chłopiec); zwracać się (profesor); telefon (pan).

III. Turn into sentences, using the correct form of the verb and putting words in the right sequence:

1. Koledzy (życzyć) (młoda para) dużo szczęścia. 2. Mama (życzyć) (Ewa) dobrej pogody. 3. Stewardesa (życzyć) (pasażerowie) szczęśliwej podróży. 4. Przyjaciele (gratulować) (ja) zdania egzaminu. 5. (Gratulować — my) (państwo) pięknego sukcesu.

LEKCJA 20

1. Kasia idzie do szkoły

Mama Kasi: Kasiu, nie śpij już! Jest wpół do ósmej!

Kasia: Ojej, mamo, pośpijmy jeszcze troszeczkę!

Mama Kasi: Nie możemy już spać. Dziś jest dla ciebie ważny dzień.

Kasia: Ach prawda, dziś jest pierwszy.

Mama Kasi: Tak, dzisiaj jest środa, pierwszy września. Idziesz pierwszy raz do szkoły.

Kasia: Nie chcę iść do szkoły, wolę jeszcze spać. Wolę moją lalkę od szkoły. Ona też jeszcze śpi...

Mama Kasi: Kasiu, wstawaj! Przecież do ciebie mówię, a nie do lalki!

Kasia: Mamo, dlaczego się na mnie gniewasz? Już przecież wstaję...

Mama Kasi: Umyj się szybko i chodź jeść.

Kasia: A co masz dla mnie na śniadanie?

Mama Kasi: Chleb z masłem, jajko i kakao.

Kasia: Och, mamo, tak mi to nie smakuje!

LESSON 20

1. Kasia goes to school

Kasia, don't sleep any longer! It is half past seven!

Oh dear, Mummy, let's sleep a teenie-weenie bit (longer)!

We can't go on sleeping. Today is an important day for you.

Oh, that's right, today is the first.

Yes, today is Wednesday, September the first. You are going to school for the first time.

I don't want to go to school. I prefer to go on sleeping (*literally*: still to sleep) and I prefer my doll to school. She is also still asleep...

Kasia, get up! It is you I am talking to and not (your) doll.

Mummy, why are you angry with me? After all I am just getting up...

Wash quickly and come and eat.

And what have you got for breakfast for me?

Bread and butter, an egg and cocoa.

Oh, Mummy, I don't like that at all!

Mama Kasi: Wiadomo. Śniadanie nigdy ci nie smakuje. Zacznij wreszcie[1] porządnie jeść. Czekam na ciebie. Szkoła też czeka.

Of course (*literally*: It is a well-known thing). You never like (your) breakfast. Start eating properly, for goodness sake. I am waiting for you. School is also waiting.

Kasia: Mamusiu, czy w szkole jest bardzo źle?

Mummy, is it very bad at school?

Mama Kasi: Nie, córeczko, w szkole będzie ci bardzo dobrze. I twoim koleżankom również.

No, darling (daughter), you will be very happy (*literally*: well) at school, and so will your school-fellows.

Kasia: To chodź ze mną do szkoły.

Then come to school with me.

Mama Kasi: Odprowadzę cię, ale w szkole nie zostanę.

I'll take you there, but I won't stay at school.

Kasia: Dlaczego, mamo?

Why (not), Mummy?

Mama Kasi: Dlatego, że szkoła jest dla dzieci, a nie dla dorosłych.

Because school is for children, and not for grown-ups.

Kasia: A mogę wziąć do szkoły lalkę?

May I take (my) doll to school?

Mama Kasi: Nie, córeczko. Możesz wziąć zeszyt i ołówek... A teraz zapnij tornister i chodź. Już jest za dziesięć ósma.

No, darling (daughter). You may take a notebook and a pencil. And now do up (your) satchel and come (along). It is ten to eight already.

Kasia: Czy naprawdę musimy tam iść?

Must we really go there?

Mama Kasi: Musimy. Nie zapomnij zjeść w szkole drugiego śniadania i uśmiechnij się do mnie.

Yes, we must. Don't forget to eat your elevenses[2] at school and give me a smile (*literally*: smile at me).

Kasia: Ojej!

Oh dear!

Mama Kasi: Nie masz chyba zamiaru płakać, Kasiu?

Surely you don't intend to cry, Kasia?

Kasia: Chyba nie, ale jeszcze nie wiem na pewno.

I suppose not, but I don't know for sure yet.

---

[1] The word **wreszcie** like **przecież** and **chyba** must be translated in various ways, according to context. Its literal meaning is *at last*.

[2] Literally: second breakfast.

2. Zdarzenie w tramwaju

Konduktor: Proszę pana, niech pan przejdzie do przodu! Pasażerowie nie mogą jechać na stopniach.

Pasażer: Nie mam nic przeciwko temu, ale nie mogę. Tu jest straszny tłok, a ta pani stoi jak Kolumna Zygmunta[3] na Placu Zamkowym.

Pasażerka: Tylko nie kolumna, szanowny panie! Proszę się nie pchać!

Pasażer: Co pani ma przeciwko kolumnie? Kolumna króla Zygmunta to wspaniały zabytek...

Pasażerka: Pan mnie uważa za zabytek? Czy pan wie, kto ja jestem?

Pasażer: Obecnie jest pani przeszkodą na mojej drodze życiowej i tym razem nie ja, ale pani musi mi ustąpić, bo właśnie wysiadam. Bardzo przepraszam.

Konduktor: Dlaczego się pani na tego pana obraża? Proszę przechodzić do przodu.

Pasażer: Na co pani czeka?

Pasażerka: Na przystanek.

Mama Kasi: Proszę państwa, ja też teraz wysiadam. Do czego to podobne[4], żeby się tak sprzeczać. Zupełnie jak dzieci!

2. An incident in a tramcar

Now, sir, move up to the front. Passengers are not allowed to stand on the step.

I have nothing against that, but I can't. There is a frightful crush here, and this lady is planted firmly (*literally*: standing) like Zygmunt's Column in Plac Zamkowy (Castle Square).

Don't call me (*literally*: only not) a column (if you don't mind), sir! Please don't push.

What have you against the column? King Zygmunt's Column is a magnificent historical monument...

Do you take me for a historical monument? Do you know who I am?

At present you are just an obstacle on my life's path, and this time it is not I but you who must give way, because I am just getting off. Excuse me.

Why do you take offence at (what) this gentleman (is saying), madam? Please move up to the front.

What are you waiting for?

For the tram-stop.

Excuse me, I am also getting off now. What are things coming to fancy quarrelling like that. Just like children!

---

[3] A tall column erected in 1644, by King Władysław IV (1632—1648) in honour of his father, Zygmunt III (1587—1632). It is surmounted by a bronze statue of Zygmunt, bearing a sabre in his right hand and leaning on a large cross with his left.

[4] The expression „**Do czego to podobne**" (*literally*: what does this resemble) is used when we want to draw someone's attention to the impropriety of his behaviour.

3. Przyjazd Teresy

Ewa: Teresa! Jak to dobrze, że już jesteś!

Teresa: Ja też ogromnie się cieszę, że cię nareszcie widzę. Jadę prosto z dworca.

Ewa: Rozbieraj się, siadaj! Albo zdejmij buty i połóż się na tapczanie. Musisz być bardzo zmęczona. Zjesz coś?

Teresa: Na jedzenie nie mam ochoty. Chcę przede wszystkim z tobą porozmawiać. Opowiadaj!

Ewa: O czym?

Teresa: Nie o czym, tylko o kim. O Adamie, oczywiście. Bardzo go kochasz? Dobry jest dla ciebie? Co mama o nim sądzi? Nie ma nic przeciwko niemu?

Ewa: Tereniu[5], nie mogę jednocześnie na wszystko odpowiedzieć.

Teresa: To zacznij od początku.

Ewa: Znamy się dawno, to wiesz.

Teresa: To bardzo ważne. Im właściwie nigdy nie można wierzyć.

Ewa: Komu?

Teresa: Mężczyznom. Przepraszam cię bardzo, podaj mi torbę, chcę wyjąć papierosy. Albo wyjmij sama. No i co z tym twoim Adamem?

3. Teresa's arrival

Teresa! How nice that you are here at last!

I am also very happy to see you at last. I have come straight from the station.

Take off your overcoat, sit down! Or perhaps take off your shoes and lie down on the couch. You must be very tired. Will you eat something?

I don't feel like eating. First of all I want to have a chat with you. Tell (me) all about it!

About what?

Not about what, but about whom. About Adam, of course. Do you love him very much? Is he good to you? What does (your) mother think of him? Hasn't she got anything against him?

Terenia, I can't answer everything at once.

Then begin at the beginning.

We have known one another for a long time, you know that.

That is very important. As a matter of fact, one can never believe them.

Who?

Men. Excuse me, (could you) pass me my handbag please. I want to take out (my) cigarettes. Or just take (them) out yourself. Well, and what about that Adam of yours?

---

[5] Diminutive of Teresa.

Ewa: On jest do mnie bardzo przywiązany, a ja do niego też. Wiem, że to porządny człowiek i że mogę na niego liczyć.	He is very much attached to me, and so am I to him. I know he is a decent man and that I can count on him.
Teresa: Ale nie kierujesz się chyba tylko rozsądkiem?	But surely you are not governed by common sense only?
Ewa: Ależ nie, tylko o takich sprawach trudno jest mówić.	Well, of course not, only it is difficult to talk of such matters.
Teresa: To powiedz chociaż kiedy ślub.	Then tell (me) at least when the wedding is (to be).
Ewa: Za cztery dni.	In four days (time).
Teresa: No to zdążę jeszcze wszystkiego się od ciebie dowiedzieć.	Well, then I still have time to find out everything from you.

Mamo, dlaczego się na mnie gniewasz?

COMMENTS ON LESSON 20

FORMS OF THE IMPERATIVE MOOD OF VERBS
(continued)

Kasiu, **nie śpij** już.
Mamo, **pośpijmy** jeszcze troszeczkę!
Zacznij wreszcie porządnie jeść.
A teraz **zapnij** tornister i **chodź**.

Nie zapomnij zjeść w szkole drugiego śniadania i **uśmiechnij się** do mnie.
Zdejmij buty...
Wyjmij papierosy.

189

To form the second person singular of the imperative mood of verbs with a stem ending in two or more consonants, we drop the ending of the third person singular (see p. 121), and add the particle **-ij (-yj)** to the stem.

Form of the 3rd person singular	Drop	Add	Form of the 2nd person singular of the imperative mood
zamknie zdejmie	} -ie		zamknij zdejmij
wyśle	-e	-ij	wyślij
śpi zapomni	} -i		śpij zapomnij
obejrzy	-y	-yj	obejrzyj

There are a few exceptions to the above rule (the so-called verbs without an ending in the second person singular of the imperative mood, see p. 121) i.e. **weź** *take*, **kończ** *finish*, **patrz** *look*, **załatw** *see to*, **troszcz się** *look after*, **tańcz** *dance* as well as verbs formed from **iść**, i.e. **wyjść — wyjdź** *go out*, **przyjść — przyjdź** *come*. The verb **spojrzeć** *to look* has two forms: **spójrz** (more frequent) and **spojrzyj**.

The imperative forms of the 1st and 2nd person plural have the endings **-my** and **-cie** respectively (according to the principle given on p. 122):

zamknij	— zamknijmy	— zamknijcie
śpij	— śpijmy	— śpijcie
obejrzyj	— obejrzyjmy	— obejrzyjcie

USE OF WORDS IN PHRASES

1. The verb **woleć** *to prefer* takes one of the following constructions:
a) the infinitive of the verb, the accusative of the noun or either of these forms with the conjunction **niż**, e.g.:

Wolę **iść**.	I prefer to walk.
Wolę **iść** n i ż **jechać**.	I prefer walking to going by car (bus, train etc.).
Wolę **lato**.	I prefer the summer.
Wolę **lato** n i ż **zimę**.	I prefer summer to winter.

b) the accusative and the construction **od** with the genitive:

Wolę o d s z k o ł y (gen.) **moją lalkę.**
(acc.).

I prefer my doll to school.

Wolę **kawę** (acc.) o d h e r b a t y
(gen.).

I prefer coffee to tea.

2. The verbs: **gniewać się** *to be angry,* **obrażać się** *to take offence,* and some similar in meaning take the construction **na** followed by the accusative:

Mamo, dlaczego *się* **na mnie** *gniewasz?*

Mummy, why are you angry with me?

Gniewasz się **na Kasię?**

Are you angry with Kasia?

Dlaczego *się* pani **na tego pana** *obraża?*

Why do you take offence at (what) this gentleman (is saying) (,madam)?

The same construction is also taken by the following verbs: **liczyć (na kogoś, coś)** *to count* (*on somebody* or *something*), **odpowiedzieć (na coś)** *to reply* (*to something*), e.g.:

Liczę **na pomoc** Adama.

I count on Adam's help.

Tereniu, nie mogę jednocześnie **na wszystko** *odpowiedzieć.*

Terenia, I can't reply to everything at once.

The expression **mieć ochotę** *to fancy* (*something*), *to feel like* (cf. the French *avoir envie*) also takes this construction (i.e. **na** followed by the accusative) e.g.:

Mam ochotę **na ciastka.**

I fancy a cake.

Mam ochotę **na lody.**

I fancy an ice-cream.

When the object of one's fancy is an action, the following constructions may be used:

a) **na** followed by the accusative, e.g.:

Mam ochotę **na spacer.**

I feel like walking.

Nie mam ochoty **na spacer.**

I don't feel like a walk.

b) an infinitive of the verb, e.g.:

Mam ochotę **przeczytać** gazetę.

I feel like reading a newspaper.

Mam ochotę **pracować.**

I feel like doing some work.

c) **do** followed by the genitive, e.g.:

Mam ochotę **do pracy.**	I feel like working.
Nie mam ochoty **do rozmowy.**	I don't feel like talking.

3. a) The verbs **smakować** *to taste, to relish* and **wierzyć** *to believe* are used with the dative:

Kasi *nie smakuje* śniadanie.	Kasia does not relish (her) breakfast.
Nie wierzę **mężczyznom.**	I don't believe men.

b) The verb **ustępować (ustąpić)** *to yield, give way* takes the dative (of the person yielded to) and the genitive (of the object yielded):

Ustąp **tej pani** m i e j s c a.	Give up (your) place to this lady.

4. The verb **dowiadywać się (dowiedzieć się)** *to get to know, to find out, to learn* takes the genitive (of the object) and the construction **od** followed by another genitive (of the person):

Teresa *dowie się* **wszystkiego** o d H a n k i.	Teresa will find out everything from Hanka.

5. The verb **uważać** *to consider* takes the construction **za** followed by an accusative (to express an object complement).

Uważam **cię za przyjaciela.**	I consider you (my) friend.
Pan mnie *uważa* **za zabytek?**	Do you take me for a historical monument?

6. The verb **kierować się** *to be governed* or *guided by, to go by* takes the instrumental:

Ale nie *kierujesz się* chyba tylko **rozsądkiem?**	But surely you are not governed by common sense only?

7. The verb **zaczynać (zacząć)** *to begin, to start* takes the construction **od** followed by the genitive:

Zacznij **od początku.**	Begin from the beginning.

8. The words **podobny** *similar, like* and **przywiązany** *attached* take the construction **do** followed by the genitive:

Do czego to *podobne*, żeby się tak sprzeczać.	What are things coming to (*literally:* what does this resemble, (fancy) quarrelling like that.
Syn jest *podobny* **do ojca.**	The son resembles (his) father.
On jest **do mnie** bardzo *przywiązany.*	He is very much attached to me.

FORMS OF PERSONAL PRONOUNS IN CONJUNCTION WITH PREPOSITIONS

Dziś jest *dla* **ciebie** ważny dzień.

Today is an important day for you.

Jestem *do* **niego** bardzo przywiązana.

I am very much attached to him. (woman speaking).

Czy mama nie ma nic *przeciwko* **niemu**?

Has your mother got nothing against him?

Czekam *na* **ciebie** (*na* **nią**, *na* **nich**).

I am waiting for you (for her, for them).

Mogę *na* **niego** liczyć.

I can count on him.

N o t e : The preposition **przeciwko** *against* takes the dative:

występować *przeciwko* **mnie, tobie, niej, niemu, nim**

to come out (to take sides) against me, you, her, him, them

When preceded by a preposition, the personal pronouns **ty, ona, on ono, oni** have a different form in the genitive, dative and accusative from the one we have met with so far. The pronoun **ja** has a different form in the dative only. The pronouns **my** and **wy** have the same forms.

Nominative	Genitive		Dative		Accusative	
	a.	b.	a.	b.	a.	b.
ja	mnie	mnie	mi	mnie	mnie	mnie
ty	cię	ciebie	ci	tobie	cię	ciebie
ona	jej	niej	jej	niej	ją	nią
on	go	niego	mu	niemu	go	niego
ono	go	niego	mu	niemu	je	nie
my	nas	nas	nam	nam	nas	nas
wy	was	was	wam	wam	was	was
oni	ich	nich	im	nim	ich	nich
one	ich	nich	im	nim	je	nie

a) without preposition

b) with preposition

drugie śniadanie	*elevenses*
przechodzić do przodu	*to move to the front, along* (in a bus etc.)
mieć (coś) przeciwko (komuś, czemuś)	*to have something against (somebody, something)*
Do czego to podobne!	*What are things coming to* (literally: *what does this resemble*).
co (jest) z kim, czym	*what is happening to somebody, something*

EXERCISES

I. Use the noun which is the subject of the sentence in the vocative form, and the verb in the imperative mood (e.g.: *Kasia obejrzy film. Kasiu, obejrzyj film*).

1. Kasia już śpi. 2. Kasia zacznie zaraz porządnie jeść. 3. Mama zamknie okno. 4. Ewa obejrzy film. 5. Chłopiec zapnie tornister. 6. Ewa nie zapomni odwiedzić chorego. 7. Marek wyjmie papierosy z pudełka. 8. Kasia zdejmie buty.

II. Use the nouns and personal pronouns given in brackets in the correct form and with the correct preposition.

1. Córeczka jest podobna (ojciec). 2. Czy Włodek jest podobny (ona)? 3. Zbyszek jest moim przyjacielem; mogę (on) zawsze liczyć. 4. Czekam (Ewa) już pół godziny. 5. Ja też czekam (ona). 6. Jesteś (ona) bardzo przywiązany. 7. (Ona) nie smakuje śniadanie. 8. (Dziecko) smakują banany. 9. Proszę ustąpić (ono) miejsca. 10. To są bardzo ładne zabawki. Obejrzyj (one)! 11. Może te panie znają drogę? Zapytaj (one)! 12. — Gdzie jest Adam? — Nie wiem, nie chcę (on) widzieć. — Gniewasz się (on)? 13. Dlaczego obrażacie (ona)? 14. My (ona) wcale nie obrażamy. 15. Wolę kawę (lody).

LEKCJA 21	LESSON 21
1. Mama rozmawia z dozorcą	**1. Mother has a talk with the caretaker**
Mama: Ale z pana ranny ptaszek! O której pan wstaje?	Aren't you an early bird! What time do you get up?
Dozorca: Dobry dozorca musi wstawać bardzo wcześnie. Ja wiosną,	A good caretaker has to get up very early. I start work at five a.m.

latem i jesienią zaczynam pracę o piątej rano, a w zimie o szóstej.

Mama: W nocy też pan chyba często wstaje?

Dozorca: Nie, proszę pani, w naszym domu lokatorzy otwierają bramę własnymi kluczami, a goście rzadko przychodzą po północy.

Mama: Chyba w ogóle nie ma pan kłopotów z lokatorami, prawda[1]?

Dozorca: Na ogół nie mogę narzekać. Lokatorzy są tu bardzo uprzejmi. Czasem mam trochę kłopotu z dziećmi, ale i z nimi można dojść do porozumienia.

Mama: Bardzo mi się to podoba. Ciekawa jestem, jak pan to robi?

Dozorca: Dzieci, proszę pani, potrafią uszanować to, co zrobią własnymi rękami. Codziennie im mówię: na podwórku wszyscy jesteśmy gospodarzami. I muszę pani powiedzieć, że czasem wolę mieć do czynienia z dziećmi niż z dorosłymi ludźmi.

Mama: Nie znam jeszcze wszystkich lokatorów, ale moi sąsiedzi są bardzo sympatyczni.

Dozorca: Zna pani pana Rudowskiego[2] z trzeciego piętra?

Mama: Nie, a dlaczego pan pyta?

in spring, summer and autumn, and at six in winter.

I suppose you often get up in the night, too?

No, madam, in our block the tenants open the gate with their own keys and visitors rarely come after midnight.

I suppose you don't generally have any trouble with the tenants, do you?

On the whole I cannot complain. The tenants are very polite here. Sometimes I have a little trouble with the children, but one can come to terms even with them.

I like that very much. I wonder how you do it?

Children, madam, know how to respect what they make with their own hands. I tell them every day: in the courtyard we are all in charge (*literally*: hosts). And I must tell you that sometimes I would rather have to do with children than with grown-ups.

I don't know all the tenants yet, but my neighbours are very nice.

(Do) you know Mr Rudowski from the third floor?

No, why do you ask?

---

[1] Cf. Lesson 18, note 5.
[2] Polish family names ending in **-ski** and **-cki** (feminine **-ska** and **-cka**) e.g. **Zalewski, Bogucki** are, grammatically speaking, not nouns but adjectives and are declined like adjectives. In the plural they take the adjectival masculine-personal ending (i.e. **Zalewscy, Boguccy**). Other names (except those rare names ending in **-y**) take the ending **-owie** in the plural e.g.: **Bielakowie.**

Dozorca: To też bardzo miły człowiek. Zawsze jest uśmiechnięty. Kiedy wraca po południu z pracy, zawsze opowiada mi coś wesołego.

Mama: Czym jest ten pan?

Dozorca: Pan Rudowski jest kasjerem w banku, a jego żona jest kasjerką, ale w kinie.

Mama: Oboje[3] są kasjerami?

Dozorca: Tak, a państwo Zalewscy[2] na przykład są oboje[3] lekarzami. On jest chirurgiem, a ona dentystką. A pani córka — przepraszam, że tak pytam — też wychodzi za mąż za lekarza?

Mama: Nie, narzeczony mojej córki jest inżynierem.

Dozorca: Czy państwo młodzi zamieszkają w tym domu?

Mama: Oczywiście.

Dozorca: Bardzo mnie to cieszy.

He is another very nice man. He is always smiling. When he returns from work in the afternoon, he always tells me something funny.

What does he do (*literally*: what is that gentleman)?

Mr Rudowski is a cashier in a bank, and his wife is also a cashier, but in a cinema.

They are both cashiers?

Yes, and Mr and Mrs Zalewski, for example, are both doctors. He is a surgeon, and she a dentist. And your daughter — excuse my asking — is she also marrying a doctor?

No, my daughter's fiancé is an engineer.

Will the young couple come to live in this house?

Of course.

I am very glad of it.

2. Agata rozwiązuje krzyżówkę

2. Agata solves a crossword puzzle

Agata: Halo, mówi Agata. Dzień dobry, Ewuniu. Nie mogę się do was dodzwonić. Co się z wami dzieje?

Hallo, (this is) Agata (speaking). Good morning, Ewunia, I couldn't get through to you. What is going on (with you)?

Ewa: Jesteśmy w domu. Chyba nakręcasz zły numer.

We are at home. You must have been dialling a wrong number.

Agata: Albo mój telefon jest zepsuty. Wiesz może, kto jest odkrywcą witamin?

Or else my telephone is out of order. Do you happen to know who the discoverer of vitamins was?

---

[3] The form **oboje** is only used when speaking of a man and a woman, never of two persons of the same sex.

Ewa: Wiem. Polski lekarz, Kazimierz Funk. Ale co ty robisz, Agatkę? Przygotowujesz się do lekcji?

I do. A Polish doctor, Kazimierz Funk. But what are you doing, Agatka? Are you preparing a lesson?

Agata: Nie, rozwiązuję krzyżówkę, a Marka nie ma w domu. Powiedz mi jeszcze, co jest zimne i w zimie, i w lecie?

No. I am solving a crossword puzzle, and Marek is not in. Tell me also what is cold in winter and in summer?

Ewa: Chyba lody.

Ice-cream, I suppose.

Agata: Wspaniale! To jeszcze jedno: wchodzisz na nie schodami albo wjeżdżasz windą.

Wonderful! Just one more (thing): you climb up to it by a staircase or get to it by lift.

Ewa: Piętro.

A storey.

Agata: Bardzo dobrze. Czuję, że z twoją pomocą rozwiążę tę krzyżówkę. Słuchaj dalej: płacisz nimi...

Very good. I feel that with your assistance I'll solve this crossword puzzle. Go on listening: you pay with them...

Ewa: Na ogół trzeba płacić pieniędzmi.

Generally speaking one has to pay with money.

Agata: Pieniądze nie pasują. Druga litera jest „a".

"Money" does not fit in. The second letter is an 'a'.

Ewa: Można też płacić banknotami.

One can also pay with banknotes.

Agata: Tak, zgadza się. Jeszcze jedno pytanie: świecą nad nami wieczorem.

Yes, (that) fits in. One more question: they shine above us in the evening.

Ewa: Agatko! Chyba ty wcale nie myślisz! To przecież gwiazdy!

Agatka! You don't think at all, do you? Why, it is the stars!

Agata: Niestety! Nie zgadza się. Trzecia litera jest „m". O, już wiem, to lampy.

Unfortunately, that does not fit in. The third letter is an 'm'. Oh, I know, it is lamps.

Ewa: Czy to już wszystkie pytania?

Are these all the questions?

Agata: Tak, wszystkie, bardzo ci dziękuję.

Yes, (that's) all, thank you very much.

Ewa: A teraz ja mam pytanie.

And now I have a question.

Agata: Słucham.

Ewa: Czy pamiętasz, że jutro będziecie świadkami na naszym ślubie?

Agata: To jutro, a nie pojutrze?

Ewa: Agatko, nie żartuj, ślub jest o pierwszej.

Agata: Dobrze, dobrze, kochanie! Spotkamy się jutro z wami punktualnie o dwunastej w południe.

Go on.

Do you remember that to-morrow you will (both) be witnesses at our wedding?

It is to-morrow, not the day after to-morrow?

Agatka, stop joking, the wedding is at one.

All right, all right, darling! We'll meet you to-morrow punctually at twelve noon.

Zobaczymy się znów na wiosnę

COMMENTS ON LESSON 21

Pattern 34

> Wszyscy *jesteśmy* **gospodarzami**
> We all are in charge (hosts)

Pan Rudowski *jest* **kasjerem** w banku.
Jego żona *jest* **kasjerką** w kinie.
Oboje *są* **kasjerami**.
Państwo Zalewscy *są* oboje **lekarzami**.
On *jest* **chirurgiem**, a ona **dentystką**.
Narzeczony mojej córki *jest* **inżynierem**.
Wiesz może, kto *jest* **odkrywcą** witamin?

Jutro *będziecie* **świadkami** na naszym ślubie.
On *jest* **Polakiem**, a ona **Angielką**.

Q u e s t i o n s: **Kim (czym) jest ten pan?**   Who is this man?
                                                      What is this man's occupation?
                 Kim (czym) jesteś?   Who are you?
                                                      What is your occupation?

N o t e: The word **czym** is used in asking about someone's profession or work (in colloquial speech the word **kim** is often used instead).

In sentences conforming to Pattern 34 we have a noun in the instrumental case (functioning as a complement of the verb) preceded and governed by a form of the verb **być**.

When qualifying this noun, adjectives and words declined like adjectives also take the instrumental case, e.g.:

Mój sąsiad *jest* **lekarzem**.   My neighbour is a doctor.
Mój sąsiad *jest* **dobrym lekarzem**,   My neighbour is a good doctor.

C o m p a r e the following sentences and note the difference between the adjective forms.

Moi sąsiedzi *są* **sympatyczni**.   My neighbours are pleasant.
Q u e s t i o n: What are my neighbours
              like?

Moi sąsiedzi *są* **sympatycznymi ludźmi**. My neighbours are pleasant people.
Q u e s t i o n: Who are my neighbours?

Sentences conforming to Pattern 34 are synonymous with those conforming to Pattern 1. Attention should be paid to the difference in the noun forms.

C o m p a r e:

Warszawa to **stolica** Polski.
Warszawa *jest* **stolicą** Polski.   } Warsaw is Poland's capital

Kasia to **dziecko**.
Kasia *jest* **dzieckiem**.   } Kasia is a child.

Pan Rudowski to **kasjer**.
Pan Rudowski *jest* **kasjerem**.   } Mr Rudowski is a cashier.

N o t e s:
1. The first sentence in each of the above pairs cannot have a personal pronoun for its subject, thus we say:

                Ewa to **lekarz**.
                Ewa *jest* **lekarzem**.   } Ewa is a doctor.

199

but we can only say:

O n a *jest* **lekarzem**. She is a doctor.

n e v e r:

Ona to lekarz.

2. In colloquial speech, when ascribing a certain quality to people, we may use the nominative, e.g.:

Jesteś **leń**. You are a lazybones.

Jesteś **pedant**. You are a stickler for details.

The forms of the instrumental singular and plural have been dealt with on pp. 140, 142. There exists a small number of nouns which form the instrumental plural with the help of the ending **-mi**, and not **-ami** (they are, consequently, exceptions to the rule given on p. 142), Here are the most frequently used of these nouns:

Dictionary form	Nominative plural	Instrumental plural
brat	bracia	braćmi
człowiek	ludzie	ludźmi
gość	goście	gośćmi
koń	konie	końmi
liść	liście	liśćmi
pieniądz	pieniądze	pieniędzmi
przyjaciel	przyjaciele	przyjaciółmi
dziecko	dzieci	dziećmi
dłoń	dłonie	dłońmi
kość	kości	kośćmi
nić	nici	nićmi

TERMS DENOTING TIME

PORY DNIA	TIMES OF DAY	KIEDY?	WHEN?
ranek	morning	rano, z rana	in the morning
przedpołudnie	forenoon	przed południem	before noon
południe	noon	w południe	at noon
popołudnie	afternoon	po południu	in the afternoon
wieczór	evening	wieczorem	in the evening
północ	midnight	o północy	at midnight
dzień	day	w dzień	during the day
noc	night	w nocy, nocą	at night

Z rana wszyscy idą do pracy. — In the morning everybody goes to work.

W południe jemy obiad. — At noon we have lunch.

Po południu pójdziemy na spacer. — In the afternoon we'll go for a walk.

W nocy też pan chyba często wstaje? — Surely you often get up in the night, as well?

The above phrases denoting time are also used together with expressions of clock time.

Która godzina?	**O której godzinie?**
What time?	*At what time?*

(godzina) dziesiąta rano	O (godzinie) dziesiątej rano
10 a.m.	At 10 a.m.
(godzina) dwunasta w południe	O (godzinie) dwunastej w południe
12 noon	At twelve noon.
(godzina) druga po południu	O (godzinie) drugiej po południu
2 p.m.	At 2 p.m.
(godzina) siódma wieczorem	O (godzinie) siódmej wieczorem
7 p.m.	At 7 p.m.
(godzina) pierwsza w nocy	O (godzinie) pierwszej w nocy
1 a.m.	At 1 a.m.

PORY ROKU	THE SEASONS	KIEDY?	WHEN?
wiosna	spring	**wiosną, na wiosnę**	in (the) spring
lato	summer	**latem, w lecie**	in (the) summer
jesień	autumn	**jesienią, na jesieni**	in (the) autumn
zima	winter	**zimą, w zimie**	in (the) winter

Ja **wiosną, latem** i **jesienią** zaczynam pracę o piątej rano, a **w zimie** o szóstej.
Powiedz mi, co jest zimne i **w zimie**, i **w lecie**.

USE OF WORDS IN PHRASES

1. The expressions: **mieć do czynienia** *to have to do* and **mieć kłopot (kłopoty)** *to have trouble (difficulties)* take the preposition **z**, followed by the instrumental:

Chyba w ogóle *nie ma* pan *kłopotu* **z lokatorami?**
Czasem *mam trochę kłopotu* **z dziećmi.**
Czasem wolę *mieć do czynienia* **z dziećmi** niż **z dorosłymi.**

2. The verb **podobać się** *to please*, when governing an indirect object takes the dative of the person pleased.

Bardzo **mi** *się* to *podoba*.	I like that very much (*literally*: It pleases me very much).
Czy **pani** *podobają się* te korale?	Do you like these beads? (*literally*: Do these beads please you?)

3. The verb **dodzwonić się** *to get through to someone* (*on the telephone*) i. e. *to ring up until an answer is obtained* takes the preposition **do**, followed by the genitive:

Nie mogę *się* **do was** *dodzwonić.*
Nie wiem, czy *się* **do niego** *dodzwonię.*

I can't get through to you.
I don't know whether I shall manage to get him on the telephone.

IDIOMS AND EXPRESSIONS

mieć kłopot (kłopoty) z kim, z czym	*to have trouble* (*difficulties*) *with someone, something*
dojść do porozumienia z kimś	*to come to an understanding with someone*
mieć do czynienia z kim, z czym	*to have to do with someone, with something*
wychodzić (wyjść) za mąż za kogoś	*to marry someone* (*speaking of a woman*)
państwo młodzi	*the young married couple*
Bardzo mnie to cieszy.	*I am very glad of that.*
co się dzieje z kim, z czym	*what is happening to someone, to something*
nakręcać numer (telefonu)	*to dial a* (*telephone*) *number*
na ogół	*generally* (*speaking*)

EXERCISES

I. **Transform the following sentences in accordance with Pattern 34, answering the question:** *Kim* (*czym*) *kto jest*?

1. Pan Marek to dziennikarz. 2. Pan Zalewski to chirurg. 3. Marta to dentystka. 4. Bogna Sokorska to znana śpiewaczka. 5. Adam Hanuszkiewicz to znany artysta i reżyser. 6. Ewa i Adam to małżeństwo. 7. Moi sąsiedzi to sympatyczni ludzie. 8. Państwo Godlewscy to nasi goście. 9. Marek i Ludwik to bracia. 10. Bogdan i Staszek to starzy przyjaciele. 11. Sokołowscy to słynni w całym mieście lekarze. 12. Kasia i Mirek to małe dzieci. 13. Paryż to stolica Francji.

II. **Answer the following questions:**

1. Kiedy dzieci idą do szkoły? (ranek i południe). 2. Kiedy Ewa wraca z pracy? (wieczór). 3. Kiedy państwo kładą się spać? (północ). 4. Kiedy pójdziesz na spacer? (wieczór). 5. Kiedy Kasia ma wakacje? (lato). 6. Kiedy wyjedziemy na urlop? (zima). 7. O której godzinie skończysz dyżur? (trzecia, popołudnie). 8. O której godzinie jedzą państwo kolację? (ósma, wieczór). 9. O której godzinie przylatuje samolot z Moskwy? (dwunasta, noc).

III. **Complete the following sentences, using the words given in brackets in the correct form:**

1. Mamy dużo kłopotu (dzieci). 2. Nie chcę wyjść za mąż ani (lekarz), ani (naukowiec), ani (artysta), ani (wojskowy). 3. Mam (ty i on) dużo kłopotów. 4. Ewa nie może dojść do porozumienia (własny mąż). 5. (Kto) tak długo dzwonisz? — (Państwo Zalewscy). Nie mogę się (oni) dodzwonić. 6. (Dziewczyna) podoba się ten chłopiec.

LEKCJA 22

1. Kasia jest chora

Kasia: Mamusiu, tak mi się nie chce leżeć w łóżku!

Mama Kasi: Trzeba leżeć, córeczko. Byłaś niegrzeczna, chodziłaś bez płaszcza i teraz jesteś chora. A tak cię prosiłam, wołałam: Kasiu, wróć do domu!

Kasia: Przecież wczoraj było ciepło, mamo!

Mama Kasi: Było ciepło, ale padał deszcz, a ty mnie nie słuchałaś i mokłaś na deszczu.

Kasia: Już teraz będę grzeczna, ale opowiedz mi bajkę.

2. Mama opowiada Kasi bajkę

Mama Kasi: Był raz dobry i mądry król. Mieszkał ze swoją żoną i swoją małą córeczką w wielkim zamku.

Kasia: Kiedy to było?

Mama Kasi: Bardzo, bardzo dawno.· Król bardzo kochał swoją żonę i małą królewnę.

Kasia: A kim była jego żona?

Mama Kasi: Jego żona była królową. Kiedyś mała królewna bawiła się w ogrodzie ze swoim psem. Widziała to zła czarownica. Czarow-

---

LESSON 22

1. Kasia is ill

Mummy, I don't feel in the least like lying in bed!

You must (lie), my darling (daughter). You have been naughty, you went (out) without your overcoat, and now you are ill. And I begged you so much and called: Kasia, come back home!

But it was warm yesterday, Mummy.

It was warm, but it was raining, and you did not obey me and got wet in the rain.

I will be good now, but tell me a fairy-tale.

2. Mother tells Kasia a fairy-tale

Once upon a time there was a good and wise king. He lived in a big castle with his wife and his little daughter.

When was that?

A very, very long time ago. The king loved his wife and the little princess very much.

And who was his wife?

His wife was the queen. Once the little princess was playing with her dog in the garden. A wicked witch saw this. The witch did not like nica nie lubiła króla i królowej. Chciała porwać ich córeczkę. Skradała się cicho w jej stronę...

Kasia: I co dalej, mamo?

Mama Kasi: Królewna nie widziała czarownicy, ale widział ją pies. No i wyobraź sobie: czarownica podchodzi[1], wyciąga[1] swoją chudą rękę z długimi paznokciami, a pies...

Kasia: A pies skacze[1], szczeka[1] i gryzie[1]!

Mama Kasi: No właśnie! Czarownica ucieka i wszystko dobrze się kończy. Podobała ci się bajka?

Kasia: Tak, ale królewna pewnie się bała i płakała?

Mama Kasi: Nie, królewna była dzielną dziewczynką. Potem chwaliła swojego psa. Zresztą ty wiesz, że czarownice są tylko w bajkach.

3. Adam opowiada swojej teściowej niemiłą przygodę

Adam: Nie widziała mama moich kluczy?

Mama: Nie widziałam. Mam klucze, ale swoje. Może twoje ma Ewa.

Adam: Chyba nie. Ona zawsze bierze tylko swoje klucze. Łatwo je odróżnić od moich, bo jej klucze są w skórzanym woreczku, a moje na metalowym kółku.

the king or the queen. She wanted to kidnap their little daughter. She stole up quietly in her direction.

And what (happened) then, Mummy?

The princess did not see the witch, but the dog did. Well now, you imagine: the witch approached, stretched out her lean hand with (its) long finger-nails, and the dog...

And the dog jumped, barked and bit!

Well, yes, exactly! The witch ran away and everything ended well. Did you like the fairy-tale?

Yes, but the princess was surely frightened and cried?

No, the princess was a brave little girl. Afterwards she praised her dog. Besides, you know that it is only in fairy tales that there are witches.

3. Adam tells his mother-in-law of an unpleasant experience

You haven't seen my keys, have you, Mother?

No, I haven't. I have some keys, but my own. Perhaps Ewa has yours.

I don't think so. She always takes her own keys only. It is easy to distinguish them from mine, because her keys are in a leather pouch, and mine on a metal ring.

---

[1] The historic present used for greater vividness.

Mama: Wychodzisz gdzieś?

Adam: Nie, tylko lubię porządek i nie chcę szukać kluczy jutro rano.

Mama: A nie kładłeś ich przypadkiem na półce?

Adam: Rzeczywiście, są! Nie pamiętałem o tym. Zawsze wolę sprawdzić zawczasu. Kiedyś miałem z powodu kluczy niemiłą przygodę.

Mama: Co to takiego było?

Adam: Byłem wtedy małym chłopcem i chodziłem do szkoły. Ojciec kazał mi zabrać klucze od mieszkania, bo wyjeżdżał a mamy też nie było w domu. No i proszę sobie wyobrazić, przychodzę do domu, a moich kluczy ani śladu. Szukałem ich chyba dwie godziny, ale na próżno. Wracałem dwa razy do szkoły, szukałem w ławkach, na korytarzu, prosiłem woźnego o pomoc. Potem do późnej nocy siedziałem na schodach i czekałem na mamę.

Mama: To rzeczywiście niemiła przygoda. A mama pewnie krzyczała na ciebie?

Adam: Nie. Miała przecież swoje klucze. Pocałowała mnie i kazała iść spać.

Mama: No, ale co było z twoimi kluczami?

Adam: Po prostu leżały w teczce, a ja ich źle szukałem.

Are you going out somewhere?

No, only I like order and I don't want to look for my keys to-morrow morning.

You didn't put them on the shelf by any chance, did you?

Oh, yes! (There) they are! I didn't remember (that). I always prefer to check (things) in good time. Once I had an unpleasant experience because of some keys.

What was that?

I was a little boy then and still at school. Father told me to take the keys of the flat, because he was going away, and mother was not at home either. Well, just imagine, I came home, and there was no trace of my keys. I suppose I must have looked for them for two hours, but in vain. I returned to school twice, I looked on the benches, in the corridor, I asked the caretaker to help me. Then, until late at night I sat on the stairs and waited for mother.

That (was) really an unpleasant experience. And (your) mother probably shouted at you?

No. After all, she had her own keys. She kissed me and told me to go to bed.

Well, but what had happened to your keys?

They were simply lying in my school-bag, and I hadn't been looking for them properly.

4. Parasolka Agaty

Mama: Adasiu, niedawno była tu pani Agata z mężem. Pan Marek mówił, że widział cię na ulicy, ale ty go nie widziałeś i nie słyszałeś, że cię woła.

Adam: Kiedy to było?

Mama: Mniej więcej o czwartej po południu.

Adam: Bardzo możliwe. Śpieszyłem się wtedy do fryzjera. Czy Agata nie wspominała nic o swojej parasolce? Pożyczyłem wczoraj od niej parasolkę i chciałem dziś oddać.

Mama: Nie, nic nie mówiła. A gdzież ta jej parasolka?

Adam: Stała w przedpokoju. Nie ma jej tam?

Mama: Czekaj, jest jakaś parasolka, ale nie ma mojej!

Adam: Oczywiście! Kiedy Agata zabierała parasolkę, myślała że zabiera swoją, a to była parasolka mamy, bardzo podobna do jej parasolki.

Mama: No i co teraz będzie?

Adam: Pójdę do Marka i Agaty i zamienię parasolki.

Mama: Są tu jeszcze ich książki. Pani Agata mówiła, że chce[2] je zabrać.

4. Agata's umbrella

Adaś, Agata was here not long ago with her husband. Marek told me he had seen you in the street, but you did not see him and did not hear him call you.
When was that?
Approximately at four p.m.

Quite possible. I was hurrying to the barber's then. Didn't Agata mention her umbrella at all? I borrowed her umbrella yesterday and I wanted to give it back today.

No, she did not say anything. But where is that umbrella of hers?

It was standing in the hall. Isn't it there?

Wait (a moment), there is an umbrella here, but mine (on the other hand) is not.

Of course! When Agata took the umbrella, she thought she was taking hers, whereas it was your umbrella, mother, (which is) very much like hers.

Well, and what'll (happen) now?

I'll go to Marek and Agata and exchange the umbrellas.

There are some books of theirs here, too. Agata said she wanted to take them away.

---

[2] Note the difference between Polish and English in the tense of the verb. In English the verb in the subordinate clause would agree with the main verb (Agata *said* she **wanted** to take them away), whereas in Polish it remains in the tense of the original statement (Agata *said* she **wants** to take them away, i.e. what she actually said was: I want to take them away).

Adam: Dobrze. Proszę mi dać te książki.

All right. Give me the books, please.

Mama: Miła ta pani Agata, ale roztargniona. Jakże tak można nie pamiętać o swoich rzeczach?...

(She is) nice, that Agata, but absent-minded. How on earth can one fail to remember about one's own things like that?

Czy bardzo zmarzłeś?

COMMENTS ON LESSON 22

FORMATION OF THE SINGULAR FORMS OF THE PAST TENSE

Byłaś niegrzeczna, **chodziłaś** bez płaszcza i teraz jesteś chora.

You were naughty, you went without your overcoat, and now you are ill.

A tak cię **prosiłam, wołałam**...

And I begged you so much, and called...

Królewna **nie widziała** czarownicy, ale **widział** ją pies.

The princess did not see the witch, but the dog did.

Było ciepło, ale **padał** deszcz, a ty mnie **nie słuchałaś i zmokłaś** na deszczu.

It was warm, but it was raining, and you did not obey me and got wet in the rain.

Król bardzo **kochał** swoją żonę.

The king loved his wife very much.

Nie pamiętałem o tym.

I did not remember that.

Kiedyś **miałem** z powodu kluczy niemiłą przygodę.

Once I had an unpleasant experience because of some keys.

The past tense is formed by dropping -ć from the dictionary form (the infinitive) and adding -ł- together with the appropriate ending.

In the singular the past tense has three forms, each with a different ending.

1. Masculine forms (used when the subject is a noun of the masculine gender or else — in the absence of a subject — when the doer of the action is a male person);

2. Feminine forms (used when the subject is a noun of the feminine gender or else — in the absence of a subject — when the doer of the action is a female person);

3. Neuter forms (used when the subject is a noun of the neuter gender, as well as in impersonal sentences).

Dictionary form (infinitive)	Person	Masculine	Feminine	Neuter
być	1	byłem	byłam	—
	2	byłeś	byłaś	—
	3	był	była	było
słuchać	1	słuchałem	słuchałam	—
	2	słuchałeś	słuchałaś	—
	3	słuchał	słuchała	słuchało
pracować	1	pracowałem	pracowałam	—
	2	pracowałeś	pracowałaś	—
	3	pracował	pracowała	pracowało
chodzić	1	chodziłem	chodziłam	—
	2	chodziłeś	chodziłaś	—
	3	chodził	chodziła	chodziło

In verbs which, in the infinitive, have -e- before the ending -ć, e.g.: **mieć, woleć, rozumieć, widzieć, wiedzieć**, etc., the e is replaced by **a** in the singular past tense.

mieć:	1. miałem	miałam	—
	2. miałeś	miałaś	—
	3. miał	miała	miało
rozumieć:	1. rozumiałem	rozumiałam	—
	2. rozumiałeś	rozumiałaś	—
	3. rozumiał	rozumiała	rozumiało
wiedzieć:	1. wiedziałem	wiedziałam	—
	1. wiedziałeś	wiedziałaś	—
	3. wiedział	wiedziała	wiedziało

In verbs which, in the infinitive, have -ą- before the ending -ć, e.g.: **wziąć, zdjąć, krzyknąć, minąć** etc. the ą is replaced by ę but only in the feminine and neuter forms.

wziąć:	1. wziąłem	wzięłam	—
	2. wziąłeś	wzięłaś	—
	3. wziął	wzięła	wzięło
minąć:	1. minąłem	minęłam	—
	2. minąłeś	minęłaś	—
	3. minął	minęła	minęło

N o t e: Some of the verbs ending in -nąć in the infinitive, e.g.: **moknąć, marznąć, zlęknąć się,** etc. drop the -ną- in the past tense.

moknąć:	1. mokłem	mokłam	—
	2. mokłeś	mokłaś	—
	3. mókł	mokła	mokło
marznąć:	1. marzłem	marzłam	—
	2. marzłeś	marzłaś	—
	3. marzł	marzła	marzło

Verbs which, in the infinitive, end in two consonants or in **c,** have the same consonant before the **ł** of the past tense which they have in the first person singular of the present (or simple future) tense. E.g.: **kłaść, upaść, gryźć, wieźć, nieść, móc, piec, strzyc.**

kłaść: (**kładę**):	1. kładłem	kładłam	—
	2. kładłeś	kładłaś	—
	3. kładł	kładła	kładło
móc (**mogę**):	1. mogłem	mogłam	—
	2. mogłeś	mogłaś	—
	3. mógł	mogła	mogło

N o t e: In the verbs **nieść** and **wieźć** there is vowel alternation between e:o:ó.

nieść:	1. niosłem	niosłam	—
	2. niosłeś	niosłaś	—
	3. niósł	niosła	niosło

Both perfective and imperfective verbs have the past tense forms. The past tense of the imperfective verb expresses the fact that an action was performed in the past and lasted a certain length of time. The past tense of the perfective verbs, on the other hand, stresses the fact that an action was completed in the past (see also p. 89).

C o m p a r e:

| **Wracałem** dwa razy do szkoły. | I returned to school twice. |
| **Wróciłem** do szkoły. | I returned to school. |

Agata **nie wspominała** nic o swojej parasolce.	Agata didn't say anything about her umbrella.
Agata **nie wspomniała** nawet o swojej parasolce.	Agata didn't even mention her umbrella.
Wczoraj **padał** deszcz.	It was raining yesterday.
Wczoraj **spadł** deszcz.	Some rain fell yesterday.
Kasia **mokła** na deszczu.	Kasia was getting wet in the rain.
Kasia **zmokła** na deszczu.	Kasia got wet through in the rain.

EXPRESSIONS OF BELONGING

Król mieszkał ze *swoją* żoną i małą córeczką w wielkim zamku.	The king lived in a big castle with his wife and little daughter.
Król bardzo kochał *swoją* żonę i małą królewnę.	The king loved his wife and the little princess very much.
Mała królewna bawiła się ze *swoim* **psem.**	The little princess was playing with her dog.
Królewna każdemu opowiadała *swoją* **przygodę** i bardzo chwaliła *swojego* **psa.**	The princess told everybody of her adventure and praised her dog very much.
Ona zawsze bierze tylko *swoje* **klucze.**	She always takes her own keys only.
Czy Agata nie wspominała nic *o swojej* **parasolce?**	Didn't Agata mention her umbrella at all?
Jakże tak można nie pamiętać *o swoich* **rzeczach?**	How can one fail to remember about one's own things like that?

In all the above sentences the fact of belonging is expressed by means of forms of the word **swój** which is declined in the same way as an adjective and corresponds to all the English possessive adjectives as well as to the possessive form one's own. Its function in these sentences is to qualify the object. In this position it cannot be replaced by the words **mój**, **twój** etc. Forms of **swój** always refer to the subject of the verb.

Compare:

To jest **moja** córka.	This is my daughter.
but:	
Kocham **swoją** córkę.	I love my daughter.
To jest **twój** syn.	This is your son.
but:	
Idziesz na spacer ze **swoim** synem.	You are going for a walk with your son.

The strict meaning of the word **swój** is **one's own**.

Compare the sentences below:

Król i królowa kochali **swoją** córkę.	The king and queen loved their (own) daughter.

(the daughter belongs to the king and queen)

but:

Czarownica chciała porwać **ich** córkę.	The witch wanted to kidnap their daughter.

(i.e. not her own daughter, but the king's and queen's)

Nie widziałam **swoich** kluczy.	I have not seen my keys.

(they belong to the speaker — i.e. mother)

Nie widziałam **twoich** kluczy.	I have not seen your keys.

(they do not belong to the speaker, but to Adam)

Może Ewa ma **twoje** klucze.	Perhaps Ewa has your keys.

(they do not belong to Ewa)

Ewa ma tylko **swoje** klucze, ona zawsze bierze tylko **swoje** klucze.	Ewa has only her own keys, she always takes her own keys only.

(they belong to Ewa)

On idzie na spacer ze **swoją** córką.	He goes for a walk with his own daughter.

(the daughter belongs to him)

On idzie na spacer z **jego** córką (np. z córką sąsiada).	He goes for a walk with his daughter (e.g. with the neighbour's daughter).

(the daughter does not belong to him, but to someone else, e.g. a neighbour)

Jakże tak można nie pamiętać o **swoich** rzeczach?	How can one fail to remember about one's things like that?

(the things belong to the person who does not remember about them)

Jakże tak można nie pamiętać o **moich** rzeczach (**jego** rzeczach, **naszych**, **ich** rzeczach)?	How can one fail to remember about my things (his things, our, their things) like that?

(the things do not belong to the person who does not remember about them, but to other persons, denoted by the possessive adjectives)

In the remaining cases the fact of belonging is expressed by means of words which were discussed on p. 112 (Lesson 12).

Compare:

Ewa bierze **swoje** klucze.	Ewa takes her (own) keys.
Jej klucze są w skórzanym woreczku.	Her keys are in a leather pouch.

Mam **swoje** klucze.	I have got my (own) keys.
Moje klucze łatwo odróżnić od jej kluczy.	My keys are easily distinguishable from hers (*literally*: from her keys).
Agata nie wspomniała nic o **swojej** parasolce.	Agata did not so much as mention her (own) umbrella.
Gdzież jest **jej** parasolka?	Where on earth is her umbrella?

USE OF VERBS

1. The verb **chcieć się** takes the dative of the person:

Mamusiu, tak **mi** *się nie chce* leżeć w łóżku!	Mummy, I don't in the least feel like lying in bed!
Kasi *chce się* pić.	Kasia is thirsty.

2. The verb **odróżniać (odróżnić)** takes the word **od** and the genitive:

Łatwo je *odróżnić* **od moich**.	They are easily distinguishable from mine.
Nie odróżnia fałszu **od prawdy**.	He does not distinguish falsehood from truth.

3. The verb **krzyczeć (krzyknąć)** takes the word **na** and the accusative:

A mama pewnie *krzyczała* **na ciebie**?	And (your) Mother probably shouted at you?
Nie krzycz **na swoje dzieci**!	Don't shout at your children!

4. The verb **pożyczać (pożyczyć)** takes the word **od** and the genitive (of nouns denoting persons):

Pożyczyłem wczoraj **od niej** parasolkę.	I borrowed an umbrella from her yesterday.
Marek *pożyczył* **od Adama** pieniędzy.	Marek borrowed (some) money from Adam.

IDIOMS AND EXPRESSIONS

leżeć w łóżku	*to stay* (literally: *lie*) *in bed*
jest (było) ciepło	*it is* (*was*) *warm*
z powodu (czego)	*because of* (*something*)
klucz od mieszkania	*the key of the flat*
wyjeżdżać służbowo	*to travel on official business*; *go on a business trip*
ani śladu (czego)	*not a trace* (*of something*)
do późnej nocy	*till late at night*
iść spać	*to go to bed*
i co teraz będzie	*what is going to happen now*; *what do we do now?*

EXERCISES

I. Put the following verbs into the past tense (1 st. pers. sing. masculine and feminine):
Dać, być, chodzić, słuchać, mieć, wiedzieć, rozumieć, marznąć, moknąć, kłaść, móc, wziąć, nieść, wracać, wrócić, minąć, pamiętać.

II. Write the following sentences in the past tense:
1. Jesteś niegrzeczna, chodzisz bez płaszcza. 2. Z rana jest ciepło. 3. Wieczorem pada deszcz. 4. Nie słuchasz mnie i mokniesz na deszczu. 5. Mama opowiada Kasi bajkę. 6. Król mieszka ze swoją żoną w wielkim zamku. 7. Król kocha swoją żonę. 8. Mała królewna bawi się w ogrodzie. 9. Widzi to zła czarownica. 10. Ona chce porwać ich córeczkę. 11. Kasi podoba się bajka. 12. Królewna chwali swego psa. 13. Adam szuka kluczy. 14. Chłopiec wraca ze szkoły późno. 15. Dlaczego prosisz woźnego o pomoc? 16. Siedzisz na schodach i czekasz na mnie? 17. Nie widzę dziś Marka.

III. In the sentences below put in the appropriate possessive adjective:
1. Adam bierze ... walizkę (the suitcase belongs to Adam). 2. Nie chowaj ... rzeczy (the speaker is Ewa, to whom the things belong). 3. Marek zostawił tu ... aparat (the camera belongs to Marek). 4. Agata zgubiła ... parasolkę (the umbrella belongs to me). 5. Królewna bawi się ze ... psem (the dog belongs to the princess). 6. Numerowy zapomniał odnieść ... walizki (the suitcase belongs to you). 7. Opowiedzcie nam o ... planach (i.e. the plans made by the people who are to tell us about them). 8. Napisz coś o ... córeczce (she is our little daughter). 9. Każdy weźmie ... plecak (each of us has his or her own rucksack). 10. Nie bierz... plecaka (that particular rucksack belongs to her). 11. Dziewczynka na pewno odda ci ... zabawkę (the toy belongs to you). 12. Państwo Bielakowie zostawią nam ... adres (i.e. Mr and Mrs Bielak's address).

LEKCJA 23   LESSON 23

1. Wizyta stryja Karola[1]   1. Uncle Karol's visit

Stryj: Nie jestem pewien, czy dobrze trafiłem. Czy tu mieszkają państwo Bielakowie?

I am not sure whether I have come to the right flat (*literally*: found my aim right). Do Mr and Mrs Bielak live here?

---
[1] Charles.

Mama: Owszem, mieszkają tu, ale nie ma ich w domu.

Stryj: A kiedy można ich zastać?

Mama: Prawdopodobnie będą o piątej. Przepraszam, a z kim mam przyjemność?

Stryj: Jestem stryjem Adama. Przyjechałem właśnie z Katowic.

Mama: Bardzo mi przyjemnie. Jestem teściową Adama. Proszę, niech pan wejdzie do ·mieszkania i poczeka na nich.

Stryj: Bardzo chętnie. Gdzie mogę położyć pakunki?

Mama: Proszę je zostawić w przedpokoju.

Stryj: Muszę pani powiedzieć, że z trudem trafiłem do tego mieszkania. Pytałem lokatorów na parterze, potem jakichś panów na schodach, żaden z nich nie wiedział gdzie mieszka Adam.

Mama: Nic dziwnego. Ja też często spotykam różnych sąsiadów, ale nie znam ich nazwisk.

Stryj: Znalazłem wreszcie dozorcę. Okazało się, że doskonale zna[2] państwa Bielaków i skierował mnie tutaj.

Mama: Adam na pewno bardzo się ucieszy, że pan przyjechał.

Yes, they do, but they are not at home.

And when can one find them at home?

They will probably be (home) at five. Excuse me, to whom have I the pleasure (of speaking)?

I am Adam's (paternal) uncle. I have just arrived from Katowice.

I am very glad (to meet you). I am Adam's mother-in law. Please come inside (the flat) and wait for them.

Very gladly. Where may I put (my) parcels?

Leave them in the hall, please.

I must tell you that it was with (some) difficulty that I found my way to this flat. I asked the tenants on the groundfloor, and then some gentlemen on the stairs. None of them knew where Adam lives.

I'm not surprised. I, too, frequently meet various neighbours, but I do not know their names.

Finally I found the caretaker. It turned out that he knew Mr and Mrs Bielak extremely well, and he directed me here.

Adam will certainly be very glad that you have come.

---

[2] Cf. Lesson 22, note 2.

2. Stryj Karol opowiada[3]

Ewa: Bardzo się cieszę, że pana poznałam. Dotychczas znałam pana tylko z opowiadań Adama.

Mama: Czy napije się pan jeszcze herbaty?

Stryj: Piłem już wprawdzie herbatę na dworcu i tu wypiłem dwie szklanki[4], ale chętnie wypiję jeszcze jedną.

Adam: Opowiadaj, stryjku, dalej.

Stryj: No więc, jak państwo wiedzą, jestem starym kolejarzem. Byłem nim już w roku tysiąc dziewięćset trzydziestym dziewiątym. Pracowałem na kolei również w czasie wojny. Widziałem różne wypadki kolejowe, ale takiego zdarzenia, jak w sierpniu tego roku, nigdy jeszcze nie miałem. Wracałem po południu do domu. W pewnej chwili spostrzegłem, że na torze kolejowym bawią się dwaj chłopcy. Patrzę[5] na nich i oczom nie wierzę. Chłopcy nie widzą ani nie słyszą, że prosto na nich pędzi pociąg! Jest tuż, tuż! Tylko cud ich może uratować — pomyślałem.

Ewa: No i co? Stał się cud?

2. Uncle Karol tells (a story)

I am very glad to have made your acquaintance. So far I have only known you from Adam's accounts.

Will you have some more tea?

To be sure, I already drank tea at the station and had two glasses there, but I'll be glad to have another one.

Go on with your story, Uncle.

Well now, as you know, I am an old railwayman. I was one as far back as the year nineteen hundred and thirty-nine. I also worked on the railways during the war. I have seen various kinds of railway accidents, but I've never had an experience like the one I had in August of this year. I was coming back home in the afternoon. At a certain moment I noticed that two boys were playing on the railway track. I looked at them and couldn't believe my eyes! The boys neither saw nor heard that a train was coming towards them at full speed! It was coming closer, closer... Only a miracle can save them — I thought (to myself).

Well, and what (happened)? Did a miracle happen?

---

[3] The verb **opowiadać** may be used without an object (complement).
[4] In Poland tea is frequently drunk from glasses.
[5] Cf Lesson 22, note 1.

Stryj: Nie, proszę pani, cudów nie ma. Skoczyłem na tory. Jednego chłopca pchnąłem w lewo, drugiego w prawo.

Mama: A pan?

Stryj: Nie pamiętam, co dalej było. Poczułem silne uderzenie i straciłem przytomność.

Mama: To straszne!

Stryj: Obudziłem się w szpitalu i od razu zapytałem o chłopców. Pielęgniarka powiedziała mi, że żyją i są zdrowi. Tego samego dnia złożył mi wizytę ojciec tych dzieci. Przyprowadził je do mnie. Ucieszyłem się, że widzę chłopców zdrowych i całych. A ich ojciec powtarzał co chwila: muszę ukarać swoich synów.

Mama: To rodziców trzeba karać, a nie dzieci!

Ewa: Pan jest bardzo odważnym człowiekiem.

Stryj: Proszę pani. Spełniłem tylko swój obowiązek. Ratowałem po prostu dzieci.

Mama: Najważniejsze jest to, że pan je uratował.

No, madam, miracles don't happen. I jumped onto the track. I pushed one boy to the left, the other to the right.

And (what about) you?

I don't remember what happened next. I felt a strong blow and lost consciousness.

How terrible!

I woke up in hospital, and at once asked about the boys. The nurse told me they were alive and well. The same day the father of those children paid me a visit. He brought them to me. I was glad to see the boys well and whole. And their father kept repeating (every moment): I must punish my sons.

It is the parents that should be punished, not the children!

You are a very brave man.

Well, madam. I only did my duty. I was simply (trying to) rescue those children.

The most important (thing) is that you did rescue them.

3. Hania przyjeżdża na studia do Warszawy

3. Hania comes to Warsaw to study

Hania: Ciociu kochana! Jak to dobrze, że cię zastałam w domu!

Mama: No, nareszcie przyjechałaś!

Auntie, dear! What a good thing I've found you at home!

Well, so you have arrived as last!

Hania: Przyjechałam w połowie ubiegłego tygodnia. Mieszkam teraz w domu akademickim.

Mama: Siadaj i opowiadaj, jak się urządziłaś.

Hania: Pierwszego dnia poznałam dwie bardzo miłe koleżanki. Mieszkam z nimi w jednym pokoju.

Mama: A miłych kolegów też już poznałaś?

Hania: Widuję codziennie bardzo przystojnych studentów, ale poznałam dopiero jednego.

Mama: Jak to było?

Hania: Jadłam obiad w stołówce akademickiej. Zjadłam właśnie zupę i wtedy podszedł do mnie śmieszny gruby chłopak i tak powiada: na co koleżanka czeka? Odpowiedziałam mu: czekam na pierogi. On uśmiechnął się do mnie i powiedział: bardzo się cieszę. Pieróg jestem. Pomyślałam, że kpi ze mnie, ale on wyjaśnił sytuację: nazywam się Antoni Pieróg i jestem studentem drugiego roku na wydziale łączności. I wtedy dopiero się zaczęło...

Mama: Co się zaczęło, Haniu?

Hania: Najpierw ja się zaczęłam śmiać, potem jeden kolega, potem drugi, potem trzeci, a wreszcie nieludzki śmiech ogarnął wszystkich, nawet cudzoziemców.

I arrived about the middle of last week. I am now living in a students' hostel.

Sit down and tell (me) how you have settled down.

On the first day I got to know two very pleasant women students. I live in the same room with them.

And have you also got to know any pleasant men students?

I see very handsome men students every day, but I have only got to know one so far.

How did that come about?

I was having lunch in the students' canteen. I had just eaten the soup. when a funny, fat boy came up to me and said: What are you waiting for? I told him: I am waiting for the dumplings. He smiled at me and said: I am very glad. My name is Pieróg (*literally*: I am a dumpling) I thought he was making fun of me, but he explained the situation to me; (he said): my name is Antoni Pieróg, and I am a second-year student in the Faculty of Telecommunications. And it was only then that it started...

What started, Hania?

First of all I started to laugh, then one fellow-student, then another, then a third one, and finally tremendous (*literally*: inhuman) laughter got hold of everybody, even of the foreigners.

Mama: To w tej stołówce jadają i cudzoziemcy?

Hania: Tak, ciociu, sama widziałam Murzynów, Arabów, Bułgarów, Czechów i Rosjan.

Mama: No, no, widzę, że wesoło zaczynasz studia. A kiedy zaczniesz chodzić na wykłady?

Hania: Już w tym tygodniu, ciociu.

So foreigners also have their meals in that canteen?

Yes, Auntie, I have myself seen Africans, Arabs, Bulgarians, Czechs and Russians.

Well, well, I can see you are making a jolly start to your studies. And when will you start attending lectures?

This week already, Auntie.

Patrzę na tych panów i nie poznaję ich

COMMENTS ON LESSON 23

Pattern 6 (continued)

> *Muszę ukarać* **swoich** **synów**
> I must punish my sons

To **rodziców** *trzeba karać*, a nie **dzieci**.
Pytałem **lokatorów** na parterze, potem **jakichś panów**.
Ja też często *spotykam* **różnych sąsiadów**...
Okazało się, że doskonale *zna* **państwa Bielaków**.
Ucieszyłem się, że *widzę* **chłopców zdrowych i całych**.
Widuję codziennie bardzo **przystojnych studentów**.
Sama *widziałam* **Murzynów, Arabów, Bułgarów, Czechów i Rosjan**.

Nouns denoting masculine persons have the same plural form in Pattern 6 (accusative plural) as in Pattern 13 (for these nouns with the genitive plural, see p. 160). The same form is also used to refer to a group which includes masculine persons. When accompanying this form (i.e. the accusative plural) adjectives and words declined like adjectives have the same endings as in Pattern 13 (see p. 161): -ych (-ich).

In the accusative plural the pronoun **oni** (referring to masculine persons) has the form **ich** (or, when preceded by a preposition, **nich**), e.g.:

A kiedy można **ich** zastać?
(**ich** = Mr and Mrs Bielak)

And when can one find them at home?

Tylko cud może **ich** uratować.
(**ich** = the boys)

Only a miracle can save them.

The following sentences illustrate the difference between the accusative plural form of nouns denoting masculine persons and that of the remaining nouns, as well as of the pronouns that can replace them.

Pytałem **lokatorów**, potem **jakichś panów**.
I asked the (men) tenants, then some gentlemen.

Pytałem **lokatorki**, potem **jakieś panie**.
I asked the (women) tenants, then some ladies.

Pytałem **ich**.
I asked them (men).

Pytałem **je**.
I asked them (women).

Widuję codziennie **przystojnych studentów**.
I see handsome (men)-students every day.

Widuję codziennie **przystojne studentki**.
I see good-looking (women)-students every day.

Widuję **ich**.
I see them (men).

Widuję **je**.
I see them (women).

Sama *widziałam* **Murzynów, Arabów, Bułgarów, Czechów i Rosjan**.
I have myself seen Africans, Arabs, Bulgarians, Czechs and Russians.

Sama *widziałam* **Murzynki, Arabki, Bułgarki, Czeszki i Rosjanki**.
I have myself seen African, Arab, Bulgarian, Czech and Russian (girls).

Sama **ich** *widziałam*.
I saw them (men) myself.

Sama **je** *widziałam*.
I saw them (women) myself.

Spotkałam **twoich braci**.
I met your brothers.

Znalazłam czyjeś **pieniądze i dokumenty**.
I found somebody's money and documents.

Spotkałam **ich**.
I met them (men).

Znalazłam **je**.
I found them (things).

W ogrodzie zoologicznym *oglądałam* tygrysy, lwy, słonie, egzotyczne ptaki.

Oglądałam je.

In the Zoo I looked at tigers, lions, ele-
phants and exotic birds.

I looked at them (animals).

The accusative plural form used here can also be preceded by prepositions, e.g.:

Obudziłem się w szpitalu i od razu *zapytałem* o chłopców.

Niech pan *poczeka* na państwa Bielaków.

Patrzę na tych panów i nie poznaję ich.

Niech pan wejdzie do mieszkania i *poczeka* na nich.

Patrzę na nich i oczom nie wierzę.

Prosto na nich *pędzi* pociąg.

I woke up in hospital and at once asked
about the boys.

Please wait a moment for Mr and Mrs
Bielak.

I look at these gentlemen and do not recognize them.

Please come inside (the flat) and wait
for them.

I look at them and can't believe my eyes.

The train is coming towards them at full
speed.

THE PAST TENSE OF VERBS

The verb **znaleźć (odnaleźć, wynaleźć** etc.) forms its past tense singular
in the following way:

znaleźć:	1. znalazłem	znalazłam	—
	2. znalazłeś	znalazłaś	—
	3. znalazł	znalazła	znalazło

The verb **jeść (zjeść)** and the derivatives of **jeść**, e.g.: **najeść się,** form
their past tense singular in the following way:

jeść:	1. jadłem	jadłam	—
	2. jadłeś	jadłaś	—
	3. jadł	jadła	jadło

The verb **iść** and its derivatives, such as **pójść, wyjść, zejść, wejść** and
others, form their past tense singular in the following way:

iść:	1. szedłem	szłam	—
	2. szedłeś	szłaś	—
	3. szedł	szła	szło
zejść:	1. zszedłem	zeszłam	—
	2. zszedłeś	zeszłaś	—
	3. zszedł	zeszła	zeszło
wejść:	1. wszedłem	weszłam	—
	2. wszedłeś	weszłaś	—
	3. wszedł	weszła	weszło

The present lesson contains many instances of the use of past tense forms of both perfective and imperfective verbs.

Attention should be paid to the differences in their meaning which are often difficult to express in translation (see pp. 89).

Here are some of them:

Pytałem lokatorów o państwa Bielaków.

I asked some tenants about Mr and Mrs Bielak (i.e. several times).

Zapytałem lokatorów o państwa Bielaków.

I asked some tenants about Mr and Mrs Bielak (just once).

Urzędnik **kierował** wszystkich do innego okienka.

The clerk kept directing everybody to another window.

Dozorca **skierował** mnie tutaj.

The caretaker showed me the way here.

Wracałem po południu do domu.

I was returning home in the afternoon.

Wróciłem po południu do domu.

In the afternoon I returned home.

Powoli **traciłem** przytomność.

I was slowly losing consciousness.

Straciłem przytomność.

I lost consciousness.

Budziłem się bardzo długo i nie mogłem się obudzić.

It took me a long time to wake up and even then I was not properly awake.

Obudziłem się w szpitalu.

I woke up in hospital.

Ojciec **powtarzał** co chwila: Muszę ukarać swoich synów.

The father kept repeating (every moment): I must punish my sons.

Ojciec **powtórzył** raz jeszcze: Muszę ukarać swoich synów.

The father repeated once more: I must punish my sons.

Ratowałem po prostu dzieci.

I was simply (trying to) rescue the children.

Pan je **uratował**.

You saved them.

EXPRESSIONS OF TIME

Byłem kolejarzem już **w roku** tysiąc dziewięćset trzydziestym dziewiątym.

I was a railwayman as far back as the year nineteen hundred and thirty-nine.

Pracowałem na kolei również **w czasie** wojny.

I also worked on the railways during the war.

Takiego zdarzenia, jak **w sierpniu** tego roku, nigdy jeszcze nie miałem.

I have never had an experience like the one I had in August of this year.

W pewnej chwili spostrzegłem, że na torze bawią się dwaj chłopcy.

At a certain moment I noticed that two boys were playing on the railway track.

Przyjechałem **w połowie** ubiegłego **tygodnia**.

I arrived about the middle of last week.

Zacznę chodzić na wykłady już **w tym tygodniu**.

I shall start attending lectures this week already.

The most frequent way of denoting a moment in time in Polish is by the use of the word **w**, followed by the locative (see p. 131) of such nouns as: **tydzień** *week*, **miesiąc** *month*, the names of the months, **rok** *year*, **wiek** *age*, **epoka** *epoch*, **czas** *time*, **okres** *period*, **sezon** *season*, **połowa** *a half*, **dzień** **day** (in some instances) and many others (apart from nouns already discussed on pp. 173, 200 and nouns denoting weather).

Kiedy? *When?*

w dniu urodzin	on someone's birthday
w tym dniu	on that day
w pierwszych dniach miesiąca	during the first days of the month
w tym (ubiegłym, przyszłym) tygodniu	this (last, next) week
w tym (ubiegłym, przyszłym) miesiącu	this (last, next) month
w styczniu	in January
w lutym	in February
w marcu	in March
w kwietniu	in April, etc.
w tym (ubiegłym, przyszłym, bieżącym) roku	this (last, next, in the current) year
w roku tysiąc dziewięćset sześćdziesiątym	in nineteen sixty
w roku tysiąc dziewięćset sześćdziesiątym piątym	in nineteen sixty-five
w dwudziestym wieku	in the twentieth century
w epoce atomu	in the atomic age
w naszych czasach	in our day (*literally*: times)
w czasie czego (e.g. wojny, podróży)	during something (e.g. the war, a journey)
w tym okresie, w okresie (czego), e.g. prób	during that period, during the period (of something), e.g. of tests
w połowie przyszłego tygodnia	in the middle of next week
w połowie roku	in the middle of the year
w drugiej połowie miesiąca	in the latter half of the month

N o t e : O n l y t h e l a s t t w o d i g i t s of compound ordinal numerals, e.g. **25-ty** *the twenty-fifth*, **125-ty** *the one hundred and twenty-fifth*, and others, are declined.

USE OF VERBS

1. The verb **napić się** *to drink one's fill*, as well as such verbs as **najeść się** *to eat one's fill*, **nasłuchać się** *to listen one's fill*, **naczytać się** *to read one's fill*, and others formed from intransitive verbs take the genitive:

Czy *napije się* pan jeszcze **herbaty?**   Will you have some more tea?

2. The verb **patrzeć**, as well as verbs close to it in meaning such as **spoglądać** *to glance, to have a look at* take the word **na** and the accusative:

Patrzę **na nich** i oczom nie wierzę.   I look at them and can't believe my eyes.

3. The verb **kpić** *to make fun (of)* and verbs close in meaning such as **drwić** *to jeer*, **śmiać się** *to laugh*, **żartować** *to joke*, and others, take the word **z (ze)** and the genitive:

Pomyślałem, że *kpi* ze mnie.   I thought he was making fun of me.
Nie śmiej się z Kasi.   Don't laugh at Kasia.

IDIOMS AND EXPRESSIONS

Z kim mam przyjemność?	*To whom have I the pleasure (of speaking)?*
nic dziwnego	*no wonder*
znać z opowiadania, z książek itd.	*to know from hearsay, from books* etc.
Oczom nie wierzę.	*I can't believe my eyes.*
stracić przytomność	*to lose consciousness*
złożyć wizytę	*to pay a visit*
spełnić (spełniać) obowiązek	*to do one's duty*
dom akademicki	*students' hostel*
śmiech ogarnia (ogarnął) kogoś	*laughter gets hold (got hold) of somebody*

EXERCISES

I. Make sentences, using the nouns given below in the accusative plural form; put all the verbs into the 1st person singular of the past tense:

1. Uratować; chłopiec. 2. Widywać; cudzoziemiec; cudzoziemka. 3. Pytać; student, studentka, 4. Spotkać; Murzyn, Murzynka, Bułgar, Bułgarka, Rosjanin, Rosjanka, Francuz, Francuzka, Anglik, Angielka. 5. Znać; sąsiad, sąsiadka. 6. Czekać na; znajomy pan, znajoma pani. 7. Oglądać; tygrys, lew, żyrafa, słoń, małpa. 8. Tresować; pies, koń. 9. Jeść; ciastko z kremem. 10. Znaleźć; adres i numer telefonu.

223

II. Replace the nouns by the appropriate forms of pronouns.

1. Trzeba ukarać rodziców. 2. Zapytaj tych panów. 3. Czy często widujesz swoje są-siadki? 4. Znam te dzieci. 5. Spotkaliśmy wasze siostry. 6. Kupiłem kwiaty dla ciebie. 7. Uratowaliście te zwierzęta. 8. Proszę tam posłać robotników.

III. Complete the following sentences with expressions denoting time.

1. Spotkamy się jeszcze (ten tydzień). 2. Za dwa tygodnie, (luty) będę zdawać pierwszy egzamin. 3. (Ubiegły rok) jesienią Ewa była w Zakopanem. 4. (1963 rok) Adam ukoń-czył studia. 5. (Przyszły miesiąc) Agata i Marek pojadą do Wrocławia. 6. (Maj) uro-czyście obchodzimy dzień zwycięstwa. 7. (Ten tydzień) Andrzej zacznie chodzić na wykłady. 8. (Czas podróży) nikt nie odczuwał zmęczenia. 9. (Okres studiów) nasi sy-nowie muszą mieszkać w domu akademickim. 10. (Dzień urodzin) przyjdzie do mnie dużo przyjaciół i znajomych.

LEKCJA 24

1. Mężczyzna w domu

Adam: Dlaczego tu tak ciemno?

Mama: Zgasło światło w miesz-kaniu. Chodziłam do dozorcy, ale go nie było. Zresztą jego wieczorem bardzo trudno zastać.

Ewa: A ja chciałam prosić o po-moc sąsiada, ale jego też nie ma.

Adam: Właśnie wracałem do do-mu razem z nim i chwilę rozmawia-liśmy na schodach.

Mama: Same bałyśmy się napra-wiać i czekałyśmy na ciebie. Ty przecież jesteś specjalistą...

Ewa: Jemu nie trzeba dwa razy powtarzać, mamo.

LESSON 24

1. A man about the house

Why is it so dark in here?

The light went out in the flat. I went to the caretaker, but he was not at home. In any case it is very difficult to find him at home in the evenings.

And I wanted to ask (our) neigh-bour for help, but he is not in, either.

We just came home together and have been talking on the stairs for a while.

We were afraid to repair (the fuse) ourselves and have been waiting for you. After all, you are an expert...

He does not need to be told (any-thing) twice, Mother.

Adam: Oczywiście, dla mnie to nie nowina, Ewuniu, przynieś mi stołek z kuchni.

Mama: Adasiu, proszę cię, uważaj na siebie! Może cię porazić prąd! Boję się o ciebie!

Adam: Niech się mama o mnie nie boi. Nic mi się nie stanie. Trzeba po prostu zmienić bezpieczniki.

Mama: Ewuniu, potrzymaj świecę, a ja poszukam bezpieczników.

Ewa: Adasiu, czy musisz reperować światło w palcie?

Adam: To przecież potrwa chwilkę, nie przeszkadzaj mi.

Ewa: Tobie nigdy nie można zwrócić uwagi.

Mama: Dlaczego mu dokuczasz, Ewuniu? Nie rozumiem ciebie.

Ewa: A komu mam dokuczać? Tobie? Wolę już jemu.

Mama: Oj, dzieci, dzieci, naprawcie wreszcie to światło!

Adam: Już naprawiliśmy.

Mama: No właśnie! Co to znaczy mężczyzna w domu!

2. Adam naprawia telewizor nożem

Ewa: Wiesz, mamo, w czasie naszego urlopu na Mazurach odbywał się w Sopocie Międzynarodowy Festiwal Piosenki.

Of course, this is nothing new to me, Ewunia. Bring me the stool from the kitchen.

Adaś, please be careful (of yourself)! You might get an electric shock! I am afraid for you!

Don't be afraid for me, Mother. Nothing will happen to me. It is simply necessary to change the fuses.

Ewunia, hold the candle (for a moment), and I'll look for the fuses.

Adaś, must you repair the light with your overcoat on?

Well, after all, it'll (only) take a moment, don't disturb me.

One can never point anything out to you.

Why do you annoy him, Ewunia? I don't understand you.

Well, whom am I to annoy? You? I would rather annoy him.

Oh, (you) children. Do get on with repairing that light!

It is already done.

Well, you see! What it is to have a man about the house!

2. Adam repairs a television set with a knife

You know, Mother, during our holiday on the Mazurian Lakes the International (Popular) Song Festival took place at Sopot.

Mama: Wiem, wiem, słuchałyśmy z Hanią i Zosią transmisji radiowej w Zakopanem.

Ewa: A my oglądaliśmy festiwal w telewizji.

Adam: Ale z przeszkodami!

Ewa: No właśnie! Wieczorem wszyscy wczasowicze zgromadzili się przy telewizorze. Konferansjer zapowiedział pierwszy występ i — wyobraź sobie, mamo — w tej właśnie chwili telewizor się popsuł.

Adam: Wszystkie panie prawie płakały z rozpaczy. Pewien młody człowiek bardzo się zdenerwował.

Ewa: I wtedy Adaś powiedział głośno: zaraz sobie z nim poradzę.

Mama: Z kim? Z tym panem?

Ewa: Nie, mamo, z telewizorem.

Adam: Zapadła cisza. Obejrzałem telewizor i powiedziałem spokojnie: przykro mi, ale nie mam przy sobie śrubokrętu.

Ewa: Ale miałeś przy sobie mnie. I właśnie ja podeszłam do ciebie z nożem.

Adam: Tak rzeczywiście było. Podeszłaś do mnie z nożem, a wtedy jakaś pani krzyknęła: niech pan zostawi ten telewizor! Niech pan ratuje siebie! Ludzie ratujcie! Ona go zabije!

Mama: Nie żartujcie sobie ze mnie!

Ewa: Mamo, przecież my nie żartujemy z ciebie, tylko z siebie.

I know, I know, Hania, Zosia and I listened to the broadcast in Zakopane.

And we saw the Festival on television.

But with obstacles!

Yes, that is just it! In the evening all the holiday-makers gathered round the television set. The compère announced the first item (*literally*: appearance), and — just imagine, Mother — at that very moment the set broke down.

(All) the ladies nearly cried in despair. One young man got extremely agitated.

And then Adam said out aloud: I'll deal with this right away.

With what? With that man?

No, Mother, with the television set.

Silence set in. I examined the television set and said calmly: I am sorry, but I haven't got a screwdriver with me.

But you had me with you. And it was I who came up to you with a knife.

Yes, that's how it was. You came up to me with a knife, and then some lady shouted: Let that television set be! Save yourself! Help, everyone! She'll kill him!

Don't make fun of me!

But Mother, we are not making fun of you, only of ourselves.

Mama: Ja wiem, że·wy umiecie się ze sobą świetnie bawić. Ale naprawiłeś, Adasiu, ten telewizor, czy nie? Nie wyobrażam sobie, jak można naprawić telewizor nożem.

I know you know how to have great fun together. But did you repair that television set, Adaś, or didn't you? I can't imagine how one can repair a television set with a knife.

Ewa: Ja też sobie tego nie wyobrażałam, a jednak...

I couldn't imagine it either, and yet...

Adam: Wziąłem nóż, odkręciłem nim cztery śrubki, przykręciłem dwie i telewizor zaczął działać...

I took the knife, unscrewed four (little) screws with it, screwed up two, and the television set began to work...

One były ciekawe   One też były ciekawe

Oni nie byli ciekawi   Oni też nie byli ciekawi

FORMATION OF THE PAST TENSE PLURAL

Właśnie wracałem razem z nim i chwilę **rozmawialiśmy** na schodach.

We came home together and have been talking on the stairs for a while.

Już **naprawiliśmy** światło.

We have already repaired the light.

A my **oglądaliśmy** festiwal w telewizji.

As for us, we saw the festival on television.

Wieczorem wszyscy wczasowicze **zgromadzili** się przy telewizorze.

In the evening all the holiday-makers gathered round the television set.

Same **bałyśmy** się naprawiać i **czekałyśmy** na ciebie.

We were afraid of repairing (it) ourselves and waited for you.

Słuchałyśmy z Hanią i Zosią transmisji radiowej w Zakopanem.

Hania, Zosia and I listened to the broadcast in Zakopane.

Wszystkie panie prawie **płakały** z rozpaczy.

(All) the ladies nearly cried in despair.

In the above sentences we have examples of plural forms of the past tense. In the plural, the past tense has two types of forms:

1. The so-called masculine personal forms (used when the subject is a masculine person or — in the absence of a subject — when the action denoted by the verb is carried out by masculine persons or by a group of people, including some men).

2. Forms used for feminine persons, for animals and for inanimate things.

Dictionary form (Infinitive)	Persons	Masculine personal forms	Feminine, animal and inanimate forms
być	1	byliśmy	byłyśmy
	2	byliście	byłyście
	3	byli	były
słuchać	1	słuchaliśmy	słuchałyśmy
	2	słuchaliście	słuchałyście
	3	słuchali	słuchały
pracować	1	pracowaliśmy	pracowałyśmy
	2	pracowaliście	pracowałyście
	3	pracowali	pracowały
chodzić	1	chodziliśmy	chodziłyśmy
	2	chodziliście	chodziłyście
	3	chodzili	chodziły

In verbs which in their dictionary form have an -ą- before the final -ć, the -ą is replaced by -ę, e.g.: **wziąć, zdjąć, krzyknąć, minąć,** and others (see also p. 209).

wziąć:	1. wzięliśmy	wzięłyśmy
	2. wzięliście	wzięłyście
	3. wzięli	wzięły

In the masculine personal forms the remaining verbs have the same stem vowel as in their dictionary form, and in the feminine, animal and inanimate forms the same as in their past tense singular forms (see p. 208), e.g.:

mieć:	1. mieliśmy	miałyśmy	(miała)
	2. mieliście	miałyście	
	3. mieli	miały	
nieść:	1. nieśliśmy	niosłyśmy	(niosła)
	2. nieśliście	niosłyście	
	3. nieśli	niosły	
znaleźć:	1. znaleźliśmy	znalazłyśmy	(znalazła)
	2. znaleźliście	znalazłyście	
	3. znaleźli	znalazły	

The verbs **móc, pomóc, wymóc, zaniemóc** etc. have **o** in the stem of the past tense:

móc:	1. mogliśmy	mogłyśmy
	2. mogliście	mogłyście
	3. mogli	mogły
pomóc:	1. pomogliśmy	pomogłyśmy
	2. pomogliście	pomogłyście
	3. pomogli	pomogły

The remaining rules concerning the stem of the past tense plural forms are the same as those used in forming the singular (see pp. 208, 209).

The following sentences illustrate the different uses of the plural forms of the past tense:

Adam i Ewa **naprawiali** światło. Adam and Ewa were repairing the light.

(there is a man in the group, consequently the masculine-personal form must be used)

Mama i Ewa **nie naprawiały** światła. Mother and Ewa did not repair the light.

(women only — therefore the feminine-inanimate form is used)

Nasi *sąsiedzi* **byli** bardzo zmartwieni. Our (male) neighbours were greatly worried.

Nasze *sąsiadki* **były** bardzo zmartwione. Our (female) neighbours were greatly worried.

Panowie **słuchali** transmisji radiowej.	The gentlemen listened to a broadcast.
Czy państwo **słuchali** transmisji radiowej?	Did you listen to the broadcast (to a married couple or a mixed group)?
Panie **słuchały** transmisji radiowej.	The ladies listened to a broadcast.
Czekaliśmy na ciebie bardzo długo.	We (male only or mixed male/female group) waited for you for a long time.
Czekałyśmy na ciebie bardzo długo.	We (female only) waited for you for a long time.
Chłopcy **bawili się** w ogrodzie.	The boys were playing in the garden.
Dzieci **bawiły się** w ogrodzie.	The children were playing in the garden.
Chmury **zasłoniły** słońce.	Clouds have hid the sun.
Kwiaty **stały** na stole.	There were flowers standing on the table.
Na podwórzu **biegały** *psy* i **piały** *koguty.*	There were dogs running about and cocks crowing in the backyard.

PERSONAL PRONOUNS

Zresztą **jego** wieczorem bardzo trudno zastać.	Besides, it is very difficult to find him at home in the evening.
Jemu nie trzeba dwa razy powtarzać.	It is not necessary to tell him anything twice.
Tobie nigdy nie można zwrócić uwagi.	One can never point anything out to you.
A komu mam dokuczać? **Tobie?** Wolę już **jemu.**	Then whom am I to annoy? You? I would rather annoy him.
Ciebie nigdy nie ma w domu.	You are never at home.
Mnie też to nie przeszkadza.	It does not worry me either.

In some cases certain personal pronouns have two different forms (both of them used as a rule without a preposition; if the personal pronoun **on** or **ono** is preceded by a preposition another, third, form must be used):

1. Forms already known to us from preceding lessons (see pp. 54, 69, 87) i.e. the shorter, so-called enclitic forms, and,

2. Full forms (the so-called non-enclitic forms).

Dictionary form	ja		ty		on		ono	
	encl.	non-encl.	encl.	non-encl.	encl.	non-encl.	encl.	non-encl.
Genitive		mnie	(cię)	ciebie	go	jego	go	jego
Dative	mi	mnie	ci	tobie	mu	jemu	mu	jemu
Accusative	mię	mnie	cię	ciebie	go	jego		je

The full, non-enclitic forms are only used when the logical stress falls on the pronoun, at the beginning of a sentence, or in a position of contrast with such words as **a** *and, but, yet,* **też** *also,* **przecież** *yet, all the same, after all,* **natomiast** *on the other hand,* **również** *also* and others.

In the remaining cases one should only use the shorter (enclitic) forms, discussed above.

C o m p a r e the following pairs of sentences:

Trudno **cię** zastać w domu.	It is difficult to find you at home.
Ciebie też trudno zastać w domu.	You are also difficult to find at home.
Nie ma **go** w domu.	He is not at home.
Jego znów nie ma w domu.	He is not at home again.
Nie przeszkadzaj **mi**.	Don't disturb me.
Mnie nie wolno przeszkadzać.	As for me, I mustn't be disturbed.
Kto **ci** dokucza?	Who is annoying you?
A kto **tobie** dokucza?	And, as for you, who is annoying you?
Nie można **mu** nawet zwrócić uwagi.	One can't even point anything out to him.
Jemu nigdy nie można zwrócić uwagi.	As for him, one can never point anything out to him.

N o t e: The form taken by personal pronouns when preceded by prepositions was discussed in Lesson 20 (see p. 193). The full (non-enclitical) forms of the pronouns **ja** and **ty** are identical with the forms used when these pronouns are preceded by a preposition.

C o m p a r e, e.g.:

To **ciebie** zawiodła pamięć.	It is your memory that has deceived you.
Boję się **o ciebie**.	I am anxious about you.

THE PRONOUN SIEBIE

Adasiu, proszę cię, uważaj **na siebie**!	Adaś, please be careful (of yourself)!
Nie mam **przy sobie** śrubokrętu.	I have no screwdriver on me.
Niech pan ratuje **siebie**.	Save yourself!
Mamo, przecież my nie żartujemy z ciebie, tylko **z siebie**.	But we are not making fun of you, Mother, only of ourselves.
Dzieci zapomniały zabrać go **ze sobą** z plaży.	The children forgot to bring it back with them from the beach.

231

The above sentences show the use of the reflexive pronoun **siebie**. It is declined as follows:

Nominative	—
Genitive	{ **się** (shorter form) **siebie** (full form)
Dative	**sobie**
Accusative	{ **się** (shorter form) **siebie** (full form)
Instrumental	**sobą**
Locative	**sobie**

The pronoun **siebie** is used when the object and the performer (the subject) of an action are identical (this is the so-called reflexive meaning which corresponds to the English *myself, yourself* etc.).

In such cases personal pronouns should not be used. Forms of the pronoun **siebie** can refer to a subject in any number or gender and in this they differ from English usage.

C o m p a r e the following sentences:

Mówię **o sobie**.	I am speaking of myself.

(the object of the utterance is the speaker's own person; **sobie** refers to the subject of the verb, i.e the speaker)

Mówię **o tobie, o niej, o nim, o nich** itd.	I am speaking of you, of her, of him, of them etc.

(the object of the utterance are persons other than the speaker; **tobie** etc. refer to persons other than the subject of the verb)

Mówisz **o sobie**.	You are speaking of yourself.
Mówisz **o mnie, o niej**, itd.	You are speaking of me, of her etc.
Mówi **o sobie**.	He (or she) is speaking of himself (herself).
Mówi **o mnie, o tobie, o niej, o nim** itd.	He (or she) is speaking of me, of you, (singular), of her, of him etc.
Żartuję **z siebie**.	I am making fun of myself.
Żartuję **z ciebie, z niego, z niej, z was** itd.	I am making fun of you (singular), of him, of her, of you (plural) etc.
Żartujemy **z siebie**.	We are making fun of ourselves.
Żartujemy **z ciebie, z nich, z was** itd.	We are making fun of you (singular), of them, of you (plural) etc.

Troszczysz się tylko o siebie.	You only care about yourself.
Troszczysz się o mnie, o niego, o nich itd.	You care about me, him, them etc.
Troszczą się o siebie.	They care about themselves.
Troszczą się o mnie, o ciebie, o was itd.	They care about me, you (singular), you (plural) etc.

Apart from its reflexive meaning, the pronoun **siebie** also has a reciprocal (mutual) meaning:

Wy umiecie się ze sobą świetnie bawić.	You know how to have great fun together (*literally*: with each other).
Rozmawiali ze sobą bardzo długo.	They talked to each other for a very long time.
Gniewają się na siebie.	They are angry with each other.
Rozumieją się doskonale.	They understand each other perfectly.
Szanują siebie.	They respect each other.
Patrzymy na siebie.	We are looking at each other.
Wciąż tańczycie tylko ze sobą.	You keep on dancing with each other only.

USE OF VERBS

1. The verbs **dokuczać (dokuczyć)** and **stać się** take the dative:

Dlaczego **mu** *dokuczasz?*	Why are you annoying him?
A **komu** *mam dokuczać?* **Tobie?**	And whom am I to annoy? You?
Nic **mi** *się nie stanie.*	Nothing will happen to me.
Co **ci** *się stało?*	What has happened to you? What is the matter with you?

IDIOMS AND EXPRESSIONS

uważać na siebie	*look after oneself, be careful of one's life, health,* etc.
zwrócić (zwracać) uwagę (komuś)	*to point out something to somebody* (usually by way of criticism)
poradzić (radzić) sobie (z kimś)	*to deal with somebody, to get the better of somebody, to know how to deal with somebody*
zapadła cisza	*silence set in*
przykro mi	*I am sorry, I regret*
mieć coś przy sobie	*to have something on one's person*

EXERCISES

I. Replace the nouns which are the subject of the sentence by personal pronouns; put the verbs into the past tense plural:

1. Mama i Ewa (chcieć) prosić o pomoc sąsiada. 2. Adam i pan Gostecki (rozmawiać) chwilę na schodach. 3. Panie (bać się) naprawiać i (czekać) na Adama. 4. Ewa i Adam szybko (naprawić) światło. 5. Hania i Zosia (słuchać) transmisji radiowej koncertu. 6. Wczasowicze (panie i panowie) (oglądać) festiwal w telewizji. 7. Wszystkie panie (płakać) z rozpaczy. 8. Dzieci (pomóc) znaleźć śrubkę. 9. Sukienki (wisieć) w szafie 10. Kotki i pieski (bawić się) na podwórzu. 11. Gazety (leżeć) na stole. 12. Chłopcy i dziewczęta (grać) w piłkę.

II. Put the complete or incomplete form of the personal pronouns given in the brackets:

1. (Ty) nigdy nie można zastać w domu. 2. Dawno (ty) nie widzieliśmy. 3. Zapytaj (on) o to. — (On) nie będę pytać, odpowiedz mi ty. 4. — Daj (ja) ten list!... (Ja) nie chcesz dać? Dlaczego? 5. Przygotuj (on) drugie śniadanie. 6. (On) nic nigdy się nie podoba! 7. — Czy widzisz (on)? — Nie (on) nie widzę, widzę tylko (ty). 8. Proszę (ty), przyjdź! 9. Dlaczego trzeba prosić o to właśnie (ty)? 10. Kupiłaś nowe pióro? Pokaż (ja) (ono)!

III. Replace the dots by the appropriate forms of the reflexive pronoun:

a) 1. Agata i Marek tańczą ... (with each other). 2. Brat i siostra umieją się ... bawić (with each other). 3. One nigdy nie gniewają się ... (at each other). 4. Ci ludzie szanują ... (each other). 5. Nasi rodzice troszczą się ... (one another).

b) 1. Kasia opowiada ... (about herself). 2. Nie żartujemy z Marty, lecz ... (of ourselves). 3. W tym garniturze podobam się ... (myself). 4. Dbaj ..., córeczko! (yourself), 5. Weźmiemy ... łódkę (with us). 6. Jak można tak zachwycać się ...! (with oneself).

LEKCJA 25	LESSON 25
1. Jerzy[1] naprawia samochód	**1. Jerzy repairs (his) car**
Marek: Co to? Zepsuł ci[2] się samochód?	What (is) this? Has your car broken down?
Jerzy: Tak. To już drugi raz w tym tygodniu. Ale poprzednim razem miałem rzeczywiście pecha.	Yes. It is already the second time this week. But last time I really had bad luck.

---

[1] George.

[2] We say, literally: "Has the car broken down for you" (the so-called ethical dative).

Marek: Miałeś wypadek?

Jerzy: Na szczęście nie. Ale niewiele brakowało. Wracałem właśnie od znajomych. Jechały ze mną dwie panie. Wyprzedziło nas pięć samochodów. Nagle mój silnik przestał pracować. Zatrzymałem wóz. Kierowca następnego wozu zahamował w ostatniej chwili. Dwa samochody stanęły za nim. Natychmiast zjawiło się dwóch milicjantów. Kazali mi zapłacić mandat, ale wytłumaczyłem im, że mam³ defekt silnika. Za reperację zapłaciłem pięćset złotych.

Marek: Widzę, że tym razem sam będziesz naprawiał wóz.

Jerzy: Tak, będę naprawiał, ale nie wiem, czy naprawię. Oglądało mój silnik kilku kierowców, ale każdy mówił co innego.

Marek: Masz rację, że sam próbujesz. Na naszym podwórzu parkują swoje wozy dwaj moi sąsiedzi. Jeden często wzywa mechaników. Przyglądam się czasem, jak ci mechanicy pracują. Przychodzi rano dwóch specjalistów. Jeden stoi, drugi pali papierosa, potem razem popatrzą, postukają i mówią: gotowe — należy się pięćset złotych.

Jerzy: Może i ja potrafię powiedzieć „gotowe"?

---

³ Cf. Lesson 22, note 2.

Did you have an accident?
Fortunately not, but it wasn't far off. I was just returning from (some) friends. Two ladies were driving with me. Five cars overtook us. Suddenly my engine stopped running. I stopped the car. The driver of the next car braked at the last moment. Two cars stopped behind him. Two militiamen appeared at once. They told me to pay a fine but I explained (to them) that I had something wrong with my engine. I paid five hundred złotys to have it repaired.

I see that this time you are going to repair the car yourself.

Yes, I am going to (try and) repair it, but I don't know whether I'll manage (to repair it). Several drivers have looked at my engine, but each (of them) said something else.

You are right to try yourself. Two of my neighbours park their cars in our courtyard. One (of them) often calls in mechanics. Occasionally I watch those mechanics at work. In the morning two experts arrive. One (of them) stands (around), the other one smokes a cigarette, then together they have a look, do a bit of knocking, and say: (it's) ready — that'll be five hundred złotys.

Perhaps I, too, shall be able to say "it's ready"?

Marek: Chętnie ci pomogę.

Jerzy: Nie będę miał nic przeciwko temu.

I'll be glad to help you.

I shan't object in the least.

2. Pan Bolesław się tłumaczy

2. Mr. Bolesław apologizes

Adam: O, co za zaszczyt! Pan Bolesław raczył przypomnieć sobie o nas.

Oh, what an honour! Bolesław has deigned to remember us!

Bolesław: Pozwól, że najpierw zdejmę płaszcz, a potem będę się tłumaczył.

Allow me first to take my overcoat off, and then I'll explain.

Adam: Ewuniu, słyszysz? On się będzie tłumaczył! Obiecywał, że będzie nas odwiedzał, że będziemy się spotykać ...

Ewunia, do you hear (that)? He is going to explain. He promised he would visit us, that we would meet; and...

Ewa: ... i nie dotrzymał słowa.

... and he did not keep his word.

Bolesław: Doprawdy, bardzo mi przykro, że sprawiłem państwu zawód, ale miałem ostatnio sporo kłopotów.

Honestly, I am very sorry to have disappointed you, but I have had a good deal of trouble lately.

Ewa: W związku z pracą?

In connection with (your) work?

Bolesław: Ależ nie, proszę pani[4]. Jestem bardzo zadowolony ze swojej pracy. Na Politechnice Warszawskiej czuję się już, jak u siebie w domu.

Oh, no, I am very pleased with my work. I already feel quite at home at the Warsaw Technical University.

Adam: A jak się czujesz u siebie w domu?

And how do you feel at home?

Bolesław: Mam nadzieję, że będę się czuł dobrze...

I hope I shall feel comfortable...

Adam: Czy to znaczy, że jeszcze nie macie w Warszawie mieszkania?

Does that mean that you still have not got a flat in Warsaw?

Bolesław: Niby mieszkamy w War-

We are living in Warsaw, as it were,

---

[4] Cf. Lesson 4, p. 47.

szawie, ale własne mieszkanie będziemy mieli dopiero w końcu miesiąca.

Ewa: A więc zamieszkaliście państwo[5] w hotelu?

Bolesław: Ależ nie, pani Ewo!
Najpierw mieszkaliśmy u znajomych, potem żona przeniosła się
do kuzynki, a ja zamieszkałem u
brata. W tym tygodniu żona musi
się wyprowadzić od kuzynki. Będzie teraz mieszkała w Falenicy[6]
u przyjaciół.

Adam: To rzeczywiście trudna
sytuacja.

Bolesław: Tak, niełatwo mi pracować. Córka mojego brata często
zaprasza koleżanki[7] i kolegów[7]. Zna
wielu młodych aktorów, śpiewaków
i innych artystów.

Ewa: Aktorzy i śpiewacy to chyba
bardzo mili ludzie?

Bolesław: Owszem. Nie mam nic
przeciwko nim, ale kiedy zaczynają
śpiewać i tańczyć, przeszkadzają mi
w pracy. Pocieszam się, że niedługo
dostaniemy własne mieszkanie.

Adam: Czy oglądaliście już je?

Bolesław: Owszem. Będziemy
mieszkali w nowym osiedlu na Powiślu[8]. Mieszka tam już kilku moich

but we shan't have a flat of our
own until the end of the month.

And so you went to stay in a hotel?

Oh, no, Ewa! First of all we stayed
with acquaintances, then (my) wife
moved to her woman cousin's, and
I went to stay with (my) brother.
This week (my) wife must move
from (her) cousin's. She is going
to stay at Falenica now, with
friends.

That is really a difficult situation.

Yes, it is not easy for me to work.
My brother's daughter often in-
vites her friends (home). She knows
a lot of young actors, singers and
other artistes.

Actors and singers are surely very
pleasant people?

Certainly. I have nothing against
them, but when they start singing
and dancing, they interfere with
(my) work. I console myself (with
the thought) that we'll soon have
our own flat.

Have you had a look at it already?

Certainly. We are going to live on
a new housing estate, in Powiśle.
Several of my professors and two

---

[5] Zamieszkaliście państwo: the use of the second person plural with **państwo**, instead
of the regular third person plural (zamieszkali państwo) implies greater familiarity
and is only used among acquaintances.
[6] A suburban locality south-east of Warsaw.
[7] Two separate words in Polish: **kolega** (male) and **koleżanka** (female).
[8] The riverside district of left-bank Warsaw (the name, etymologically, means "that
which is situated along the Vistula").

profesorów i dwie koleżanki z Aka- | (women-) colleagues from the Me-
demii Medycznej. | dical Academy already live there.

Adam: Lekarską pomoc będziesz | You will be assured of medical as-
miał zapewnioną. | sistance.

Bolesław: Mam nadzieję, że nie | I hope we won't need it.
będzie nam potrzebna.

Poznałam trzech sportowców

COMMENTS ON LESSON 25

THE FUTURE TENSE OF IMPERFECTIVE VERBS

Tym razem sam **będziesz naprawiał** wóz.
This time you are going to repair the car yourself.

Nie będę miał nic przeciwko temu.
I shan't object in the least (*literally*: won't have anything against it).

Najpierw zdejmę płaszcz, a potem **będę się tłumaczył.**
First I'll take off my overcoat, and then I'll explain.

Mam nadzieję, że **będę się czuł** dobrze.
I hope I'll feel comfortable (*literally*: well).

Własne mieszkanie **będziemy mieli** dopiero w końcu miesiąca.
We shan't have a flat of our own until the end of the month.

Będziemy mieszkali w nowym osiedlu na Powiślu.
We are going to live on a new housing estate in Powiśle.

Obiecywał, że **będziemy się spotykać.**
He promised we would meet (i.e. more than once).

Tym razem sam **będziesz naprawiać** wóz.
This time you will be repairing the car yourself.

Będziemy mieszkać w nowym osiedlu na Powiślu.
We are going to live on a new housing estate in Powiśle.

In the above sentences the future tense forms of imperfective verbs make their appearance in the so-called composite future tense. This tense is formed in two ways:

1) with the help of the forms **będę, będziesz, będzie**, etc. (see p. 115) and of the past tense forms of the verb in question, e.g.:

SINGULAR

Masculine	Feminine	Neuter
1. będę mieszkał	będę mieszkała	—
2. będziesz mieszkał	będziesz mieszkała	—
3. będzie mieszkał	będzie mieszkała	będzie mieszkało

PLURAL

Masculine-personal	Feminine and inanimate
1. będziemy mieszkali	będziemy mieszkały
2. będziecie mieszkali	będziecie mieszkały
3. będą mieszkali	będą mieszkały

2) with the help of the forms **będę, będziesz, będzie** etc. and of the infinitive, e.g.:

SINGULAR	PLURAL
All genders	
1. będę mieszkać	będziemy mieszkać
2. będziesz mieszkać	będziecie mieszkać
3. będzie mieszkać	będą mieszkać

There is n o d i f f e r e n c e in meaning between these two forms of the future tense. Forms of the first type are, however, more frequently used. Moreover, the use of the first type of future form is obligatory if the verb in question governs an infinitive, e.g.:

Nie będę mógł *przyjść.*	I shan't be able to come.
Będę chciał to *zobaczyć.*	I'll want to see that.

The difference in meaning between the future tense forms of perfective verbs and corresponding with them imperfective verbs explained in Lesson 9 (see p. 89).

C o m p a r e :

Będę naprawiał samochód.	I am going to (try and) repair the car.
Naprawię samochód.	I'll repair the car, i.e. I'll finish repairing the car, so that it will be in working order again.

Chętnie będę ci **pomagał**.	I'll gladly help you (i.e. in general, for an unlimited period of time).
Chętnie ci **pomogę**.	I'll gladly help you (i.e. in order to finish one particular task).
Będzie nas **odwiedzał**.	He is going to visit us (several times).
Odwiedzi nas.	He is going to visit us (just once).
Nie będę się już spóźniać.	I'll never be late again.
Jutro na pewno się nie spóźnię.	To-morrow I certainly won't be late.

Pattern 3 (continued)

Natychmiast *zjawiło się* **dwóch milicjantów**[9]

or:

(Natychmiast *zjawili się* **dwaj milicjanci**)

At once two militiamen appeared

Oglądało mój silnik **trzech kierowców**.

or: *Oglądali* mój silnik **trzej kierowcy**.

Przychodzi rano **dwóch specjalistów**.

or: *Przychodzą* rano **dwaj specjaliści**.

Na naszym podwórku *parkuje* swoje wozy **czterech sąsiadów**.

or: Na naszym podwórku *parkują* swoje wozy **czterej sąsiedzi**.

In sentences constructed according to Pattern 3, the numbers **dwa**, **trzy** and **cztery**, when accompanying nouns denoting masculine persons, take the forms **dwóch, trzech, czterech**, or **dwaj, trzej, czterej**. With the forms **dwóch, trzech, czterech**, the t h i r d p e r s o n s i n g u l a r n e u t e r of verbs is used. With the forms **dwaj, trzej, czterej** (already known to us, see p. 114) we use the t h i r d p e r s o n p l u r a l o f t h e m a s c u l i n e - p e r s o n a l f o r m.

Numbers from five upwards and words with a numerical meaning have (according to Pattern 3) a form with the ending **-u**, e.g.: **pięciu (panów)** *five men*, **sześciu (moich znajomych)** *six of my friends*, **kilku (profesorów)** *several professors*. With them, the third person singular neuter of verbs is used.

* * *

---

[9] **dwóch milicjantów** etc. — genitive in a subject function when governed by the number forms **dwóch, trzech, czterech, pięciu, sześciu**, etc.

Jechały ze mną **dwie panie.**	Two ladies were travelling with me.
Dwa samochody *stanęły* za nim.	Two cars stopped behind him.
Mieszkają tam **trzy (cztery) moje koleżanki.**	Three (four) of my (women-) colleagues live there.

* * *

Wyprzedziło nas **pięć samochodów.**	Five cars overtook us.
Jechało ze mną **kilka pań.**	Several ladies were travelling with me.

When accompanying the remaining nouns (i.e. except nouns denoting masculine persons), numbers take the dictionary form. With the numbers **dwa, trzy** and **cztery** the verb takes the third person plural of the non-masculine-personal form. With the remaining numerals the verb takes the form of the third person singular neuter.

P a t t e r n 6 (continued)

Zna **wielu młodych aktorów, śpiewaków i innych artystów**
He (or she) knows many young actors, singers and other artistes.

Poznałam **trzech sportowców.**	I got to know three athletes.
Zawołam **pięciu chłopców.**	I'll call five boys (together).

In sentences where the accusative form is required, numbers accompanying nouns denoting masculine persons have the forms **dwóch, trzech, czterech,** and from five upwards, forms with the ending **-u**, e.g.: **pięciu, sześciu, kilku, kilkunastu.**

P a t t e r n 35

Żona zamieszkała u kuzynki
My wife went to stay with her cousin

Najpierw mieszkaliśmy **u znajomych.**
Ja zamieszkałem **u brata.**
Będzie teraz mieszkała **u przyjaciół.**
Będę **u ciebie** jutro rano.
Czekam na ciebie **u rodziców.**
Jak się czujesz **u siebie** w domu?

With verbs that express the fact of staying somewhere the word **u** is used with the genitive of the noun denoting the person stayed with.

Cf.:

Żona zamieszkała **u kuzynki**. (where? with whom?)	My wife went to stay with her cousin.
Żona przeniosła się **do kuzynki**. (where to? to whom?)	My wife has moved to her cousin's.
Żona wyprowadziła się **od kuzynki**. (whence? from whom?)	My wife has moved from her cousin's.

USE OF WORDS

1. The verbs **pomagać (pomóc)** and **przeszkadzać (przeszkodzić)**, apart from governing the dative, take the word **w** and the locative (see pp. 131, 133), or the infinitive.

Pomagam mu **w naprawie** samochodu.	I am helping him with the repairs to his car.
Pomagam mu **naprawiać** samochód.	I am helping him to repair his car.
Przeszkadzają mi **w pracy**.	They interfere with my work.
Przeszkadzają mi **pracować**.	They keep me from working.

2. The verb **raczyć** *to deign, to be graciously pleased to* takes the infinitive.

Pan Bolesław *raczył* **przypomnieć sobie** o nas.	Mr Bolesław has deigned to remember us.

IDIOMS AND EXPRESSIONS

mieć pecha	*to have bad luck*
poprzednim (tym, następnym, innym) razem	*last (this, next, another) time*
mieć wypadek	*to have an accident*
na szczęście	*fortunately*
mieć defekt czegoś (np. **mam defekt** silnika)	*to have something wrong with something* (e.g. *there is something wrong with the engine of my car*)
palić papierosa	*to smoke a cigarette*
dotrzymać słowa	*to keep one's word*
sprawiać (sprawić) zawód (komuś)	*to disappoint (someone)*
mieć kłopoty (z czymś)	*to be having trouble, difficulties (with something)*
czuć się jak u siebie w domu	*to feel at home*
mieć nadzieję	*to hope*

EXERCISES

I. Put in the future tense of the verbs given in brackets:
1. Teraz zdążymy przetłumaczyć tylko część tekstu, a jutro (tłumaczyć) dalej. 2. Dziś już na pewno państwa odwiedzę i od dziś (odwiedzać) często. 3. Tadek (czekać) na Olę, ale nie wiem, czy się doczeka. 4. Kiedy napiszesz ten list? — (Pisać) zaraz, ale nie wiem, czy napiszę. Mam mało czasu. 5. Pomogę ci dziś sprzątać i zawsze ci (pomagać). 6. Zapalę jeszcze jednego papierosa i więcej nie (palić). 7. Spotkamy się jeszcze tylko raz i więcej nie (się spotykać).

II. Put the words given in brackets into the form which would mean: a) where somebody stayed, b) with whom (in whose home, etc.) he stayed:
1. Mieszkamy teraz (Kraków) (państwo Jodłowscy). 2. Maria nie zatrzymała się (hotel), zatrzymała się (koleżanka). 3. Chcę się z tobą zobaczyć. Będę czekał na ciebie (Irena). 4. Zamieszkałam wtedy (kuzyni), czułam się (oni), jak (siebie) (dom). 5. Czy o trzeciej po południu będziesz (dom), czy (kawiarnia)? — O tej porze będę (znajomi). 6. (Kto) państwo mieszkali (Bruksela)? — Mieszkaliśmy (państwo Dubois).

III. Put the verbs given in brackets into the correct form of the past tense, and the nouns, whether accompanied by a numeral or not, into the correct case.
1. W samochodzie (jechać, 2, pani). 2. Za nami (stanąć, 3, samochód). 3. Natychmiast (przyjść, 2, milicjant). 4. Mój silnik (reperować, kilka, kierowca). 5. (2, mój sąsiad, parkować) tu swoje wozy. 6. (Przyjść) do Ewy (3, moja koleżanka).

LEKCJA 26	LESSON 26

1. Kasia się myje

1. Kasia washes herself

Mama Kasi: Kasiu, pospiesz się! Zaczęłaś się myć zaraz po kolacji. Chlapiesz się w łazience już chyba od godziny.

Kasia, hurry up! You started washing yourself straight after supper. You must have been splashing about in the bathroom for an hour at least.

Kasia: Ja wcale się nie chlapię, tylko myję nogi.

I am not splashing about but washing my feet.

Mama Kasi: Dziecinko, jest już dziesięć po dziewiątej! Masz przecież tylko dwie nogi. Jak długo można je myć?

(My) darling child, it is already ten past nine! After all, you have only got two feet. How long can one go on washing them?

Kasia: Przecież sama kazałaś mi się umyć od stóp do głów.

But you yourself told me to wash myself from head to foot.

Mama Kasi: Całe szczęście, że nie jesteś stonogą.

It is a good job (*literally*: the whole luck) that you are not a centipede.

Kasia: Dlaczego?

Why?

Mama Kasi: Myłabyś wtedy nogi co najmniej dwanaście godzin.

You would be washing (your) feet for at least twelve hours.

Kasia: A czy stonoga ma naprawdę sto nóg?

Has a centipede really got a hundred legs?

Mama Kasi: Nie wiem, nie liczyłam, ale ma ich na pewno bardzo dużo.

I don't know, I haven't counted (them), but it certainly has a great many.

Kasia: Nie chciałabym mieć stu nóg, ale przydałyby mi się chociaż cztery nogi.

I wouldn't like to have a hundred legs, but I could do with at least four.

Mama Kasi: A po co, Kasiu?

And what for, Kasia?

Kasia: Jak by się dwie nogi zmęczyły, odpoczywałyby sobie, a ja chodziłabym na drugich dwu nogach.

When two legs got tired, they would have a rest, and I could walk on the other two.

Mama Kasi: To może dla ciebie byłoby bardzo wygodne, ale czy wiesz, ile musiałabym ci kupować butów, skarpetek i pończoch? Bardzo drogo by mnie to kosztowało.

That might be very convenient for you, but do you know how many shoes, socks and stockings I should have to buy you? It would come very expensive.

Kasia: Nie pomyślałam o tym. To naprawdę byłby kłopot.

I didn't think of that. That would really be a nuisance.

Mama Kasi: Dla ciebie także?

For you as well?

Kasia: No pewnie. Kiedy sobie rozbiję jedno kolano, to boli mnie tylko trochę, a jakbym sobie rozbiła cztery kolana, to dopiero by mnie bolało!

Well, of course. When I cut open one knee, it only hurts a little, but if I were to cut open four knees, then it would really hurt!

Mama Kasi: No widzisz, jak to dobrze, kiedy się nie ma ani czterech nóg, ani czterech kolan? A po-

Well, you see what a good thing (it is) not to have four legs or four knees! Well, and could you manage trafiłabyś teraz szybko dojść do łóżka na dwu nogach?

Kasia: No pewnie, że bym potrafiła. Za dwie minutki będę w łóżku.

Mama Kasi: Zgoda. Liczę do dwudziestu: raz, dwa, trzy, cztery, pięć, sześć, siedem, osiem, dziewięć, dziesięć, jedenaście, dwanaście, trzynaście, czternaście, piętnaście...

Kasia: Wygrałam! Już od dawna jestem w łóżku!

2. Rozmowa o wieczorze sylwestrowym[1]

Mama: Za kilka dni będziemy mieli Nowy Rok. Pewnie chcielibyście pójść na bal sylwestrowy?

Adam: A dlaczego nie mielibyśmy spędzić wieczoru sylwestrowego w domu?

Mama: Przecież jesteście młodzi, moglibyście potańczyć, zabawić się...

Ewa: Wolałabym pożegnać stary rok i powitać nowy w gronie rodzinnym. Kiedy na sali balowej jest siedemdziesiąt czy osiemdziesiąt osób, czuję się zagubiona w tłumie.

Adam: Uważam, że Ewa ma rację. Przecież to będzie pierwszy taki wieczór w naszej rodzinie. Wolelibyśmy być wtedy razem z mamą.

Mama: A ja sądzę, że moglibyście zaprosić przyjaciół. Bardzo lubię, kiedy przychodzą do nas goście.

to get to bed quickly now on two legs?

Well, of course I could. In two tiny minutes I'll be in bed.

All right. I'll count to twenty: one, two, three, four, five, six, seven, eight, nine, ten, eleven, twelve, thirteen, fourteen, fifteen...

I've won! I have been in bed for ages already!

2. A conversation about New Year's Eve

It's only a few days until the New Year. I suppose you would like to go to a New Year's Eve ball?

But why shouldn't we spend New Year's Eve at home?

After all, you are young, you could dance a little, have a good time...

I would prefer to say farewell to the old year and welcome the new in the family circle. When there are seventy or eighty people in a ball room, I feel lost in the crowd.

I think Ewa is right. After all, this will be our first such evening as a family. We would prefer to spend it with you, Mother.

And I think that you might invite (some) friends. I really like (it) when visitors come to (see) us.

[1] In Poland, the 31st December is known as "Sylwester", since it is St. Silvester's day in the Catholic calendar.

Ewa: Doskonale, mamo! Zastanówmy się tylko, kogo zaprosimy.

Splendid, Mother! Let us only consider whom to invite.

Mama: Ja chciałabym, żeby przyszedł pan Bolesław z żoną. Słyszałam, że jest bardzo miła. Poznalibyśmy ją nareszcie.

As far as I am concerned, I should like Bolesław to come with his wife. I have heard she is very nice. We would get to know her at last.

Ewa: Ja zaprosiłabym Teresę. Dotychczas wszystkie wieczory sylwestrowe spędzałyśmy razem.

As for me, I would invite Teresa. Up till now we have always spent New Year's Eve together.

Adam: Oczywiście będzie na pewno Marek i Agata. Proponuję, żeby zaprosić także jego przyjaciela, Jerzego. Poznałem go przed kilkoma dniami.

Of course Marek and Agata will come. I suggest we should also invite his friend Jerzy. I got to know him a few days ago.

Mama: Chciałabym, żeby goście dobrze się u nas czuli. Przygotujemy z Ewą kolację, a ty, Adasiu, postarasz się o wino.

I should like (our) guests to feel at home (*literally*: well) with us. Ewa and I will prepare the supper, and you, Adaś, will see to the wine.

Ewa: A więc witamy Nowy Rok w domu!

And so we'll welcome in the New Year at home!

Pewnie chcielibyście pójść na bal sylwestrowy

THE CONDITIONAL MOOD OF VERBS

Nie **chciałabym** mieć stu nóg.	I wouldn't like to have a hundred legs.
Myłabyś wtedy nogi co najmniej dwanaście godzin.	Then you would be washing your feet for twelve hours at least.
Czy wiesz, ile **musiałabym** ci kupować butów?	Do you know how many pairs of shoes I would have to buy for you?
To naprawdę **byłby** kłopot.	That would really be a nuisance.
A **potrafiłabyś** teraz dojść do łóżka na dwóch nogach?	And could you manage to get to bed on two legs?
Pewnie **chcielibyście** pójść na bal sylwestrowy?	I expect you would like to go to a New Year's Eve ball?
Wolelibyśmy być razem z mamą.	We would prefer to be together with you, Mother.

In the above sentences forms of the conditional mood of verbs make their appearance. These are formed by adding the particle **by** and personal endings to the third person singular and plural of the past tense, e.g.:

SINGULAR

Masculine	Feminine	Neuter
1. chciałbym	chciałabym	—
2. chciałbyś	chciałabyś	—
3. chciałby	chciałaby	chciałoby

PLURAL

Masculine-personal forms	Feminine and inanimate forms
1. chcielibyśmy	chciałybyśmy
2. chcielibyście	chciałybyście
3. chcieliby	chciałyby

The particle **by** together with the personal endings may precede the verb, and may even be separated from it by other words. It cannot, however, be placed at the very beginning of a sentence.

Jak **by się** dwie nogi **zmęczyły, odpoczywałyby** sobie.	When two legs got tired, they would have a rest.
Bardzo drogo **by** mnie to **kosztowało.**	It would come very expensive.
A jak **bym** sobie **rozbiła** cztery kolana, to dopiero **by** mnie **bolało!**	But if I were to cut open four knees, then it would really hurt!
No pewnie, że **bym potrafiła.**	Well, of course I could.
Pewnie **byście chcieli** pójść na bal sylwestrowy.	I suppose you would like to go to a New Year's Eve ball.
Nareszcie **byśmy** ją **poznali.**	We would get to know her at last.
Chętnie **bym zaprosiła** Teresę.	I would gladly invite Teresa.

The separation of the particle **by** (together with the personal ending) occurs frequently in the spoken language.

P a t t e r n 36

Chciałabym, ż e b y **przyszedł pan Bolesław z żoną**
I should like Bolesław to come with his wife

Chciałabym, ż e b y **goście dobrze się u nas czuli.**
I should like our guests to feel at home with us.

Proszą, ż e b y ś c i e **przyszli.**
They ask you (plural) to come.

Namawiał nas, ż e b y ś m y **zobaczyli ten film.**
He kept persuading us to see that film.

Wolałbym, ż e b y ś **przyszedł sam.**
I would prefer you to come by yourself.

Verbs expressing will, desire or persuasion (of someone) take the word **żeby** and the appropriate structure. In this structure the verb takes the past tense form and the personal endings are added to the word **żeby** *that, so that.*

If the sentence has no subject, the word **żeby** governs an infinitive, e.g.:

Namawiał, ż e b y **obejrzeć** ten film.
He persuaded (everyone) to see this film.

Prosił, ż e b y **przyjść** do niego.
He asked (people) to visit him.

Wolał, ż e b y mu **nie przeszkadzać.**
He preferred not to be disturbed.

P a t t e r n 37

Zaczęłaś się myć zaraz po kolacji
You started washing yourself straight after supper

Wrócę do domu zaraz po zajęciach.
I shall return home straight after work.

Sztuka była nieciekawa. Wyszliśmy z teatru po pierwszej przerwie.
The play was uninteresting. We left the theatre after the first interval.

Spotkamy się po Nowym Roku.
We'll meet after the New Year.

P a t t e r n 38

Wstąpię do ciebie przed pójściem do pracy
I'll call at your place before going to work

Spotkamy się przed Nowym Rokiem.
We'll meet before the New Year.

Przed wyjściem z domu zgasił światło:
Before leaving home he turned out the light.

* * *

Poznała go **przed kilkoma dniami** (or: kilka dni temu).	She got to know him a few days ago.
Wyjechał **przed rokiem** (or: rok temu).	He went away a year ago.
Widziałem go **przed godziną** (or: godzinę temu).	I saw him an hour ago.

USE OF WORDS

1. The verb **boleć** takes the accusative of nouns (and pronouns)

Boli **mnie** kolano.	My knee hurts (*literally*: hurts me).
Boli **go** głowa.	He has a headache (*literally*: his head hurts him).
Bolą **ją** zęby.	She has a toothache.
Moją córkę wciąż *bolą* uszy.	My daughter has a constant earache.

2. The verb **starać się** (**postarać się**) takes:

a) the word **o** plus the accusative:

Ty, Adasiu, *postarasz się* **o wino**.	You, Adaś, will see to the wine.
Postaraj się **o bilety** na ten film.	Try to get tickets for that picture.

b) the infinitive:

Postaraj się **przyjść** punktualnie.	Make an effort to come on time.

c) the word **żeby** plus the relevant sentence:

Postaraj się, **żeby** wszystko było gotowe na czas.	Make sure that everything is ready on time.

Która godzina? *What is the time?*

(jest) dziesięć (minut) po dziewiątej	(it is) ten (minutes) past nine
(jest) piętnaście (kwadrans) po ósmej	(it is) fifteen (a quarter) past eight
(jest) dwadzieścia (minut) po dwunastej	(it is) twenty (minutes) past twelve

O której godzinie? *At what time?*

(o godzinie) dziesięć po dziewiątej	at ten past nine (o'clock)
(o godzinie) piętnaście (kwadrans) po ósmej	at fifteen (a quarter) past eight (o'clock)
(o godzinie) dwadzieścia po dwunastej	at twenty past twelve (o'clock)

We express clock time, from the full hour to the half hour, with the help of the word **po** and the locative (for other ways of expressing clock time, see pp. 70, 88, 174).

IDIOMS AND EXPRESSIONS

od stóp do głów	*from head to foot* (in Polish the order is reversed)
całe szczęście, że ...	*it is a good thing that... fortunately, luckily*
po co?	*what for?*
od dawna	*for a long time* (referring to the past only) *(for ages)*
bal sylwestrowy	*New Year's Eve ball*
wieczór sylwestrowy	*New Year's Eve, New Year's Eve party*
pożegnać stary rok	*to say farewell to (see out) the Old Year*
powitać Nowy Rok	*to welcome (see in) the New Year*

EXERCISES

I. a) Answer the question: *What time is it?*

Ten past eight, five past four, twenty past eleven, a quarter past five, twenty-five past ten, fifteen past two, ten to three, a quarter to nine, eight minutes to one.

b) Answer the question: *At what time?*

At fifteen past twelve, at ten past one, at twenty past three, at five past ten, at twenty-five past five, at twenty to three, at ten to two, at a quarter to eleven.

II. Put in the correct form of the conditional mood of the verbs given in brackets:
1. Ewa i Adam (chcieć) spędzić wieczór sylwestrowy w domu. 2. (Woleć — ja, kobieta) powitać Nowy Rok w gronie rodzinnym. 3. (Móc — my, panie i panowie) pójść dziś do kina. 4. (Zaprosić — ja, mężczyzna) Teresę, ale wiem, że nie przyjdzie. 5. Na pewno (potrafić — ty, kobieta) to zaśpiewać, ale pewnie nie chcesz. 6. (Przydać się) mi taka torebka. 7. Teraz już (potrafić — ty, kobieta) powiedzieć to po polsku. 8. (Wyjechać — my, mężczyźni) jutro przed południem. 9. Chętnie (przeczytać — my, kobiety) coś interesującego.

III. Use the conjunction *żeby* and put in the correct form of the verbs given in brackets:
1. Dyrektor zaproponował (przyjść — ja, kobieta) jutro do pracy. 2. Nauczycielka namawiała uczniów (obejrzeć) ten film. 3. Poproś babcię (opowiedzieć) ci bajkę. 4. Wolę (kupić — ty, mężczyzna) mi kwiaty. 5. Prosimy (spędzić — panie) z nami ten wieczór. 6. Marta chciałaby (spotkać — my, panie i panowie) przed świętami.

KEY TO THE EXERCISES

LESSON 1

Ćwiczenie* I.

1. Tak, to jest pani Irena Marecka.
Nie, to nie jest pani Irena Marecka.
2. Tak, to jest pan Jerzy Mackiewicz.
Nie, to nie jest pan Jerzy Mackiewicz.
3. Tak, to jest pani Wanda.
Nie, to nie jest pani Wanda.
4. Tak, to jest pan Tomasz.
Nie, to nie jest pan Tomasz.
5. Tak, to jest Krysia.
Nie, to nie jest Krysia.

Ćwiczenie II.

1. Pani Ewa śpiewa, gra, słucha.
Pani Ewa nie śpiewa, nie gra, nie słucha.
2. Pan Adam śpiewa, gra, słucha.
Pan Adam nie śpiewa, nie gra, nie słucha.
3. Kasia śpiewa, gra, słucha.
Kasia nie śpiewa, nie gra, nie słucha.
4. Leszek śpiewa, gra, słucha.
Leszek nie śpiewa, nie gra, nie słucha.
5. Pani Ewa i pan Adam śpiewają, grają, słuchają.
Pani Ewa i pan Adam nie śpiewają, nie grają, nie słuchają.

LESSON 2

Ćwiczenie I. (one of the possible answers) 1. Warszawa to duże, ładne miasto. 2. Ewa to młoda, ładna, miła pani. 3. Kasia to miłe, ładne, dobre, małe dziecko. 4. Pan Adam to wysoki, młody mężczyzna. 5. Agata to ładna, duża lalka. 6. Pan Adam to młody inżynier.

Ćwiczenie II. 1. To jest moja lalka. 2. To jest nasz dom. 3. To jest twój pies. 4. To jest nasze dziecko. 5. To jest moja mama. 6. To jest wasze mieszkanie. 7. To jest nasza córka.

Ćwiczenie III. 1. Pani Ewa jest ładna. 2. Kasia jest miła. 3. Pan Adam jest wysoki. 4. Nasze miasto jest duże. 5. Lalka jest mała. 6. Moje mieszkanie jest duże.

---

* Ćwiczenie = Exercise

Ćwiczenie I. 1. Tak, czytam powieść. 2. Czy Adam ma dziś czas? Tak, Adam ma dziś czas. 3. Tak, zamawiamy wino. 4. Czy państwo mają nowe mieszkanie? Tak, mamy nowe mieszkanie. 5. Czy Kasia śpiewa pieśń? Tak, Kasia śpiewa pieśń. 6. Tak, zamawiam ciastko.

Ćwiczenie II. 1. Przepraszam, czy to jest szpital? 2. Jestem ciekaw (ciekawa), czy masz dziś wolny wieczór? 3. Dobry wieczór państwu, co państwo zamawiają? 4. Jestem ciekaw (ciekawa), kiedy wypada twój dyżur? 5. Przepraszam, gdzie jest pani doktor Ewa Gadomska? 6. Jestem ciekaw (ciekawa), dlaczego się spóźniasz? 7. Przepraszam, czy tam jest wolny stolik?

Ćwiczenie I. 1. Ewa zna moją siostrę. 2. Przesuwamy nową szafę. 3. Pan Adam przeprasza panią Ewę. 4. Wołam małą Kasię. 5. Zamawiamy dobrą kawę. 6. Kasia czyta nową książkę. 7. Ewa sprząta pokój, kuchnię, łazienkę. 8. Adam pisze list.

Ćwiczenie II. 1. Dziś mam ochotę śpiewać. 2. Czy masz ochotę opowiadać? 3. Kiedy państwo mają zamiar wyjechać? 4. Teraz urządzacie mieszkanie. 5. Czy pani ma dobry humor? 6. Tak, dziś mam świetny humor.

Ćwiczenie I. 1. Adam ją rozumie. Adam rozumie moją córkę. 2. Czy pani chce go kupić? Czy pani chce kupić dużego psa? 3. Dziecko nie może go uratować. Dziecko nie może uratować małego kota. 4. Czy pan go zna? Czy pan zna zdolnego reżysera? 5. Kasia chce go zobaczyć. Kasia chce zobaczyć wielkiego słonia. 6. Nie wiem, czy chcecie ją przeczytać. Nie wiem, czy chcecie przeczytać nową książkę. 7. Domyślam się, że państwo chcą ją kupić. Domyślam się, że państwo chcą kupić śliczną lalkę 8. Zastanawiam się, czy je kochasz. Zastanawiam się, czy kochasz małe dziecko. 9. Nie zamierzam go wychwalać. Nie zamierzam wychwalać pana Adama.

Ćwiczenie II. (one of the possible answers) 1. Zastanawiam się, czy go kochasz. 2. Nie wiem, czy je rozumiesz. 3. Ciekawe, czyj to pies. 4. Chcę tylko wiedzieć, czy ją spotykasz. 5. Nie mogę zrozumieć, dlaczego je wychwalasz. 6. Nie wiem, czy dobrze ją znasz. 7. Zastanawiam się, czy mnie rozumiesz. 8. Ciekaw jestem, kiedy mogę cię zobaczyć?

Ćwiczenie III. 1. Ewa chce go zobaczyć. 2. Państwo mogą je uzasadnić. 3. Dziecko wie, kto je kocha. 4. Chcemy cię często spotykać. 5. Czy możecie mnie zrozumieć?

Ćwiczenie I. 1. To są piękne kwiaty. 2. To są ładne kobiety. 3. Te panie umieją śpiewać. 4. Twoje koty są jeszcze małe. 5. Czy te miejsca są wolne? 6. Czy to są ciekawe książki? 7. Moje siostry zamierzają dziś wyjechać. 8. Dobrze znamy te miasta. 9. Możemy zapytać te panie. 10. Zwiedzimy dziś te parki. 11. Gdzie są wolne stoliki? 12. Nie wiemy, czy te panie mają rację.

Ćwiczenie II. Te części; te pokoje; te stoły; te rzeczy; te noce; te miasta; te brzegi; te uszy; te oczy; te stoliki; te lalki; te ręce; te biura.

Ćwiczenie III. 1. projektuje; 2. zajmuję; 3. pracujesz; 4. uregulują; 5. nocuję; 6. pielęgnuje.

LESSON 7

Ćwiczenie I.

a) 1. Ją. 2. ją. 3. ją. 4. go. 5. je. 6. ją.

b) 1. Dziewczynki naśladują matki. 2. Panie otwierają parasolki. 3. Dzieci mają lalki. 4. Kto polewa trawniki? 5. Czy możecie uspokoić dzieci? 6. Panie kupują róże.

c) 1. je; 2. je; 3. je; 4. je; 5. je; 6. je.

Ćwiczenie II. 1. Jest godzina pierwsza; godzina pierwsza; pierwsza. 2. Jest godzina jedenasta; godzina jedenasta; jedenasta. 3. Jest godzina druga; godzina druga; druga. 4. Jest godzina dwunasta; godzina dwunasta; dwunasta. 5. Jest godzina trzecia; godzina trzecia; trzecia. 6. Jest godzina siódma; godzina siódma; siódma. 7. Jest godzina dziesiąta; godzina dziesiąta; dziesiąta. 8. Jest godzina ósma; godzina ósma; ósma.

LESSON 8

Ćwiczenie I. Moi bracia, uparci synowie, punktualni nauczyciele, nasi goście, starzy listonosze, dobrzy pływacy, polscy aktorzy, młodzi Francuzi, twoi koledzy, mali chłopcy, mili panowie, tamci studenci, niecierpliwi mężowie, ci ludzie, dzielni marynarze, radzieccy kosmonauci, zdolni tłumacze, nasi sąsiedzi, wasi ojcowie.

Ćwiczenie II. 1. Tak, one są zdolne. 2. Tak, oni nastawili radio. 3. Tak, oni lubią tańczyć. 4. Tak, one są nowe. 5. Tak, one śpią. 6. Tak, one muszą pić mleko. 7. Tak, oni są młodzi. 8. Tak, oni chcą się bawić. 9. Tak, oni mają karty pływackie. 10. Tak, one są smaczne.

Ćwiczenie III. 1. Nic nie robię, leżę i opalam się. 2. Czy ci państwo lubią się opalać? 3. Nie, oni nie lubią się opalać. 4. Czy Ewa i Adam jedzą kanapki? 5. Ewa je kanapki, a Adam czyta gazetę. 6. Dlaczego nic nie jecie? 7. Wolimy teraz spać. 8. Czy Kasia chętnie się myje? 9. Nie, dzieci niechętnie się myją. 10. Czy jutro wcześnie wstajesz? 11. Tak, jutro wstaję wcześnie, myję się, jem śniadanie i zaczynam pracę. 12. Czy Adam jeszcze śpi? 13. Nie, Adam już nie śpi, on się myje i goli.

LESSON 9

Ćwiczenie I. 1. Nie mam dziś czasu. 2. Nie znam pani gustu. 3. Nie zdążę wypić herbaty. 4. Nie mam nowej parasolki i torebki. 5. Ewa nie lubi tej ulicy. 6. Nie mamy dziś szczęścia! 7. Państwo nie zobaczą pierwszego aktu. 8. Nie zamykasz okna? 9. Nie mam dobrych papierosów.

Ćwiczenie II. 1. ... wpół do dwunastej ... spóźnimy. 2. ... spóźnia. 3. ... wstawać ... wstać. 4. ... skrócić. 5. ... czwarta ... uczesać. 6. ... kupuje ... . 7. ... ósma? ... wpół do dziewiątej. ... czekać.

Ćwiczenie I.

Dzisiaj jest poniedziałek   Dzisiaj jest piątek
„   „   wtorek   „   „   sobota
„   „   środa   „   „   niedziela
„   „   czwartek

Ćwiczenie II.

Dzisiaj jest szósty stycznia   Dzisiaj jest drugi kwietnia
„   „   dziewiąty czerwca   „   „   czwarty lipca
„   „   ósmy lutego   „   „   piąty września
„   „   dziesiąty maja   „   „   trzeci listopada
„   „   dwunasty marca   „   „   jedenasty października
„   „   siódmy sierpnia   „   „   pierwszy grudnia

Ćwiczenie III. 1. Kalendarz; 2. kalendarza; 3. psa; 4. tego psa; 5. mocną herbatę; 6. mocnej herbaty; 7. cukier, mąkę, masło; 8. cukru, ... wędliny ... dużego kurczaka; 9. kawy; 10. listu; 11. deszczu ... ładną pogodę; 12. naszego kraju; 13. tego profesora; 14. tego profesora.

Ćwiczenie I. 1. Chcę zrobić niespodziankę mojemu mężowi. 2. Musimy dziś pomóc tej kobiecie i temu mężczyźnie. 3. Szyję garsonkę tej młodej miłej pani. 4. Nowy taniec podoba się naszej młodzieży. 5. Ból głowy dolega choremu chłopcu. 6. Kasia sprawiła kłopot ojcu i mamie. 7. Sprawiliśmy zawód kolegom. 8. Ufam żonie. 9. Życzę szczęścia temu dziecku. 10. Lekarz życzy zdrowia pacjentowi. 11. Pielęgniarka robi zastrzyk choremu człowiekowi.

Ćwiczenie II. 1. mu; 2. im; 3. mu; 4. mu; 5. jej; 6. jej; 7. mu; 8. im; 9. im; 10. jej; 11. mu.

Ćwiczenie I. 1. Moje mieszkanie. 2. Nasze książki. 3. Twoje kwiaty. 4. Wasz samochód. 5. Jej siostra. 6. Jego córka. 7. Jego pies. 8. Ich przyjaciele.

Ćwiczenie II. dwie ciekawe książki; dwie młode dziewczyny; dwaj młodzi przyjaciele; trzy wysokie okna; trzej przystojni mężczyźni; trzy dorosłe córki; czterej polscy dziennikarze; cztery nowe suknie; cztery dobre studentki; cztery wieczne pióra; trzej moi bracia; dwie ich siostry; cztery jej przyjaciółki; trzy ładne zabawki; cztery czarne ołówki; dwaj jego koledzy.

Ćwiczenie III. 1. Marka; 2. dziewczynek; 3. dziennikarza; 4. naszych córek; 5. Ewy i Adama.

Ćwiczenie IV. 1. Spotkamy się za dwa tygodnie. 2. Wrócimy za trzy miesiące. 3. Ślub będzie za miesiąc. 4. Rzucę palenie za cztery dni. 5. Oddam ci pożyczkę za dwa dni.

Ćwiczenie I. 1. Jadę; 2. pojedziecie; 3. pojedzie; 4. popłyniesz, pojadę; 5. wracamy; 6. wracają, zostajemy; 7. wsiądą, pojadą; 8. jedziesz; 9. odleci, wrócę.

Ćwiczenie II. 1. Ewo, wypij trochę kompotu. 2. Mamo, weź parasolkę! 3. Kasiu, kup gazetę. 4. Córeczko, jedz codziennie śniadanie. 5. Panie konduktorze, gdzie jest wagon pierwszej klasy? 6. Janku, spakuj walizkę. 7. Ciociu, szczęśliwej podróży! 8. Kolego, mamy jeszcze sporo czasu. 9. Chłopczyku, powiedz, jak się nazywasz. 10. Agato, nie kupuj tej sukienki. 11. Adasiu, wsiądźmy do samolotu i polećmy do Kopenhagi. 12. Piesku, chodź tu, szybko!

Ćwiczenie III.

a) 1. Do Zakopanego ... na Mazury. 2. do lasu ... nad rzeką. 3. do wagonu. 4. do parku. 5. do Ameryki.

b) the personal pronouns make their appearance, as the logical stress falls on them.

Ćwiczenie I. Na ulicy; w dużej klasie; na wysokiej górze; w pociągu; w naszej wsi; na jej twarzy; w twoim mieście; na ich podwórzu; na drugim piętrze; w jasnych klasach; w moim domu; na północnym wschodzie; na zachodzie; w polskich teatrach; w ciemnym lesie; w naszym pokoju; w ładnym klubie; w dużym parku; w Londynie; w Paryżu; w Warszawie; w Ameryce; w Europie; w mieście; na dworcu; na uniwersytecie; na świecie; w białych kopertach.

Ćwiczenie II. 1. Na boisku. 2. w szkole tysiąclecia. 3. w klasie. 4. na korytarzu. 5. w stoczniach. 6. w kopalni. 7. w pierwszej ławce. 8. na schodach. 9. w miastach, miasteczkach, wsiach. 10. w tym pociągu.

Ćwiczenie III. 1. powiedzą; 2. pokażesz; 3. opowiemy; 4. dostanę; 5. dowiecie się.

Ćwiczenie I. 1. Nie, nad jezioro pojedziemy autem. 2. Nie, do placu Zwycięstwa można dojechać autobusem. 3. Nie, na Kasprowy Wierch pojedziemy kolejką linową. 4. Nie, na tę wyspę popłyniemy statkiem. 5. Nie, do Krakowa pojadę pociągiem pośpiesznym.

Ćwiczenie II. 1. gęstym lasem; 2. tą drogą; 3. tą wąską ścieżką; 4. tą ulicą; ulicą Bielańską; 5. trasą Północ — Południe.

Ćwiczenie III. 1. Ewa tańczy z Adamem. Ewa tańczy z nim. 2. Zapoznam cię z moją koleżanką. Zapoznam cię z nią. 3. Zjemy z Markiem kolację. Zjemy z nim kolację. 4. Z wami jest zawsze bardzo wesoło. 5. Z tobą nie umiem się bawić. 6. Chodźcie z nami do kina. 7. Dlaczego Marek sprzecza się z Agatą? Dlaczego Marek sprzecza się z nią? 8. Wybieramy się dziś do teatru z córkami. Wybieramy się dziś do teatru z nimi. 9. Dzisiejszy wieczór spędzę z kolegami. Dzisiejszy wieczór spędzę z nimi.

Ćwiczenie I. 1. o godzinie jedenastej. 2. o dziesiątej, 3. o godzinie drugiej. 4. O wpół do pierwszej. 5. o godzinie wpół do dziewiątej. 6. o godzinie wpół do jedenastej.

Ćwiczenie II. 1. Kasia je zupę łyżką. 2. Herbatę Kasia pije łyżeczką. 3. Kasia uczy się jeść drugie danie widelcem i nożem. 4. Piszę list piórem. 5. Myję się mydłem i wodą, a wycieram ręcznikiem. 6. Drzwi otwieramy kluczem. 7. Dziecko rysuje ołówkiem.

Ćwiczenie III. 1. O mamie; 2. o zdrowie mamy; 3. o zdrowie siostry; 4. o nas; 5. o nas; 6. o powrocie; 7. o kim; 8. o panu; 9. o nasze zdrowie; 10. o czym; 11. o ciszę; 12. o list; 13. o Marka i Agatę.

Ćwiczenie I. 1. Ta sukienka kosztuje dziewięćdziesiąt pięć złotych. 2. Bilet do Milanówka kosztuje osiem złotych. 3. Te korale kosztują trzydzieści sześć złotych. 4. Bilet do kina kosztuje sześć złotych. 5. Bilet tramwajowy kosztuje pięćdziesiąt groszy. 6. Tamten krawat kosztuje czterdzieści złotych. 7. W domu jestem już pięć dni. 8. Pociąg pośpieszny do Krakowa idzie sześć godzin. 9. Czekam na ciebie dziesięć minut. 10. Dziś pracowałem osiem godzin. 11. Nad morzem będziemy dwa tygodnie.

Ćwiczenie II. Pięć krajów; cztery europejskie miasta; siedem dużych kin; sześć nowoczesnych domów; dziewięć basenów; dziesięć białych koszul; trzy ładne suknie; trzej polscy fotoreporterzy; dwie angielskie dziennikarki; pięciu zagranicznych specjalistów; osiem odrzutowych samolotów; dziewięć szerokich ulic; tysiąc cudzoziemców; sto pań.

Ćwiczenie III. 1. białych koszul; 2. ładnych domów, szerokich ulic, nowoczesnych kin; 3. kin podmiejskich; 4. basenów; 5. basenów; 6. parków, ładnych placów, pomników; 7. ciekawych zdjęć; 8. lokomotyw; 9. ciekawych miast; 10. cudzoziemców ... specjalistów ... fotoreporterów.

Ćwiczenie IV.

a) 1. Oglądamy je. 2. Turyści fotografują je. 3. Dziennikarz pisze je. 4. Poznajemy ich. 5. Przedstawimy ich państwu. 6. Odwieziemy je na dworzec. 7. Agata je kupi. 8. Zwiedzą je państwo.

b) 1. Nie oglądamy ich. 2. Turyści ich nie fotografują. 3. Dziennikarz ich nie pisze. 4. Nie poznajemy ich. 5. Nie przedstawimy ich państwu. 6. Nie odwieziemy ich na dworzec. 7. Agata ich nie kupi. 8. Państwo ich nie zwiedzą.

Ćwiczenie I. 1. z szybkością sześciuset kilometrów na godzinę; za piętnaście (minut) dziewiąta; 2. z szybkością czterdziestu kilometrów na godzinę; za pięć (minut) dziewiąta; 3. z szybkością siedemdziesięciu kilometrów na godzinę; za dziesięć (minut) pierwsza; 4. z szybkością dwudziestu pięciu kilometrów na godzinę; za dwadzieścia pięć (minut) szósta; 5. z szybkością osiemdziesięciu kilometrów na godzinę; za piętnaście (minut) dziesiąta; 6. z szybkością siedemdziesięciu pięciu kilometrów na godzinę; za dwadzieścia (minut) piąta.

Ćwiczenie II. 1. Dziś o godzinie za dwadzieścia pięć (minut) ósma wyjechaliśmy z Warszawy. 2. Jutro o godzinie za dwadzieścia (minut) jedenasta państwo Rybczyńscy wyjadą ze Szczecina. 3. Wczoraj za pięć (minut) pierwsza Marek wyjechał z Poznania. 4. Za tydzień o godzinie za dziesięć (minut) dwunasta odlecę samolotem Ił-18 z Moskwy. 5. Wieczorem za piętnaście (minut) ósma wyjdziemy z teatru. 6. Z rana za dziesięć (minut) dziewiąta Agata wychodzi z pracy. 7. Jutro o godzinie za pięć (minut) siódma odpłyniemy ze Szwecji.

Ćwiczenie III.

a) 1. gości; 2. jesienne liście; 3. nauczycieli; 4. klucze; 5. linie; 6. kamienie; 7. nauczycielki.

b) 1. ich; 2. je; 3. ich; 4. je; 5. je; 6. je; 7. je

c) 1. Nie lubię zapraszać gości. 2. Ewa nie lubi zbierać jesiennych liści. 3. Dzieci nie szanują nauczycieli. 4. Adam nie chowa kluczy. 5. Kasia nie rysuje linii. 6. Chłopiec nie zbiera kamieni. 7. Dziewczynki nie naśladują nauczycielek.

d) 1. Nie lubię ich zapraszać. 2. Ewa nie lubi ich zbierać. 3. Dzieci ich nie szanują. 4. Adam ich nie chowa. 5. Kasia ich nie rysuje. 6. Chłopiec ich nie zbiera. 7. Dziewczynki ich nie naśladują.

Ćwiczenie IV. Spójrz, pomóż, zrób, zgódź się, chodź, posól, posłodź, zastanów się, ogol się, pozwól, otwórz.

LESSON 19

Ćwiczenie I. 1. Teraz pójdziemy na kawę. 2. Spieszę się na spotkanie z narzeczoną. 3. Tak, wybieramy się dziś do filharmonii na koncert. 4. Tak, pójdziemy jutro do teatru na tę sztukę. 5. Marek poszedł na mecz. 6. Czy pójdziesz ze mną na lody. 7. Czy można jeszcze dostać dwa bilety na wystawę do muzeum?

Ćwiczenie II. Do przyjaciela; do Ewy; do Kasi; do rodziców; do nauczyciela; do cioci; do chłopca; do profesora; do pana.

Ćwiczenie III. 1. Koledzy życzą młodej parze dużo szczęścia. 2. Mama życzy Ewie dobrej pogody. 3. Stewardesa życzy pasażerom szczęśliwej podróży. 4. Przyjaciele gratulują mi zdania egzaminu. 5. Gratulujemy państwu pięknego sukcesu.

LESSON 20

Ćwiczenie I. 1. Kasiu, śpij już! 2. Kasiu, zacznij zaraz porządnie jeść! 3. Mamo, zamknij okno! 4. Ewo, obejrzyj film! 5. Chłopcze, zapnij tornister! 6. Ewo, nie zapomnij odwiedzić chorego! 7. Marku, wyjmij papierosy z pudełka! 8. Kasiu, zdejmij buty!

Ćwiczenie II. 1. Do ojca; 2. do niej; 3. na niego; 4. na Ewę; 5. na nią; 6. do niej; 7. jej; 8. dziecku; 9. mu; 10. je; 11. je; 12. go; na niego; 13. ją; 14. jej; 15. niż lody.

LESSON 21

Ćwiczenie I. 1. Pan Marek jest dziennikarzem. 2. Pan Zalewski jest chirurgiem. 3. Marta jest dentystką. 4. Bogna Sokorska jest znaną śpiewaczką. 5. Adam Hanuszkiewicz jest znanym artystą i reżyserem. 6. Ewa i Adam są małżeństwem. 7. Moi sąsiedzi są sympatycznymi ludźmi. 8. Państwo Godlewscy są naszymi gośćmi. 9. Marek i Ludwik są braćmi. 10. Bogdan i Staszek są starymi przyjaciółmi. 11. Sokołowscy są słynnymi w całym mieście lekarzami. 12. Kasia i Mirek są małymi dziećmi. 13. Paryż jest stolicą Francji. **Ćwiczenie II.** 1. Dzieci idą do szkoły rano (lub: z rana) i w południe. 2. Ewa wraca z pracy wieczorem. 3. Kładziemy się spać o północy. 4. Pójdę na spacer wieczorem. 5. Kasia ma wakacje latem (lub: w lecie). 6. Wyjedziemy na urlop zimą (lub: w zimie). 7. Skończę dyżur o (godzinie) trzeciej po południu. 8. Jemy kolację o (godzinie) ósmej wieczorem. 9. Samolot z Moskwy przylatuje o (godzinie) dwunastej w nocy. **Ćwiczenie III.** 1. Z dziećmi. 2. za lekarza ... za naukowca ... za artystę ... za wojskowego. 3. z tobą i z nim. 4. z własnym mężem. 5. do kogo ... do państwa Zalewskich ... do nich. 6. dziewczynie.

LESSON 22

Ćwiczenie I. dałem, dałam; byłem, byłam; chodziłem, chodziłam; słuchałem, słuchałam; miałem, miałam; wiedziałem, wiedziałam; rozumiałem, rozumiałam; marzłem, marzłam; mokłem, mokłam; kładłem, kładłam; mogłem, mogłam; wziąłem, wzięłam; niosłem, niosłam; wracałem, wracałam; wróciłem, wróciłam minąłem, minęłam; pamiętałem, pamiętałam.

Ćwiczenie II. 1. Byłaś niegrzeczna, chodziłaś bez płaszcza. 2. Z rana było ciepło. 3. Wieczorem padał deszcz. 4. Nie słuchałeś (słuchałaś) mnie i mokłeś (mokłaś) na deszczu. 5. Mama opowiadała Kasi bajkę. 6. Król mieszkał ze swoją żoną w wielkim zamku. 7. Król kochał swoją żonę. 8. Mała królewna bawiła się w ogrodzie. 9. Widziała to zła czarownica. 10. Ona chciała porwać ich córeczkę. 11. Kasi podobała się bajka. 12. Królewna chwaliła swego psa. 13. Adam szukał kluczy. 14. Chłopiec wracał ze szkoły późno. 15. Dlaczego prosiłeś (prosiłaś) woźnego o pomoc? 16. Siedziałeś (siedziałaś) na schodach i czekałeś (czekałaś) na mnie? 17. Nie widziałem (widziałam) dziś Marka.

Ćwiczenie III. 1. Swoją. 2. moich. 3. swój. 4. moją. 5. swoim. 6. twojej. 7. swoich. 8. naszej. 9. swój. 10. jej. 11. twoją. 12. swój.

LESSON 23

Ćwiczenie I. 1. Uratowałem (uratowałam) chłopców. 2. Widywałem (widywałam) cudzoziemców, cudzoziemki. 3. Pytałem (pytałam) studentów, studentki. 4. Spotkałem (spotkałam) Murzynów, Murzynki, Bułgarów, Bułgarki, Rosjan, Rosjanki, Francuzów, Francuzki, Anglików, Angielki. 5. Znałem (znałam) sąsiadów, sąsiadki. 6. Czekałem (czekałam) na znajomych panów, znajome panie. 7. Oglądałem (oglądałam) tygrysy, lwy, żyrafy, słonie, małpy. 8. Tresowałem (tresowałam) psy, konie. 9. Jadłem (jadłam) ciastka z kremem. 10. Znalazłem (znalazłam) adresy i numery telefonów.

Ćwiczenie II. 1. Trzeba ich ukarać. 2. Zapytaj ich. 3. Czy często je widujesz? 4. Znam je. 5. Spotkaliśmy je. 6. Kupiłem je dla ciebie. 7. Uratowaliście je. 8. Proszę ich tam posłać.

Ćwiczenie III. 1. w tym tygodniu. 2. w lutym. 3. w ubiegłym roku. 4. w tysiąc dziewięćset sześćdziesiątym trzecim roku. 5. w przyszłym miesiącu. 6. w maju. 7. w tym tygodniu. 8. w czasie podróży. 9. w okresie studiów. 10. w dniu urodzin.

LESSON 24

Ćwiczenie I. 1. One chciały ... 2. Oni rozmawiali ... 3. One bały się ... i czekały ... 4. Oni ... naprawili ... 5. One słuchały ... 6. Oni oglądali ... 7. One płakały ... 8. One pomogły ... 9. One wisiały ... 10. One bawiły się ... 11. One leżały ... 12. Oni grali ...

Ćwiczenie II. 1. ciebie. 2. cię. 3. go ... jego. 4. mi ... mnie. 5. mu. 6. jemu. 7. go ... jego ... ciebie. 8. cię. 9. ciebie. 10. mi ... je.

Ćwiczenie III.
a) 1. ze sobą. 2. ze sobą. 3. na siebie. 4. siebie. 5. o siebie;
b) 1. o sobie. 2. z siebie. 3. sobie. 4. o siebie. 5. ze sobą. 6. sobą.

LESSON 25

Ćwiczenie I. 1. będziemy tłumaczyć (będziemy tłumaczyli lub będziemy tłumaczyły). 2. będę odwiedzać (będę odwiedzał lub będę odwiedzała). 3. będzie czekać (będzie czekał). 4. będę pisać (będę pisał lub będę pisała). 5. będę pomagać (będę pomagał lub będę pomagała). 6. będę palić (będę palił lub będę paliła). 7. będziemy się spotykać (będziemy się spotykali lub będziemy się spotykały).

Ćwiczenie II. 1. w Krakowie u państwa Jodłowskich. 2. w hotelu, u koleżanki. 3. u Ireny. 4. u kuzynów, u nich, u siebie w domu. 5. w domu, w kawiarni u znajomych. 6. u kogo, w Brukseli, u państwa Dubois.

Ćwiczenie II. 1. jechały dwie panie. 2. stanęły trzy samochody. 3. przyszli dwaj milicjanci (lub: przyszło dwóch milicjantów). 4. reperowało kilku kierowców. 5. dwaj moi sąsiedzi parkowali (lub: dwóch moich sąsiadów parkowało). 6. przyszły ... trzy moje koleżanki.

LESSON 26

Ćwiczenie I.

a) jest (godzina) dziesięć po ósmej, jest (godzina) pięć po czwartej, jest (godzina) dwadzieścia po jedenastej, jest kwadrans po piątej, jest (godzina) dwadzieścia pięć po dziesiątej, jest (godzina) piętnaście po drugiej, jest (godzina) za dziesięć trzecia, jest za kwadrans dziewiąta, jest (godzina) za osiem pierwsza.

b) o godzinie piętnaście po dwunastej, o godzinie dziesięć po pierwszej, o godzinie dwadzieścia po trzeciej, o godzinie pięć po dziesiątej, o godzinie dwadzieścia pięć po piątej, o godzinie za dwadzieścia trzecia, o godzinie za dziesięć druga, o godzinie za kwadrans jedenasta.

Ćwiczenie II. 1. chcieliby. 2. wolałabym. 3. moglibyśmy. 4. zaprosiłbym. 5. potrafiłabyś. 6. przydałaby mi się. 7. potrafiłabyś. 8. wyjechalibyśmy. 9. przeczytałybyśmy.

Ćwiczenie III. 1. żebym przyszła. 2. żeby obejrzeli. 3. żeby opowiedziała. 4. żebyś kupił. 5. żeby panie spędziły. 6. żebyśmy się spotkali.

THE NOUN

Masculine nouns (inanimate)

Singular

N.	sklep	teatr	kamień
G.	sklepu[1]	teatru[1]	kamienia[1]
D.	sklepowi	teatrowi	kamieniowi
A.	sklep	teatr	kamień
I.	sklepem	teatrem	kamieniem
L.	sklepie[2]	teatrze[2]	kamieniu[2]
V.	sklepie[3]	teatrze[3]	kamieniu[3]

N.	przystanek[4]	stół[4]	błąd[4]
G.	przystanku[1]	stołu[1]	błędu[1]
D.	przystankowi	stołowi	błędowi
A.	przystanek	stół	błąd
I.	przystankiem	stołem	błędem
L.	przystanku[2]	stole[2]	błędzie[2]
V.	przystanku[3]	stole[3]	błędzie[3]

---

[1] There is no definite rule to help one decide whether the -u or the -a ending ought to be added in the genitive singular of inanimate nouns. All one can do is to provide partial rules:

    a) nouns ending in a soft consonant mostly have the ending -a;

    b) material, collective and abstract nouns mostly have the ending -u.

For the remaining nouns the genitive ending must to be memorized in each case. It is given in the Vocabulary.

[2] The -e ending appears in the locative singular of nouns ending in the following consonants: b, d, f, m, ł, n, p, r, s, t, w, z. The consonants b, f, m, n, p, w undergo a softening, which is expressed in writing by putting the letter i after the consonant in question. The remaining consonants are exchanged for others i.e. d becomes dzi, ł : l, r : rz, s : si, sł : śl, sn : śni, st : ści, t : ci, z : zi, zd : ździ, zn : źni.

The -u ending is taken by nouns whose stem ends in a soft consonant as well as in one of the following consonants: c, dz, cz, dż, l, rz, sz, ż, k, g, ch.

E x c e p t i o n s (with the -u ending): dom, pan, syn.

The form of the locative singular is given in the Vocabulary.

[3] The vocative form is nearly always the same as the locative. There are only a few exceptions to this rule. Here are the most important of them: chłopiec *boy* vocative chłopcze, Bóg *God* — Boże, głupiec *fool* — głupcze, pan *gentleman* — panie.

[4] Some nouns have a different stem in the nominative singular

    a) Before the final stem vowel the sound e appears (occasionally o). In the remaining cases the sound is dropped.

N.	sklepy[5]	teatry[5]	kamienie[5]
G.	sklepów[6]	teatrów[6]	kamieni[6]
D.	sklepom	teatrom	kamieniom
A.	sklepy	teatry	kamienie
I.	sklepami	teatrami	kamieniami
L.	sklepach	teatrach	kamieniach
V.	sklepy	teatry	kamienie

N.	przystanki[5]	stoły[5]	błędy[5]
G.	przystanków[6]	stołów[6]	błędów[6]
D.	przystankom	stołom	błędom
A.	przystanki	stoły	błędy
I.	przystankami	stołami	błędami
L.	przystankach	stołach	błędach
V.	przystanki	stoły	błędy

Declension of some irregular nouns

	tydzień		rok	
Singular	Plural	Singular	Plural	
N.	tydzień	tygodnie	rok	lata
G.	tygodnia	tygodni	roku	lat
D.	tygodniowi	tygodniom	rokowi	latom
A.	tydzień	tygodnie	rok	lata
I.	tygodniem	tygodniami	rokiem	latami (but **przed laty** *years ago*)
L.	tygodniu	tygodniach	roku	latach
V.	tygodniu	tygodnie	roku	lata

b) Some nouns which have an ó sound before the final consonant of the stem exchange in nearly all remaining cases ó for o.

c) Nouns which have an ą sound before the final consonant of the stem mostly exchange ą for ę in nearly all remaining cases.

All the above stem exchanges are given in the Vocabulary.

[5] Nouns ending in a hard consonant have the ending -y in the nominative plural (with the exception of nouns with a stem ending in one of the consonants given below), while nouns with a stem ending in k or g have the ending -i. Nouns ending in a soft consonant or in c, dz, cz, dż, l, rz, sz, ż have the ending -e.

[6] Nouns ending in a hard consonant have the ending -ów in the genitive plural. The nouns ending in a soft consonant or in c, dz, cz, dż, l, rz, sz, ż have the ending -i (after hard consonants -y), or -ów; very occasionally either ending i. e. -ów and -i (-y) may be correct. There is no fixed rule, however, which would make it possible to determine which ending should be used. The Vocabulary therefore gives the genitive plural form of all nouns with a stem ending in a soft consonant or in c, dz, cz, dż l, rz, sz, ż and the learner is advised to memorize it in each case.

Masculine nouns (animate)

Singular

N.	dziennikarz	robotnik	minister[4]	poeta	koń
G.	dziennikarza[7]	robotnika[7]	ministra[7]	poety	konia[7]
D.	dziennikarzowi	robotnikowi	ministrowi	poecie	koniowi
A.	dziennikarza[7]	robotnika[7]	ministra[7]	poetę	konia[7]
I.	dziennikarzem	robotnikiem	ministrem	poetą	koniem
L.	dziennikarzu[2]	robotniku[2]	ministrze[2]	poecie[2]	koniu[2]
V.	dziennikarzu[3]	robotniku[3]	ministrze[3]	poeto[8]	koniu[3]

Plural

N.	dziennikarze[9]	robotnicy[9]	ministrowie[9]	poeci[9]	konie
G.	dziennikarzy[6]	robotników[6]	ministrów[6]	poetów[6]	koni[6]
D.	dziennikarzom	robotnikom	ministrom	poetom	koniom
A.	dziennikarzy[10]	robotników[10]	ministrów[10]	poetów[10]	konie
I.	dziennikarzami	robotnikami	ministrami	poetami	końmi[11]
L.	dziennikarzach	robotnikach	ministrach	poetach	koniach
V.	dziennikarze	robotnicy	ministrowie	poeci	konie

---

[2] See above.

[3] See above.

[4] See above.

[6] See above.

[7] In the genitive singular the animate nouns always have the ending -a (except nouns ending in -a, and the word wół: wołu); the accusative singular form of these nouns is always identical with the genitive form (except nouns ending in -a).

[8] For the formation of the vocative form of nouns ending in -a see below.

[9] Nouns denoting masculine persons differ from other nouns in their special nominative plural form (the so-called masculine-personal form). They take the endings -i or -y (the latter after a hard consonant) added to the stem, in which the final consonants are also exchanged. This consonantal change is as follows: ch into si, d : dzi, g : dz, k : c, p : pi, r : rz, s : si, st : ści, t : ci, z : zi., zn : źni.

Apart from this, some nouns have the ending -owie. These are nouns denoting rank or office, family relationship, and a small group of other nouns.

Only nouns with a stem ending in a soft consonant, or in one of the consonants cz, rz, sz, l (with few exceptions) form the nominative plural according to the principle given in paragraph 5, and have the ending -e.

The nominative plural form of the masculine-personal nouns is given in the Vocabulary.

[10] The accusative plural form of masculine-personal nouns is identical with the genitive plural.

[11] In the instrumental plural the overwhelming majority of nouns have the ending -ami. A very few only have the ending -mi.

Declension of some irregular nouns

człowiek

	Singular	Plural
N.	człowiek	ludzie
G.	człowieka	ludzi
D.	człowiekowi	ludziom
A.	człowieka	ludzi
I.	człowiekiem	ludźmi
L.	człowieku	ludziach
V.	człowieku	ludzie

brat

	Singular	Plural
N.	brat	bracia
G.	brata	braci
D.	bratu	braciom
A.	brata	braci
I.	bratem	braćmi
L.	bracie	braciach
V.	bracie	bracia

Neuter nouns

Singular

N.	drzewo	okno	krzesło	mieszkanie
G.	drzewa	okna	krzesła	mieszkania
D.	drzewu	oknu	krzesłu	mieszkaniu
A.	drzewo	okno	krzesło	mieszkanie
I.	drzewem	oknem	krzesłem	mieszkaniem
L.	drzewie[2]	oknie[2]	krześle[2]	mieszkaniu[2]
V.	drzewo	okno	krzesło	mieszkanie

N.	imię	muzeum	zwierzę
G.	imienia	muzeum	zwierzęcia
D.	imieniu	muzeum	zwierzęciu
A.	imię	muzeum	zwierzę
I.	imieniem	muzeum	zwierzęciem
L.	imieniu[2]	muzeum	zwierzęciu[2]
V.	imię	muzeum	zwierzę

Plural

N.	drzewa	okna	krzesła	mieszkania
G.	drzew	okien[12]	krzeseł[12]	mieszkań
D.	drzewom	oknom	krzesłom	mieszkaniom
A.	drzewa	okna	krzesła	mieszkania
I.	drzewami	oknami	krzesłami	mieszkaniami
L.	drzewach	oknach	krzesłach	mieszkaniach
V.	drzewa	okna	krzesła	mieszkania

---

[2] See above.

[12] Where two or more consonants concur at the end of the stem the sound e is introduced before the final consonant in this form. Such changes in the stem are noted in the Vocabulary.

N.	imiona	muzea	zwierzęta
G.	imion	muzeów	zwierząt
D.	imionom	muzeom	zwierzętom
A.	imiona	muzea	zwierzęta
I.	imionami	muzeami	zwierzętami
L.	imionach	muzeach	zwierzętach
V.	imiona	muzea	zwierzęta

Declension of some irregular nouns

oko

Singular	Plural
N. oko	oczy
G. oka	oczu
D. oku	oczom
A. oko	oczy
I. okiem	oczami
L. oku	oczach
V. oko	oczy

ucho

Singular	Plural
N. ucho	uszy
G. ucha	uszu
D. uchu	uszom
A. ucho	uszy
I. uchem	uszami
L. uchu	uszach
V. ucho	uszy

lato

Singular

N. lato	
G. lata	
D. latu	
A. lato	The word **lato** meaning *summer*
I. latem	is used in the singular only.
L. lecie	
V. lato	

Feminine nouns

Singular

N.	ściana	podłoga	książka	ręka	stacja	wieża
G.	ściany	podłogi	książki	ręki	stacji	wieży
D.	ścianie[13]	podłodze[13]	książce[13]	ręce[13]	stacji[13]	wieży[13]
A.	ścianę	podłogę	książkę	rękę	stację	wieżę
I.	ścianą	podłogą	książką	ręką	stacją	wieżą
L.	ścianie[13]	podłodze[13]	książce[13]	ręce[13]	stacji[13]	wieży[13]
V.	ściano	podłogo	książko	ręko	stacjo	wieżo

---

[13] In the locative singular form as in the dative singular, nouns, with a stem ending in a hard consonant, with the exception of the consonants **c, dz, cz, dż, l, rz, sz, ż,** have the ending -e. Before this ending, the final consonant of the stem is exchanged for another, according to the principles outlined in paragraph 2. Moreover, in this group the following sound exchanges take place: **ch : sz, g : dz, k : c.**

Plural

N.	ściany[14]	podłogi[14]	książki[14]	ręce[14]	stacje[14]	wieże[14]
G.	ścian[15]	podłóg[15]	książek[15]	rąk[15]	stacji[15]	wież[15]
D.	ścianom	podłogom	książkom	rękom	stacjom	wieżom
A.	ściany	podłogi	książki	ręce	stacje	wieże
I.	ścianami	podłogami	książkami	rękami	stacjami	wieżami
L.	ścianach	podłogach	książkach	rękach	stacjach	wieżach
V.	ściany	podłogi	książki	ręce	stacje	wieże

Singular

N.	myśl	rzecz	wieś[16]	łódź[16]
G.	myśli	rzeczy	wsi	łodzi
D.	myśli	rzeczy	wsi	łodzi
A.	myśl	rzecz	wieś	łódź
I.	myślą	rzeczą	wsią	łodzią
L.	myśli	rzeczy	wsi	łodzi
V.	myśli	rzeczy	wsi	łodzi

Plural

N.	myśli[17]	rzeczy[17]	wsie[17]	łodzie[17]
G.	myśli	rzeczy	wsi	łodzi
D.	myślom	rzeczom	wsiom	łodziom
A.	myśli .	rzeczy	wsie	łodzie
I.	myślami	rzeczami	wsiami	łodziami
L.	myślach	rzeczach	wsiach	łodziach
V.	myśli	rzeczy	wsie	łodzie

The ending -i is taken by nouns whose stem ends in a soft consonant or in l the ending -y by nouns whose stem ends in c, dz, cz, dż, rz, sz, ż.

The locative singular form (identical with the dative) is given in the Vocabulary

[14] The nominative plural form is obtained according to the principles outlined in paragraph 5. The noun ręka is an exception.

[15] Nouns whose stem ends in hard consonants do not have any ending in this form. Where two or more consonants concur at the end of the stem the sound e is introduced before the final consonant. Nouns with the sound o before the final consonant of the stem occasionally exchange o for ó in the form under discussion (this exchange is not, however, carried out in anything like a consistent manner). Nouns which have the sound ę before the final consonant of the stem, exchange ę for ą. All the above stem changes are given in the Vocabulary.

[16] In some of the nouns of this group there occur exchanges similar to those outlined in paragraph 4. These exchanges are given in the Vocabulary.

[17] In the nominative plural the nouns in this group have the ending -i (after hard consonants: -y), or -e; there are no rules regarding the use of one or other of these endings. All that can be safely stated is that nouns ending in -ść always have the ending -i. The nominative plural form of this group of nouns is given in the Vocabulary.

Declension of the noun *pani*

	Singular	Plural
N.	pani	panie
G.	pani	pań
D.	pani	paniom
A.	panią	panie
I.	panią	paniami
L.	pani	paniach
V.	pani	panie

THE ADJECTIVE

Singular

Masculine

N.	nowy	tani	daleki
G.	nowego	taniego	dalekiego
D.	nowemu	taniemu	dalekiemu
A.	nowy, nowego[1]	tani, taniego[1]	daleki, dalekiego[1]
I.	nowym	tanim	dalekim
L.	nowym	tanim	dalekim
V.	nowy	tani	daleki

Feminine

N.	nowa	tania	daleka
G.	nowej	taniej	dalekiej
D.	nowej	taniej	dalekiej
A.	nową	tanią	daleką
I.	nową	tanią	daleką
L.	nowej	taniej	dalekiej
V.	nowa	tania	daleka

Neuter

N.	nowe	tanie	dalekie
G.	nowego	taniego	dalekiego
D.	nowemu	taniemu	dalekiemu
A.	nowe	tanie	dalekie
I.	nowym	tanim	dalekim
L.	nowym	tanim	dalekim
V.	nowe	tanie	dalekie

---

[1] The form of the accusative identical with the nominative is used with inanimate nouns; the form of the accusative identical with the genitive is used with nouns which denote living beings.

Feminine and inanimate forms

N. nowe[2]	tanie[2]	dalekie[2]
G. nowych	tanich	dalekich
D. nowym	tanim	dalekim
A. nowe[2]	tanie[2]	dalekie[2]
I. nowymi	tanimi	dalekimi
L. nowych	tanich	dalekich
V. nowe	tanie	dalekie

Masculine-personal forms

N. nowi[3]	tani[3]	dalecy[3]
G. nowych	tanich	dale*k*ich
D. nowym	tanim	dale*k*im
A. nowych[3]	tanich[3]	dale*k*ich[3]
I. nowymi	tanimi	dale*k*imi
L. nowych	tanich	dale*k*ich
V. nowi	tani	dale*c*y

THE PRONOUN

Interrogative

N. kto?	co?
G. kogo?	czego?
D. komu?	czemu?
A. kogo?	co?
I. kim?	czym?
L. (o) kim?	(o) czym?

---

[2] The feminine and inanimate forms apply to all nouns with the exception of those denoting masculine persons. They differ from the masculine-personal forms (see below) only in the nominative, and by the fact that their nominative form is identical with the accusative.

[3] The masculine-personal forms of the adjective accompany nouns denoting masculine persons. A special feature of these forms is the ending -i or -y in the nominative and the fact that the accusative and genitive forms are identical. In the nominative plural the following changes take place in the stem (apart from the softening of the consonants b, p, w, f, m, n): ch into si, d : dzi, g : dz, k : c, ł : l, r : rz. s : si, sł : śl, st : ści, sz : si, sn : śni, t : ci, z : zi, zł : źl, zn : źni, ż : zi.

Personal

N.	ja	ty
G.	mnie	cię, ciebie
D.	mi, mnie	ci, tobie
A.	mię, mnie	cię, ciebie
I.	mną	tobą
L.	mnie	tobie
V.	ja!	ty!

Plural

N.	my	wy
G.	nas	was
D.	nam	wam
A.	nas	was
I.	nami	wami
L.	nas	was
V.	my!	wy!

Singular

	Masculine	Neuter	Feminine
N.	on	ono	ona
G.	go, jego (niego)	go, jego (niego)	jej (niej)
D.	mu, jemu (niemu)	mu, jemu (niemu)	jej (niej)
A.	go, jego (niego)	je (nie)	ją (nią)
I.	nim	nim	nią
L.	nim	nim	niej

Plural

	Feminine and inanimate forms	Masculine-personal forms
N.	one	oni
G.	ich (nich)	ich (nich)
D.	im (nim)	im (nim)
A.	je (nie)	ich (nich)
I.	nimi	nimi
L.	nich	nich

Reflexive

N.	—	For singular and plural
G.	siebie	of all genders
D.	sobie	
A.	się, siebie	
I.	sobą	
L.	sobie	
V.	—	

Possessive

Singular

	Masculine	Neuter	Feminine
N.	mój	moje	moja
G.	mojego, mego	mojego, mego	mojej, mej
D.	mojemu, memu	mojemu, memu	mojej, mej

A. mój, mojego, mego	moje, me	moją, mą
I. moim, mym	moim, mym	moją, mą
L. moim, mym	moim, mym	mojej, mej

The pronouns **twój, twoje, twoja** are declined as **mój, moje, moja**.
The pronouns **jego, jej** are indeclinable.

N. na*sz*	nasze	nasza
G. na*sz*ego	naszego	naszej
D. na*sz*emu	naszemu	naszej
A. na*sz*, na*sz*ego	nasze	naszą
I. na*sz*ym	naszym	naszą
L. na*sz*ym	naszym	naszej

The pronouns **wasz, wasze, wasza** are declined as **nasz, nasze, nasza**.
The pronoun **ich** is indeclinable.

Plural

	Feminine and inanimate forms	Masculine-personal forms
N.	moje, me	moi
G.	moich, mych	moich, mych
D.	moim, mym	moim, mym
A.	moje, me	moich, mych
I.	moimi, mymi	moimi, mymi
L.	moich, mych	moich, mych

The pronouns **twoje, twoi** are declined as **moje, moi**.
The pronouns **jego, jej** are indeclinable.

N. nasze	nasi
G. naszych	naszych
D. naszym	naszym
A. nasze	naszych
I. naszymi	naszymi
L. naszych	naszych

The pronouns **wasze, wasi** are declined as **nasze, nasi**.
The pronoun **ich** is indeclinable.

Demonstrative

Singular

	Masculine	Neuter	Feminine
N.	ten	to	ta
G.	tego	tego	tej
D.	temu	temu	tej
A.	ten, tego	to	tę
I.	tym	tym	tą
L.	tym	tym	tej

Feminine and inanimate forms	Masculine-personal forms
N. te	ci
G. tych	tych
D. tym	tym
A. te	tych
I. tymi	tymi
L. tych	tych

THE NUMERAL

Cardinal

Jeden, jedna, jedno — are declined as the adjectives.

Masculine and neuter	Feminine	Masculine-personal
N. dwa	dwie	dwaj, dwóch
G. dwóch, dwu	dwóch, dwu	dwóch, dwu
D. dwom, dwu	dwom, dwu	dwom, dwu
A. dwa	dwie	dwóch
I. dwoma	dwoma, dwiema	dwoma
L. dwóch, dwu	dwóch, dwu	dwóch, dwu

Feminine and inanimate	Masculine-personal
N. trzy	trzej, trzech
G. trzech	trzech
D. trzem	trzem
A. trzy	trzech
I. trzema	trzema
L. trzech	trzech

Feminine and inanimate	Masculine-personal
N. pięć	pięciu
G. pięciu	pięciu
D. pięciu	pięciu
A. pięć	pięciu
I. pięciu, pięcioma	pięciu, pięcioma
L. pięciu	pięciu

Ordinal

The ordinal numerals are:

pierwszy, pierwsza, pierwsze   czwarty, czwarta, czwarte
drugi, druga, drugie   piąty, piąta, piąte
trzeci, trzecia, trzecie   szósty, szósta, szóste etc.

They are declined as the adjectives.

THE VERB

Imperfective and Perfective Form of the Verb

Almost all Polish verbs make their appearance in two forms (so-called imperfective and perfective form).

A distinction should be made between their meaning. Imperfective verbs express the fact of the duration of an action as well as the fact of its incompleteness. Perfective verbs, on the contrary, express the completeness of an action.

Their form is either similar (differences are in prefix, suffix or stem form) or quite different, e.g.

pisać	: napisać	otwierać	: otworzyć
moknąć	: zmoknąć		
kupować	: kupić	iść	: pójść
wygrywać	: wygrać	brać	: wziąć

The imperfective and perfective forms of the verb are given in the Vocabulary.

First Conjugation

The first conjugation includes verbs with a present tense (simple future tense) ending in 1st pers. sing. in -ę, and 2nd pers. sing. in -esz.

I n f i n i t i v e (imperfective): **odbudowywać, moknąć**[1]

Present Tense

1. odbudowuję	odbudowujemy	1. moknę	mokniemy
2. odbudowujesz	odbudowujecie	2. mokniesz	mokniecie
3. odbudowuje	odbudowują	3. moknie	mokną

---

[1] Apart from verbs featuring individual stem changes, and those forming small groups, the most important types of verbs belonging to this conjugation are:
- a) verbs with an infinitive ending in -ować, and a present tense ending in -uję (-ujesz etc.) e. g. **kupować (kupuję, kupujesz** etc.);
- b) with an infinitive ending in -wać and a present tense ending in -ję (-jesz etc.) e.g. **dawać (daję, dajesz** etc.);
- c) with an infinitive ending in -ywać, -iwać and a present tense in -uję (-ujesz etc.) e.g. **pokazywać (pokazuję, pokazujesz** etc.), **zasługiwać (zasługuję, zasługujesz** etc.);
- d) with an infinitive ending in -nąć and a present tense in -nę (-niesz etc.), e.g. **tonąć (tonę, toniesz** etc.); (before a soft ń (ni) changes in the stem may occur);
- e) with an infinitive ending in -ąć and a present tense in -nę (-niesz etc.) or -mę (-miesz etc.), e.g. **giąć (gnę, gniesz** etc.); **dąć (dmę, dmiesz** etc.);

Infinitive (perfective): **odbudować, zmoknąć**[2]

Simple Future Tense

1. odbuduję	odbudujemy	1. zmoknę	zmokniemy
2. odbudujesz	odbudujecie	2. zmokniesz	zmokniecie
3. odbuduje	odbudują	3. zmoknie	zmokną

Past Tense

Singular

Masculine

1. odbudowywałem	odbudowałem	1. mokłem[3]	zmokłem
2. odbudowywałeś	odbudowałeś	2. mokłeś	zmokłeś
3. odbudowywał	odbudował	3. mókł	zmókł

Feminine

1. odbudowywałam	odbudowałam	1. mokłam	zmokłam
2. odbudowywałaś	odbudowałaś	2. mokłaś	zmokłaś
3. odbudowywała	odbudowała	3. mokła	zmokła

Neuter

1. —	—	1. —	—
2. —	—	2. —	—
3. odbudowywało	odbudowało	3. mokło	zmokło

---

f) a certain number of verbs with an infinitive in -ać, which have various forms of the stem both of the infinitive and of the present tense, e.g. **pisać — piszę, brać — biorę** etc.;

g) a small group of verbs with an infinitive ending in -yć, -ić or -uć and a present tense extended by the sound: -j-; -yję, -iję, -uję, e.g. **szyć (szyję, szyjesz** etc.), **pić (piję, pijesz** etc.), **kłuć (kłuję, kłujesz** etc.).

All the variants in the stems of verbs are given in the Vocabulary.

[2] All remarks concerning changes in the stems of both the infinitive and the present tense given under 1) also apply to the stems of the simple future tense of perfective verbs (which, as we already know, do not form a present tense).

[3] Some of the verbs ending in -nąć lose the -ną- suffix in the forms of the past tense, e.g. **moknąć — mokłem**. A greater part of them as well as of verbs ending in -ąć change in past tense forms (except of masculine singular) ą for ę, e. g.: **zasnąć: zasnął; zasnęła; pragnąć : pragnął : pragnęła; wziąć : wziął : wzięła.**

Apart from these changes the individual stem changes of some verbs take in past tense forms their appearance.

Plural

Feminine and inanimate forms

1. odbudowywałyśmy[4]	odbudowałyśmy		1. mokłyśmy	zmokłyśmy
2. odbudowywałyście	odbudowałyście		2. mokłyście	zmokłyście
3. odbudowywały	odbudowały		3. mokły	zmokły

Masculine-personal forms

1. odbudowywaliśmy[4]	odbudowaliśmy		1. mokliśmy	zmokliśmy
2. odbudowywaliście	odbudowaliście		2. mokliście	zmokliście
3. odbudowywali	odbudowali		3. mokli	zmokli

Future Composite Tense

I

1. będę odbudowywać
2. będziesz odbudowywać
3. będzie odbudowywać

1. będziemy odbudowywać
2. będziecie odbudowywać
3. będą odbudowywać

1. będę moknąć
2. będziesz moknąć
3. będzie moknąć

1. będziemy moknąć
2. będziecie moknąć
3. będą moknąć

II

1. będę odbudowywał, odbudowywała
2. będziesz odbudowywał, odbudowywała
3. będzie odbudowywał, odbudowywała, odbudowywało

1. będziemy odbudowywali, odbudowywały
2. będziecie odbudowywali, odbudowywały
3. będą odbudowywali, odbudowywały

1. będę mókł, mokła
2. będziesz mókł, mokła
3. będzie mókł, mokła, mokło

1. będziemy mokli, mokły
2. będziecie mokli, mokły
3. będą mokli, mokły

Imperative Mood

Singular

1. —	—	
2. odbudowuj	odbuduj	
3. niech odbudowuje	niech odbuduje	

1. —	—	
2. moknij	zmoknij	
3. niech moknie	niech zmoknie	

Plural

1. odbudowujmy	odbudujmy
2. odbudowujcie	odbudujcie
3. niech odbudowują	niech odbudują

1. moknijmy	zmoknijmy
2. moknijcie	zmoknijcie
3. niech mokną	niech zmokną

---

[4] The masculine-personal forms are governed by nouns denoting masculine persons (or groups of persons including males) while the feminine and inanimate forms are governed by all remaining nouns.

Conditional Mood

Singular

Masculine

1. odbudowywałbym	odbudowałbym	1. mókłbym	zmókłbym
2. odbudowywałbyś	odbudowałbyś	2. mókłbyś	zmókłbyś
3. odbudowywałby	odbudowałby	3. mókłby	zmókłby

Feminine

1. odbudowywałabym	odbudowałabym	1. mokłabym	zmokłabym
2. odbudowywałabyś	odbudowałabyś	2. mokłabyś	zmokłabyś
3. odbudowywałaby	odbudowałaby	3. mokłaby	zmokłaby

Neuter

1. —	—	1. —	—
2. —	—	2. —	—
3. odbudowywałoby	odbudowałoby	3. mokłoby	zmokłoby

Plural

Feminine and inanimate forms

1. odbudowywałybyśmy	odbudowałybyśmy	1. mokłybyśmy	zmokłybyśmy
2. odbudowywałybyście	odbudowałybyście	2. mokłybyście	zmokłybyście
3. odbudowywałyby	odbudowałyby	3. mokłyby	zmokłyby

Masculine-personal forms

1. odbudowywalibyśmy	odbudowalibyśmy	1. moklibyśmy	zmoklibyśmy
2. odbudowywalibyście	odbudowalibyście	2. moklibyście	zmoklibyście
3. odbudowywaliby	odbudowaliby	3. mokliby	zmokliby

Second Conjugation

The second conjugation includes verbs with the present tense (simple future tense) ending in 1st pers. sing. in -ę, and 2nd pers. sing. in -isz (-ysz).

I n f i n i t i v e (imperfective): **robić, uczyć**[1]

Present Tense

1. robię	robimy	1. uczę	uczymy
2. robisz	robicie	2. uczysz	uczycie
3. robi	robią	3. uczy	uczą

---

[1] Apart from verbs characterized by individual stem changes, the most important types of stem changes in this conjugation are the following: ć : c, dź (dzi) : dz, ś (si) : sz, ź (zi) : ż, ść (ści): szcz, źdź (ździ) : żdż. The sounds given after the colon appear in the stems of the first person singular and third person plural. The sounds before the colon appear in all the remaining forms.

Infinitive (perfective): **zrobić, nauczyć**[2]

Simple Future Tense

1. zrobię	zrobimy	1. nauczę	nauczymy
2. zrobisz	zrobicie	2. nauczysz	nauczycie
3. zrobi	zrobią	3. nauczy	nauczą

Past Tense

Singular

Masculine

1. robiłem	zrobiłem	1. uczyłem	nauczyłem
2. robiłeś	zrobiłeś	2. uczyłeś	nauczyłeś
3. robił	zrobił	3. uczył	nauczył

Feminine

1. robiłam	zrobiłam	1. uczyłam	nauczyłam
2. robiłaś	zrobiłaś	2. uczyłaś	nauczyłaś
3. robiła	zrobiła	3. uczyła	nauczyła

Neuter

1. —	—	1. —	—
2. —	—	2. —	—
3. robiło	zrobiło	3. uczyło	nauczyło

Plural

Feminine and inanimate forms

1. robiłyśmy	zrobiłyśmy	1. uczyłyśmy	nauczyłyśmy
2. robiłyście	zrobiłyście	2. uczyłyście	nauczyłyście
3. robiły	zrobiły	3. uczyły	nauczyły

Masculine-personal forms

1. robiliśmy	zrobiliśmy	1. uczyliśmy	nauczyliśmy
2. robiliście	zrobiliście	2. uczyliście	nauczyliście
3. robili	zrobili	3. uczyli	nauczyli

Future Composite Tense

I	II
1. będę robić	1. będę robił, robiła
2. będziesz robić	2. będziesz robił, robiła
3. będzie robić	3. będzie robił, robiła, robiło
1. będziemy robić	1. będziemy robili, robiły
2. będziecie robić	2. będziecie robili, robiły
3. będą robić	3. będą robili, robiły

---

[2] All remarks concerning changes in the stems of the present tense and of the infinitive given under 1) above, also apply to the stems of the simple future tense.

1. będę uczyć	1. będę uczył, uczyła
2. będziesz uczyć	2. będziesz uczył, uczyła
3. będzie uczyć	3. będzie uczył, uczyła, uczyło
1. będziemy uczyć	1. będziemy uczyli, uczyły
2. będziecie uczyć	2. będziecie uczyli, uczyły
3. będą uczyć	3. będą uczyli, uczyły

Imperative Mood

Singular		Plural	
1. —	—	1. róbmy	zróbmy
2. rób[3]	zrób	2. róbcie	zróbcie
3. niech robi	niech zrobi	3. niech robią	niech zrobią
1. —	—	1. uczmy	nauczmy
2. ucz	naucz	2. uczcie	nauczcie
3. niech uczy	niech nauczy	3. niech uczą	niech nauczą

Conditional Mood

Singular

Masculine

1. robiłbym	zrobiłbym	1. uczyłbym	nauczyłbym
2. robiłbyś	zrobiłbyś	2. uczyłbyś	nauczyłbyś
3. robiłby	zrobiłby	3. uczyłby	nauczyłby

Feminine

1. robiłabym	zrobiłabym	1. uczyłabym	nauczyłabym
2. robiłabyś	zrobiłabyś	2. uczyłabyś	nauczyłabyś
3. robiłaby	zrobiłaby	3. uczyłaby	nauczyłaby

Neuter

1. —	—	1. —	—
2. —	—	2. —	—
3. robiłoby	zrobiłoby	3. uczyłoby	nauczyłoby

Plural

Feminine and inanimate forms

1. robiłybyśmy	zrobiłybyśmy	1. uczyłybyśmy	nauczyłybyśmy
2. robiłybyście	zrobiłybyście	2. uczyłybyście	nauczyłybyście
3. robiłyby	zrobiłyby	3. uczyłyby	nauczyłyby

Masculine-personal forms

1. robilibyśmy	zrobilibyśmy	1. uczylibyśmy	nauczylibyśmy
2. robilibyście	zrobilibyście	2. uczylibyście	nauczylibyście
3. robiliby	zrobiliby	3. uczyliby	nauczyliby

---

[3] Verbs which have the sound o before the final consonant of the stem, occasionally change o for ó. This, however, only applies to verbs with a stem ending in a voiced consonant and the change, is not, moreover, carried out in a consistent way.

Third Conjugation

The third conjugation includes verbs with the present tense (simple future tense) ending in 1st pers. sing. in **-am** or **-em**, and 2nd pers. sing. in **-asz** or **-esz**.

I n f i n i t i v e (imperfective): **czytać, rozumieć**

Present Tense

1. czytam	czytamy	1. rozumiem	rozumiemy
2. czytasz	czytacie	2. rozumiesz	rozumiecie
3. czyta	czytają	3. rozumie	rozumieją

I n f i n i t i v e (perfective): **przeczytać, zrozumieć**

Simple Future Tense

1. przeczytam	przeczytamy	1. zrozumiem	zrozumiemy
2. przeczytasz	przeczytacie	2. zrozumiesz	zrozumiecie
3. przeczyta	przeczytają	3. zrozumie	zrozumieją

Past Tense

Singular

Masculine

1. czytałem	przeczytałem	1. rozumiałem	zrozumiałem[1]
2. czytałeś	przeczytałeś	2. rozumiałeś	zrozumiałeś
3. czytał	przeczytał	3. rozumiał	zrozumiał

Feminine

1. czytałam	przeczytałam	1. rozumiałam	zrozumiałam
2. czytałaś	przeczytałaś	2. rozumiałaś	zrozumiałaś
3. czytała	przeczytała	3. rozumiała	zrozumiała

Neuter

1. —	—	1. —	—
2. —	—	2. —	—
3. czytało	przeczytało	3. rozumiało	zrozumiało

Plural

Feminine and inanimate forms

1. czytałyśmy	przeczytałyśmy	1. rozumiałyśmy	zrozumiałyśmy
2. czytałyście	przeczytałyście	2. rozumiałyście	zrozumiałyście
3. czytały	przeczytały	3. rozumiały	zrozumiały

Masculine-personal forms

1. czytaliśmy	przeczytaliśmy	1. rozumieliśmy	zrozumieliśmy
2. czytaliście	przeczytaliście	2. rozumieliście	zrozumieliście
3. czytali	przeczytali	3. rozumieli	zrozumieli

---

[1] Verbs with an infinitive ending in -eć show a change in their stem: the sound -e- appears in the infinitive and in masculine-personal forms, the sound -a- in the remaining forms of the past tense, future composite tense II, conditional mood.

Future Composite Tense

I	II
1. będę czytać	1. będę czytał, czytała
2. będziesz czytać	2. będziesz czytał, czytała
3. będzie czytać	3. będzie czytał, czytała, czytało
1. będziemy czytać	1. będziemy czytali, czytały
2. będziecie czytać	2. będziecie czytali, czytały
3. będą czytać	3. będą czytali, czytały
1. będę rozumieć	1. będę rozumiał, rozumiała
2. będziesz rozumieć	2. będziesz rozumiał, rozumiała
3. będzie rozumieć	3. będzie rozumiał, rozumiała, rozumiało
1. będziemy rozumieć	1. będziemy rozumieli, rozumiały
2. będziecie rozumieć	2. będziecie rozumieli, rozumiały
3. będą rozumieć	3. będą rozumieli, rozumiały

Imperative Mood

Singular		Plural	
1. —	—	1. czytajmy	przeczytajmy
2. czytaj	przeczytaj	2. czytajcie	przeczytajcie
3. niech czyta	niech przeczyta	3. niech czytają	niech przeczytają
1. —		1. rozumiejmy	zrozumiejmy
2. —	zrozum	2. rozumiejcie	zrozumiejcie, zrozumcie
3. niech rozumie	niech zrozumie	3. niech rozumieją	niech zrozumieją

Conditional Mood

Singular

Masculine

1. czytałbym	przeczytałbym	1. rozumiałbym	zrozumiałbym
2. czytałbyś	przeczytałbyś	2. rozumiałbyś	zrozumiałbyś
3. czytałby	przeczytałby	3. rozumiałby	zrozumiałby

Feminine

1. czytałabym	przeczytałabym	1. rozumiałabym	zrozumiałabym
2. czytałabyś	przeczytałabyś	2. rozumiałabyś	zrozumiałabyś
3. czytałaby	przeczytałaby	3. rozumiałaby	zrozumiałaby

Neuter

1. —	—	1. —	—
2. —	—	2. —	—
3. czytałoby	przeczytałoby	3. rozumiałoby	zrozumiałoby

Plural

Feminine and inanimate forms

1. czytałybyśmy	przeczytałybyśmy	1. rozumiałybyśmy	zrozumiałybyśmy
2. czytałybyście	przeczytałybyście	2. rozumiałybyście	zrozumiałybyście
3. czytałyby	przeczytałyby	3. rozumiałyby	zrozumiałyby

Masculine-personal forms

1. czytalibyśmy	przeczytalibyśmy	1. rozumielibyśmy	zrozumielibyśmy
2. czytalibyście	przeczytalibyście	2. rozumielibyście	zrozumielibyście
3. czytaliby	przeczytaliby	3. rozumieliby	zrozumieliby

Conjugation of the verb *być*

Infinitive: **być**

Present Tense

1. jestem	jesteśmy
2. jesteś	jesteście
3. jest	są

Future Tense

1. będę	będziemy
2. będziesz	będziecie
3. będzie	będą

Past Tense

Singular

Masculine	Feminine	Neuter
1. byłem	1. byłam	1. —
2. byłeś	2. byłaś	2. —
3. był	3. była	3. było

Plural

Feminine and inanimate forms	Masculine-personal forms
1. byłyśmy	1. byliśmy
2. byłyście	2. byliście
3. były	3. byli

Imperative Mood

1. —	1. bądźmy
2. bądź	2. bądźcie
3. niech będzie	3. niech będą

279

Conditional Mood

Singular

Masculine	Feminine	Neuter
1. byłbym	1. byłabym	1. —
2. byłbyś	2. byłabyś	2. —
3. byłby	3. byłaby	3. byłoby

Plural

Feminine and inanimate forms	Masculine-personal forms
1. byłybyśmy	1. bylibyśmy
2. byłybyście	2. bylibyście
3. byłyby	3. byliby

HOW TO USE THE VOCABULARY

The Vocabulary has been compiled in such a way as to make it possible to obtain even the most difficult forms of the various words in a purely mechanical fashion. The following forms of the word groups are given:

1. In the Noun group:

a) The genitive and locative case forms of masculine nouns ending in a consonant, as well as the nominative plural forms of the nouns denoting masculine persons, e.g.:

> teat*r* *m*, G -u, L -*rze*
> robotni*k* *m*, G -a, L -u, N. pl. -*cy*

b) The locative forms (which in this group are identical with the dative) of nouns ending in -a, as well as the locative of neuter nouns, e.g.:

> lamp|a *f*, L -ie
> piór|o *n*, L -*rze*

c) Over and above that, the Vocabulary gives the genitive plural forms of masculine nouns with a stem ending in a soft consonant or in one of the following consonants: c, cz, dz, dż, l, rz, sz, ż, as well as of feminine and neuter nouns with a sound exchange in their stem, e.g.:

> słuchacz *m*, G -a, L -u, N. pl. -e, G. pl. -y and -ów
> podłog|a *f*, L -*dze*, G. pl. -łóg
> książk|a *f*, L -ce, G. pl. -*żek*
> krzesł|o *n*, L -*śle*, G. pl. -seł

d) The locative singular forms (identical with the dative) and the nominative plural forms of feminine nouns ending in a consonant, e.g.:

> dłoń *f*, L -*ni*, N.pl. -*nie*

2. In the Adjective group:

The masculine-personal forms of the nominative plural, as well as the adverbial form made from the stem of the adjective, e.g.:

> weso*ł*|y, mpf -*eli*, adv. -o
> dobr|y, mpf -*rzy*, adv. -*rze*

3. In the Verb group:

The 1st and 2nd person singular forms of the present (simple future) tense as well as in some cases the 3rd person plural or impersonal forms.

With the imperfective verbs the corresponding perfective verb (if any) is given, and with the perfective verbs the corresponding imperfective verb (if any), e.g.:

> tworz|yć (co) *impf*, -ę, -ysz
> stworz|yć *pf*, -ę, -ysz
> stworz|yć (co) *pf*, -ę, -ysz
> tworz|yć *impf*, -ę, -ysz
> wie|dzieć (co; o czym) *impf*, -m, -sz, -dzą

Verbs are followed by instructions concerning cases governed and/or the relevant prepositional constructions. A semicolon between case forms (prepositional constructions) means that the verb in question may govern either form. The absence of any punctuation mark between case forms means that both appear together with the verb in question, e.g.:

> bać się (czego; o co) *impf*, boję, boisz
> pro|sić (kogo o co) *impf*, -szę, -sisz
> popro|sić *pf*, -szę, -sisz

4. Those parts of the words which undergo a change either in all declension forms (nouns) or in those given in the Vocabulary (verbs) are separated from the remaining part of the word by a vertical line, e.g.:

> żon|a *f*, L -ie
> opowiada|ć *impf*, -m, -sz

while those parts which undergo a change in certain forms only (broadly speaking this means changes in the stem) are printed in italics, e.g.:

> pok*ó*j *m*, (*o*) G -*u*, L -*u*
> adresa*t m*, G -a, L -*cie*, N. pl. -*ci*

A sound exchange is noted only where there is a corresponding exchange of letters. On the other hand, an exchange of letters is noted even where there is no corresponding exchange of sound, e.g.:

> cie*ń m*, G -*nia*, L -*niu*

In order to obtain the appropriate form one should drop the parts after the line, or/also printed in italics, from the original form and then add the parts of the form printed in bold type. E. g. in the original form of the word **żon|a** the letter **a** is separated. In order to obtain the locative case we drop **-a** and then add **-ie**. In the word **pokój** the *ó* part is printed in italics while the letter *o* is printed in similar type, but placed within brackets. In order to obtain the genitive case, for instance, we substitute the letter *o* for the letter *ó* and add the ending **-u**:

> **żon|a** minus **a** plus **ie** = **żonie**
> **pokój** *o* in place of *ó* plus (at the end) **u** = **pokoju**

The letter *t* of the word **adresat** has been set in italics, which means that in some forms it is exchanged for another letter or letters. In the locative singular and nominative plural, for instance, the letters *ci* have been set in italics; consequently, in order to obtain those forms, one should drop the letter *t* and then add the letters *ci*, together with the appropriate ending:

> **adresat** minus *t* plus *ci*e = **adresacie**
> **adresat** minus *t* plus *ci* = **adresaci**

however, the genitive, for instance, is formed in the following way:

> **adresat** plus **a** = **adresata**

All the remaining forms of words can be obtained in a similar way.

The transcription of words is given in square brackets (for the principles see Pronunciation and Spelling, p. 12).

ABBREVIATIONS USED IN THE VOCABULARY

adv. = adverb
f = feminine noun
G = genitive singular
G. pl. = genitive plural
impf = verb with an imperfective aspect
indcl = indeclinable word
I. pl. = instrumental plural
L = locative singular
m = masculine noun

mpf = masculine-personal form of the nominative plural
n = neuter noun
npl. = word having no plural
N. pl. = nominative plural
ns = word having no singular
pf = verb with a perfective aspect
pl = plural
sing = singular

VOCABULARY

A

a [a] indcl. and, but, yet
aby [abi] to; in order to; so that; so as to
Adam [adam] *m*, G -a, L -ie Adam
adres [adres] *m*, G -u, L -ie address
adres|ować [adresovach^y] (co do kogo)
  impf, -uję, -ujesz address
  zaadres|ować *pf*, -uję, -ujesz
adwokat [advokat] *m*, G -a, L -cie N.pl.
  -ci lawyer
Agat|a [agata] *f*, L -cie Agatha
ale|ja [aleya] *f*, L -i alley
akademi|a [akadem-ya] *f*, L -i academy,
  celebration
akademicki [akademeetskee] mpf -cy academic
akt [akt] *m*, G -u, L -cie act
aktor [aktor] *m*, G -a, L -rze, N.pl.
  -rzy actor
albo [albo] or; or else
ale [ale] but
ależ [alesh] but indeed
ambasador [ambasador] *m*, G -a, L -rze,
  N.pl. -owie or -rzy ambassador
Amerykanin [amerikaneen] *m*, G -a, L -ie
  N.pl. **Amerykanie**, G.pl. **Amerykanów**
  American (man)
Angielk|a [angyelka] *f*, L -ce, G.pl. -lek
  Englishwoman
angin|a [angeena] *f*, L -ie tonsillitis
Angli|a [angl-ya] *f*, L -i England
ani [anee] neither; nor (*not differentiated
  in Polish*)
apetyt [apetit] *m*, G -u, L -cie appetite

Arab [arap] *m*, G -a, L -ie, N.pl. -owie
  Arab
artyst|a [artista] *m*, G -y, L -ście, N.pl.
  -ści artist, artiste (man)
atlas [atlas] *m*, G -u, L -ie atlas
atom [atom] *m*, G -u, L -ie atom
atrament [atrament] *m*, G -u, L -cie ink
audycj|a [audits-ya] *f*, L -i broadcast,
  wireless programme
aut|o [auto] *n*, L -cie (motor)car
autobus [autoboos] *m*, G -u, L -ie bus
awans [avans] *m*, G -u, L -ie promotion
awantur|a [avantoora] *f*, L -rze fuss, row
  brawl
aż [ash] till, until

B

babc|ia [bapchya] *f*, L -i granny
bać się [bach^y shye] (czego; o kogo) *impf*,
  boję, boisz be afraid
bagaż [bagash] *m*, G -u, L -u, G.pl. -y
  or -ów luggage
bajk|a [bayka] *f*, L -ce, G.pl. -jek fairy-
  tale, fable
balkon [balkon] *m*, G -u, L -ie balcony
banan [banan] *m*, G -a, L -ie banana
bank [bank] *m*, G -u, L -u bank
banknot [banknot] *m*, G -u, L -cie banknote
bal [bal] *m*, G -u, L -u, G.pl. -i ball, dance
balow|y [balovi] mpf -i (of a) ball
bałtycki [bawtitskee] Baltic
Bałtyk [bawtik] *m*, npl., G -u, L -u the
  Baltic (sea)
bardzo [bardzo] very; very much
basen [basen] *m*, G -u, L -ie swimming-
  pool

baśń [bash^{y}n^y] *f*, L -*ni*, N.pl. -*ni*e fable, fairy-tale

bawi|**ć się** [baveech^y shye] (w co z kim) *impf*, -ę, -sz play (at something with somebody)

zabawi|**ć się** *pf*, -ę, -sz

bez [bes] (czego) without (something)

bezpiecznik [bespyechneek] *m*, G -a, L -u (electric) fuse

biał|**y** [byawi] mpf -*li*, adv. -o white

bi′**blioter**|**a** [beebl-yoteka] *f*, L -ce library

biega|**ć** [byegach^y] *impf*, -m, -sz, run

Bielan|**y** [byelani] ns, G.pl. **Bielan** district of Warsaw

bieżąc|**y** [byezhontsi] current

bigos [beegos] *m*, G -u, L -ie bigos (*one of Poland's national dishes*, see Comments, Lesson 5)

bilet [beelet] *m*, G -u, L -*ci*e ticket

biur|**o** [byooro] *n*, L -*rz*e office

biżuteri|**a** [beezhooter-ya] *f*, L -i jewelry

bliźniak [bleezh^{y}nyak] *m*, G -a, L -u, N.pl. -*cy* or -i twin

blok [blok] *m*, G -u, L -u block

blondynk|**a** [blondinka] *f*, L -ce, G.pl. -*ne*k blonde, fair-haired woman

bluzk|**a** [blooska] *f*, L -ce, G.pl. -*ze*k blouse

błąd [bwont] *m*, (ę) G -u, L -*dzi*e, error, mistake

błądz|**ić** [bwon^{y}jeech^y] *impf*, -ę, -isz stray, lose one's way

zabłądz|**ić** *pf*, -ę, -isz

błąka|**ć się** [bworkach^y shye] *impf*, -m, -sz wander, roam

bogat|**y** [bogati] mpf -*ci*, adv. -o rich

bohater [bohater] *m*, G -a, L -*rz*e, N.pl. -owie or -*rz*y hero

boisk|**o** [boeesko] *n*, L -u playground, playing-field

bole|**ć** [bolech^y] *impf*, **boli** (co kogo) hurt, ache, cause pain

Bóg [book] *m*, (o) G -a, L -u, V B*oż*e God

ból [bool] *m*, G -u, L -u ache, pain

bór [boor] *m*, (o) G -u, L -*rz*e (large) forest

Bombaj [bombay] *m*, G -u, L -u Bombay

brać [brach^y] (co) *impf*, **biorę, bierzesz, biorą** take

wziąć *pf*, **wezmę, weźmiesz**

brak [brak] *m*, G -u, L -u shortcoming

brak|**ować** [brakovach^y] *impf*, -uje be in short supply, be missing, be lacking

zabrak|**nąć** *pf*, -nie, -ło

bram|**a** [brama] *f*, L -ie gate, doorway

brat [brat] *m*, G -a, L -*ci*e, N.pl. -*ci*a, G.pl. -*ci* brother

brązow|**y** [bro^{n}zovi] mpf -i, adv. -o 1. brown, 2. (of) bronze

brod|**a** [broda] *f*, L -*dzi*e, G.pl. bród beard

broszk|**a** [broshka] *f*, L -ce, G.pl. -*sze*k brooch

brudz|**ić się** [broojeech^y shye] *impf*, -ę, -isz get dirty

zabrudz|**ić się** *pf*, -ę, -isz

brunetk|**a** [broonetka] *f*, L -ce, G.pl. -*te*k brunette, dark-haired woman

brzeg [bzhek] *m*, G -u, L -u waterside, bank

budk|**a** [bootka] *f*, L -ce, G.pl. -*de*k box, stand, booth; **budka telefoniczna** telephone box

bud|**ować** [boodovach^y] (co) *impf*, -uję, -ujesz build (something)

zbud|**ować** *pf*, -uję, -ujesz

Bug [book] *m*, G -u, L -u (the river) Bug

Bułgar [boowgar] *m*, G -a, L -*rz*e, N.pl. -*rz*y Bulgarian (man)

Bułgark|**a** *f*, L -ce, N.pl. -*re*k Bulgarian (woman)

burz|**a** [boozha] *f*, L -y storm, tempest

but [boot] *m*, G -a, L -*ci*e shoe, boot

by [bi] to; in order to; so that; so as to; also: *particle denoting Conditional Mood*

być [bich^y] *impf*, **jestem, jesteś, są** be

C

cał|**ować** [tsawovach^y] (kogo) *impf*, -uję, -ujesz kiss (someone)

pocał|**ować** *pf*, -uję, -ujesz

ca**ł**|y [tsawi] mpf -*li*, adv -o whole, entire

ceg**ł**|a [ˆsegwa] *f*, L -*le*, G.pl. -*gieł* brick

charakter [kharakter] *m*, G -u, L -*rze* charakter

chc|ieć [khchyech**y**] (czego) *impf*, -ę, -esz want, wish
zechc|ieć *pf*, -ę, -esz

chęć [khen**y**ch**y**] *f*, L -*ci*, N. pl. -*ci* willingness, wish, fancy (for)

chętn|y [khentni] mpf -i, adv. -ie willing, eager, forward

chirurg [kheeroork] *m*, G -a, L -u, N.pl. -*dzy* surgeon

chlap|ać się [khlapach**y** . shye] (czym; w czym) *impf*, -ię, -iesz splash
pochlap|ać się *pf*, -ię, -iesz splash (douse) oneself

chleb [khlep] *m*, G -a, L -ie bread

chłopczyk [khwopchik] *m*, G -a, L -u little boy

chłopiec [khwopyeˆts] *m*, (-pc-) G -a, L -u, N.pl. -y, G.pl. -ów boy

chmur|a [khmoora] *f*, L -*rze* cloud

chmurzyć się [khmoozhich**y** shye] *impf*, chmurzy się become overcast, get cloudy
zachmurzyć się *pf*, zachmurzyło się

chociaż [khochyash] though, although, even though

choć [khoch**y**] see chociaż

chodz|ić [khojeech**y**] *impf*, -ę, -isz go, walk

chor|y [khori] mpf -*rzy* ill, sick

chóraln|y [khooralni] adv. -ie choral, in chorus

chud|y [khoodi] mpf -*dz*i, adv. -o lean, thin

chusteczk|a [khoostechka] *f*, L. -*ce*, G.pl. -*cze*k (pocket) handkerchief; kerchief

chwal|ić [khfaleech**y**] (kogo za co) *impf*, -ę, -isz praise (someone for something)
pochwal|ić *pf*, -ę, -isz

chwil|a [khfeela] *f*, L -i while, moment

chwileczk|a [khfeelechka] *f*, L -*ce*, G.pl. -*cze*k little (short) while

chyba [khiba] surely, most probably; I daresay

ciastk|o [chyastko] *n*, L -u, G.pl. -*tek* cake

ciast|o [chyasto] *n*, L cie*ście* dough; pastry

ciąg**ł**|y [chyoŋgwi] mpf -*li*, adv. -*le* continuous, unceasing, perpetual

cich|y [cheekhi] mpf -*si*, adv. -o quiet, soft, silent

ciekaw [chyekaf] mpf -i, adv. -ie curious, interested

ciekaw|y [chyekavi] mpf -i, adv. -ie curious, interesting

ciemn|y [chyemni] mpf -i, adv. -o dark

cień [chyen**y**] *m*, G -*ni*a, L -*ni*u, G.pl. -*ni* shade; shadow

ciep**ł**|y [chyepwi] mpf -*li*, adv. -o warm

cierpliwość [chyerpleevosh**y**ch**y**] *f*, L -*ci* patience

cierpliw|y [chyerpleevi] mpf -i, adv. -ie patient

ciesz|yć [chyeshich**y**] (kogo czym) *impf*, -ę, -ysz give joy (to), gladden
uciesz|yć *pf*, -ę, -ysz

ciesz|yć się [chyeshich**y** shye] (z czego) *impf*, -ę, -ysz rejoice (in), be glad (of); enjoy
uciesz|yć się *pf*, -ę, -ysz

cięż*ki* [chye**n**shkee] mpf -*cy*, adv. -o heavy; (of times etc.) hard

cioc|ia [chyochya] *f*, L -i auntie

cisz|a [cheesha] *f*, L -y silence

co [tso] what

codziennie [tsoˆjyen**y**nye] every day, daily

co najmniej [tso naymnyey] at least, at the ˆleast

coś [tsosh**y**] something

córeczk|a [tsoorechka] *f*, L -*ce*, G.pl. -*cze*k little daughter

córk|a [tsoorka] *f*, L -*ce*, G.pl. -*re*k daughter

cud [tsoot] *m*, G -u, L -*dzi*e, N.pl. -a or -y miracle, wonder

cudzoziemiec [tsooˆdzozhyemyeˆts] *m*, (-mc-) G -a, L -u, N.pl. -y, G.pl. -ów foreigner (man)

cudzoziemk|a [tsooˆdzozhyemka] *f*, L -*ce*, G.pl. -*me*k foreigner (woman)

cukier [tsookyer] *m*, (-kr-) G -u, L -rze sugar

cukierek [tsookyerek] *m*, (-rk-) G -a, L -u candy, sweet

cukrown|ia [tsookrovnya] *f*, L -i sugar refinery

cykl [tsikl] *m*, G -u, L -u, G.pl. -i or -ów cycle

czarn|y [charni] mpf -i, adv -o black

czarownic|a [charovneetsa] *f*,·L -y witch

czas [chas] *m*, G -u, L -ie time; tense

czasem [chasem] sometimes, occasionally

Czech [chekh] *m*, G -a, L -u, N.pl. Czesi Czech (man)

czeka|ć [chekachy] (na kogo, na co) *impf*, -m, -sz wait (for somebody; something), await, expect
zaczeka|ć *pf*, -m, -sz

czerwiec [chervyets] *m*, (-wc-) G -a, L -u June

czerwon|y [chervoni] mpf -i, adv. -o red

cze|sać się [chesachy shye] *impf*, -szę -szesz comb one's hair, have one's hair done
ucze|sać się *pf*, -szę, -szesz

czeski [cheskee] mpf -cy, Czech

cześć [cheshychy] *f*, L czci honour; (interjection) hallo!

część [chenshychy] *f*, L -ci, N.pl. -ci part

częst|y [chensti] mpf -ści, adv. -o frequent

człowiek [chwovyek] *m*, G -a, L -u, N.pl. ludzie, G.pl. ludzi man, human being (pl. people)

czoł|o [chowo] *n*, L -le, G.pl. czół forehead

czterdzieści [chterjyeshychee] mpf czterdziestu,G czterdziestu forty

czternast|y [chternasti] fourteenth

czternaście [chternashychye] mpf czternastu, G czternastu fourteen

cztery [chteri] mpf czterej or czterech, G czterech four

czterysta [chterista] mpf czterystu, G czterystu four hundred

czu|ć się [choochy shye] *impf*, -ję, -jesz feel (oneself), be in a (certain) mood
pocz|uć się *pf*, -ję, -jesz

czwartek [chfartek] *m*, (-tk-) G -u, L -u Thursday

czwart|y [chfarti] fourth

czy [chi] (*word introducing a question*) whether, if; or

czyj [chiy] whose

czyjś [chiyshy] some one's

czyst|y [chisti] mpf -ści, adv. -o clean, neat; pure

czyta|ć [chitachy] (co) *impf*, -m, -sz read
przeczyta|ć *pf*, -m, -sz read through

D

da|ć [dachy] (co komu) *pf*, dam, dasz, dadzą give (something to somebody)
da|wać *impf*, -ję, -jesz

dalej [daley] further (on), farther (on)

dalek|i [dalekee] mpf -cy, adv. -o distant, remote, far

dalsz|y [dalshi] mpf -si further, farther, more distant

Dani|a [dany-ya] *f*, L -i Denmark

dani|e [danye] *n*, L -u dish, course (at table)

dawn|y [davni] mpf -i, adv. -o ancient, former

dąb [domp] *m*, (ę) G -u, L -ie oak

dba|ć [dbachy] (o co) *impf*, -m, -sz care about, take care of, give heed to, mind
zadba|ć *pf*, -m, -sz

defekt [defekt] *m*, G -u, L -cie defect, failure, breakdown

denerw|ować [denervovachy] (kogo) *impf*, -uję, -ujesz upset (someone) get on someone's nerves
zdenerw|ować *pf*, -uję, -ujesz

dentystk|a [dentistka] *f*, L -ce, G.pl. -tek dentist (female)

depesz|ować [depeshovachy] (do kogo) *impf*, -uję, -ujesz wire
zadepesz|ować *pf*, -uję, -ujesz

deszcz [deshch] *m*, G -u, L -u, G.pl. -y or -ów rain

dlaczego [dlachego] why

dłoń [dwonʸ] *f,* L -*ni,* N.pl. -*nie,* G.pl. -*ni,* I.pl. -**mi** palm

dług [dwook] *m,* G -**u,** L -**u** debt

długi [dwoogee] mpf -*dzy,* adv. -**o** long

do [do] (czego) to, for (something)

dobranoc [dobranots] good-night

dobr|y [dobri] mpf -*rzy,* adv. -*rze* good

docenia|ć [dotsenyachʸ] (co) *impf,* -**m,** -**sz** (fully) appreciate, duly value
   doceni|ć *pf,* -ę, -sz

dodzwoni|ć się [dodzvoneechʸ shye] (do kogo) *pf,* -ę, -**sz** get through to someone on the telephone, get someone on the phone

dogodz|ić [dogojeechʸ] (komu) *pf,* -ę, -**isz** gratify, pamper (someone)
   dogadza|ć *impf,* -**m,** -**sz**

doj|echać [doyekhachʸ] *pf,* -**adę, -edziesz, -adą** arrive at, reach
   dojeżdża|ć *impf,* -**m,** -**sz**

doj|ść [doyshʸchʸ] (do czego) *pf,* -**dę, -dziesz, -dą** go as far as, reach, achieve, attain
   dochodz|ić *impf,* -ę, -**isz**

dokąd [dokont] where to, whither

dokładn|y [dokwadni] mpf -**i,** adv. -**ie** exact, precise

dokoła [dokowa] around, roundabout

doktor [doktor] *m,* G -**a,** L -*rze,* N.pl. -*rzy* doctor

dokucza|ć [dokoochachʸ] (komu) *impf,* -**m,** -**sz** tease, annoy (someone)

dokument [dokooment] *m,* G -**u,** L -*cie* document

dolar [dolar] *m,* G -**a,** L -*rze* dollar

dolegać [dolegachʸ] (komu) *impf,* **dolega** ail, be suffering from

dom [dom] *m,* G -**u,** L -**u** house, home, household

domyśla|ć się [domishʸlachʸ shye] (czego) *impf,* -**m,** -**sz** guess, surmise
   domyśl|ić się *pf,* -ę, -**isz**

do nikąd [do neekont] to nowhere

dopala|ć [dopalachʸ] (co) *impf,* -**m,** -**sz** finish smoking
   dopal|ić *pf,* -ę, -**isz**

dopiero [dopyero] only just (*with expressions denoting time*)

dopłyn|ąć [dopwinonʸchʸ] (do czego) *pf,* -ę, -**iesz** reach by sailing or swimming
   dopływa|ć *impf,* -**m,** -**sz**

doprawdy [dopravdi] really, truly, indeed

doprowadza|ć [doprovadzachʸ] (co do czego) *impf,* -**m,** -**sz** bring (something to something)
   doprowadz|ić *pf,* -ę, -**isz**

doradz|ić [dorajeechʸ] (co komu) *pf,* -ę, -**isz** advise (someone to do something)
   doradza|ć *impf,* -**m,** -**sz**

dorosł|y [doroswi] mpf -*śli* grown-up, adult

doskonał|y [doskonawi] mpf -*li,* adv. -*le* perfect, excellent

dosta|ć [dostachʸ] (co od kogo) *pf,* -**nę, -niesz** get, receive
   dosta|wać *impf,* -**ję, -jesz**

dostrzega|ć [dostshegachʸ] (co) *impf,* -**m,** -**sz** notice, perceive, catch sight of
   dostrze|c *pf,* -**gę, -żesz, -gą**

dosyć [dosichʸ] enough

dość [doshʸchʸ] = **dosyć**

dotrzyma|ć [dotshimachʸ] (czego) *pf,* -**m,** -**sz** keep one's (word, promise, resolution)
   dotrzym|ywać *impf,* -**uję, -ujesz**

do widzenia [do veedzenya] goodbye, au revoir

dowie|dzieć się [dovyejechʸ shye] (czego; o czym od kogo) *pf,* -**m,** -**sz, -dzą,** get to know (something; about something from somebody), find out, learn
   dowiad|ywać się *impf,* -**uję, -ujesz**

dowód [dovoot] *m,* (*o*) G -**u,** L -*dzi*e proof, evidence

dozorc|a [dozortsa] *m,* G -**y,** L -**y,** N.pl. -**y,** G.pl. -**ów** caretaker, warden

drog|a [droga] *f,* L -*dz*e, G.pl. dr*ó*g road, way

drogi [drogee] mpf -*dzy,* adv. -**o** dear, expensive

drugi [droogee] mpf dru*dzy* second

drugie danie [droogye danye] *n*, G **drugiego dania**, L **drugim daniu** second course

drwi|ć [drveetsʸ] (z kogo, z czego) *impf*, -ę, -sz jeer
zadrwi|ć *pf*, -ę, -sz

drzew|o [dzhevo] *n*, L -ie tree

duż|y [doozhi] mpf -zi, adv. -o big, large

dwa [dva] mpf **dwaj** or **dwóch**, f **dwie**, G **dwóch** two

dwadzieścia [dvajyeshʸchya] mpf **dwudziestu**, G **dwudziestu** twenty

dwanaście [dvanashʸchye] mpf **dwunastu**, G **dwunastu** twelve

dwieście [dvyeshʸchʸe] mpf **dwustu**, G **dwustu** two hundred

dworzec [dvozhets] *m*, (-rc-) G -a, L -u G.pl. -ów station

dwór [dvoor] *m*, (o) G -u, L -rze court, manor(-house)

dwudziesty [dvoojyesti] twentieth

dwunasty [dvoonasti] twelfth

dym [dim] *m*, G -u, L -ie smoke

dyplom [diplom] *m*, G -u, L -ie diploma

dyrekcj|a [direkts-ya] *f*, L -i direction, management, head office

dyskusj|a [diskoos-ya] *f*, L -i discussion

dyżur [dizhoor] *m*, G -u, L -rze duty, turn of duty

dziać się [jyachʸ shye] *impf*, **dzieje się** happen, take place

dziadek [jyadek] *m*, (-dk-) G -a, L -u, N.pl. -owie grandfather, grandpapa, (dziadkowie *also means both grandfather and grandmother*)

działa|ć [jyawachʸ] *impf*, -m, -sz act, operate, function, run (well)

dzieck|o [jyetsko] *n*, L -u, N.pl. **dzieci**, G.pl. **dzieci** child; baby

dziedzin|a [jyejeena] *f*, L -ie domain, sphere, field

dziej|e [jyeye] ns, G.pl. -ów history

dzielnic|a [jyelneetsa] *f*, L -y district, province, quarter

dzieln|y [jyelni] mpf -i, adv. -ie brave, gallant

dziennie [jyenʸnʸe] daily; per day

dziennik [jyenʸneek] *m*, G -a, L -u daily (paper); journal, diary

dziennikarz [jyenʸneekash] *m*, G -a, L -u, N.pl. -e, G.pl. -y journalist

dzień [jyenʸ] *m*, G **dnia**, L **dniu**, N.pl. **dni** or **dnie**, G.pl. **dni** day

dziesiąt|y [jyeshyonti] tenth

dziesięć [jyeshyenʸchʸ] mpf **dziesięciu**, G **dziesięciu** ten

dziewczęt|a [jyefchenta] pl, G.pl. -cząt girls

dziewczyn|a [jyefchina] *f*, L -ie girl

dziewczynk|a [jyefchinka] *f*, L -ce, G.pl. -nek (little) girl

dziewiąt|y [jyevyonti] ninth

dziewięć [jyevyenʸchʸ] mpf **dziewięciu**, G **dziewięciu** nine

dziewięćset [jyevyenʸchʸset] mpf **dziewięciuset**, G **dziewięciuset** nine hundred

dziewiętnast|y [jyevye(n)tnasti] nineteenth

dziewiętnaście [jyevye(n)tnashʸchye] mpf **dziewiętnastu**, G **dziewiętnastu** nineteen

dzięk|ować [jyeŋkovachʸ] (komu za co) *impf*, -uję, -ujesz thank
podzięk|ować *pf*, -uję, -ujesz

dzisiaj; dziś [jeeshyay jeeshʸ] today

dziwi|ć się [jeeveechʸ shye] (czemu) *impf*, -ę, -sz wonder, be astonished (at something)

dziwn|y [jeevni] mpf -i, adv. -ie strange

dzwonek [dzvonek] *m*, (-nk-) G -a, L -u bell

dzwoni|ć [dzvoneechʸ] (do kogo) *impf*, -ę, -sz ring up (someone)
zadzwoni|ć *pf* -ę, -sz ring the bell; make a telephone call

E

egipsk|i [egeepskee] mpf -cy Egyptian (adj.)

Egipt [egeept] *m*, G -u, L -cie Egypt

egzamin [egzameen] *m*, G -u, L -ie examination

egzotyczn|y [egzotichni] mp -i adv. -ie exotic

ekspedientk|a [eksped-yentka] *f*, L -*ce*, G.pl. -*te*k shop assistant (girl)

elan|a [elana] *f*, L -ie terylene

eleganck|i [elegantskee] mpf -cy, adv. -o smart, elegant

elektrown|ia [elektrovnya] *f*, L -i power station

emeryt [emerit] *m*, G -a, L -*cie*, N.pl. -*ci* old-age pensioner

epok|a [epoka] *f*, L -*ce* epoch

Europ|a [eooropa] *f*, L -ie Europe

europejsk|i [eooropeyskee] mpf -cy European

Ew|a [eva] *f*, L -ie Eve

F

fabryk|a [fabrika] *f*, L -*ce* factory

festiwal [festeeval] *m*, G -u, L -u, G.pl. -i or -ów festival

filharmoni|a [feelharmon-ya] *f* L -i Philharmonic Hall

film [feelm] *m*, G -u, L -ie film, picture

fotografi|a [fotografya] *f*, L -i photograph

fotograf|ować [fotografovachʸ] (co) *impf*, -uję, -ujesz photograph (something) **sfotograf|ować** *pf*, -uję, -ujesz

fotoreportaż [fotoreportash] *m*, G -u, L -u, G.pl. -y photographic report

fotoreporter [fotoreporter] *m*, L -*rze*, N.pl. -*rzy* cameraman, newspaper photographer

Francj|a [frants-ya] *f*, L -i France

Francuz [frantsoos] *m*, G -a, L -ie, N.pl. -i Frenchman

fryzjer [friz-yer] *m*, G -a, L -*rze*, N.pl. -*rzy* hairdresser

fryzjerk|a [friz-yerka] *f*, L -*ce*, G.pl. -*re*k hairdresser (girl)

fryzur|a [frizoora] *f*, L -*rze* hair style

G

gardł|o [gardwo] *n*, L -*le*, G.pl. -*de*ł throat

garnitur [garneetoor] *m*, G -u, L -*rze* suit

garsonk|a [garsonka] *f*, L -*ce*, G. pl. -*ne*k two-piece suit (woman's)

gazet|a [gazeta] *f*, L -*cie* newspaper

Gdańsk [gdanʸsk] *m*, G -a, L -u Gdańsk

gdy [gdi] when

gdzie [gjye] where

gdzieś [gjyeshʸ] somewhere

generaln|y [generalni] mpf -i, adv. -ie general

geografi|a [geografya] *f*, L -i geography

giąć [gyonʸchʸ] *impf*, **gnę, gniesz, gną** bend **zgiąć** *pf* **zegnę, zegniesz, zegną**

gimnastyk|ować się [geemnastikovachʸ shye] *impf*, -uję -ujesz do exercises

głodn|y [gwodni] mpf -i, adv. -o hungry

głos [gwos] *m*, G -u, L -ie voice

głośn|y [gwoshʸni] mpf -i, adv. -o loud

głow|a [gwova] *f*, L -ie G.pl. **głów** head

główn|y [gwoovni] mpf -i, adv. -ie principal, main, chief

głupiec [gwoopyets] *m*, (-pc-) G -a, L -u, N.pl. -y, G.pl. -ów blockhead

gmach [gmakh] *m*, G -u, L -u (large) building, edifice

gniew [gnyef] *m*, G -u, L -ie anger

gniewa|ć się (o co na kogo) *impf*, -m, -sz be angry (about something with somebody)

godzin|a [gojeena] *f*, L -ie hour

gol|ić się [goleechʸ shye] *impf*, -ę, -isz shave **ogol|ić się** *pf*, -ę, -isz

gorąc|y [gorontsi] mpf -y, adv. -o hot

gospodarstw|o [gospodarstfo] *n*, L -ie household (management); farm

gospodarz [gospodash] *m*, G -a, L -u, N.pl. -e, G.pl. -y host; farmer

gospodyn|i [gospodinee] *f*, L -i mistress of the house, hostess

gość [goshʸchʸ] *m*, G -*cia*, L -*ciu*, N.pl. -*cie*, G.pl. -*ci* guest; visitor gościć [gosh^ycheech^y] *impf*, goszczę, gościsz, goszczą receive; stay

got|ować [gotovach^y] (co) *impf*, -uję, -ujesz boil; cook

gotow|y [gotovi] mpf -i ready

gór|a [goora] *f*, L -rze mountain

górsk|i [goorskee], mpf -cy mountainous

granic|a [graneetsa] *f*, L -y frontier, boundary; limit

gratul|ować [gratoolovach^y] (komu czego) *impf*, -uję, -ujesz congratulate (someone on something)

pogratul|ować *pf*, -uję, -ujesz

gron|o [grono] *n*, L -ie group, circle, company

grosz [grosh] *m*, G -a, L -u N.pl. -e, G.pl. -y monetary unit (1/100 zł)

grub|y [groobi] mpf -i, adv. -o thick; fat

grup|a [groopa] *f*, L -ie group

gry|źć [grish^ych^y] (co) *impf*, -zę, -ziesz, -zą bite; gnaw

ugry|źć *pf*, -zę, -ziesz, -zą

grzeczn|y [gzhechni] mpf -i, adv. -ie polite, courteous

gwiazd|a [gwyazda] *f*, L gwieździe star

H

hal|a [hala] *f*, L -i mountain pasture (alp)

halo [halo] hullo!

hałas [hawas] *m*, G -u, L -ie noise

hałas|ować [hawasovach^y] *impf*, -uję, -ujesz make a noise, behave noisily

handlow|y [handlovi] mpf -i, adv. -o commercial; (pertaining to) trade

herbat|a [herbata] *f*, L -cie tea

historyczn|y [heestorichni] mpf -i, adv. -ie historical

historyjk|a [heestoriyka] *f*, L -ce, G.pl. -jek (little) story, tale

Holandi|a [holand-ya] *f*, L -i Holland; the Netherlands

hotel [hotel] *m*, G -u, L -u, G.pl. -i hotel

humor [hoomor] *m*, G -u, L -rze humour, mood

I

i [ee] and

ich [eekh] their

ide|a [eedea] *f*, L -i, idea

idea|ł [eedeaw] *m*, G -u, L -le ideal

imi|ę [eemye] *n*, G. -enia, L -eniu, N.pl. -ona Christian name

Ił-18 *type of aeroplane*

indyjsk|i [eendiyskee] mpf -cy Indian

inn|y [eenni] mpf -i other, another; different

instruktor [eenstrooktor] *m*, G -a, L -rze, N.pl. -rzy instructor

inteligentn|y [eenteleegentni] mpf -i, adv. -ie intelligent

interesując|y [eenteresooyontsi] mpf -y, adv. -o interesting

inżynier [eenzhinyer] *m*, G -a, L -rze, N. pl. -owie engineer

iść [eesh^ych^y] *impf*, idę, idziesz, idą go (on foot)

pój|ść *pf*, -dę, -dziesz, -dą

J

ja [ya] I

jada|ć [yadach^y] (co) *impf*, -m, -sz eat (*regularly, habitually*)

jajk|o [yayko] *n*, L -u, G.pl. -jek egg

jak [yak] how

jak|i [yakee] mpf -cy what sort (kind) of; what

jakiś [yakeesh^y] some; some kind (sort) of

jasn|y [yasni] mpf -śni, adv. -o light; clear; bright; plain; obvious, self-evident

jazzow|y [jezovi] mpf -i (pertaining to) jazz

jechać [yekhach^y] *impf*, jadę, jedziesz, jadą, ride; go (not on foot); travel, journey

po|jechać *pf*, -jadę, -jedziesz, -jadą

jeden [yeden] one

jedenasty [yedenasti] eleventh

jedenaście [yedenash^ychye] mpf **jedenastu,** G **jedenastu** eleven

jednakowo [yednakovo] in the same way

jednakow|y [yednakovi] mpf **-i,** alike; the same

jednoczesn|y [yednochesni] adv. **-śnie** simultaneous

jednoosobow|y [yedno-osobovi] (destined for) one person; single

jedzeni|e [yedzenye] n, L **-u** food

jesienn|y [yeshyenni] autumnal, autumn (adj.)

jesień [yeshyen^y] f, L **-ni** autumn

jeszcze [yeshche] still; yet

je|ść [yesh^ych^y] (co) impf, **jem, jesz, jedzą** eat
    zjeść pf, **zjem, zjesz, zjedzą**

jeździć [yezh^yjeech^y] impf, **jeżdżę, jeździsz, jeżdżą,** travel (habitually, regularly)

jezior|o [yezhyoro] n, L **-rze** lake

język [yeⁿzik] m, G **-a,** L **-u** 1. tongue, 2. language

jutro [yootro] to-morrow

już [yoosh] already

K

kajak [kayak] m, G **-a,** L **-u** canoe

kakao [kakao] n, indecl. cocoa

kalendarz [kalendash] m, G **-a,** L **-u,** G.pl. **-y** calendar; almanac

kamień [kamyen^y] m, G **-nia,** L **-niu,** G.pl. **-ni** stone

kana| [kanaw] m, G **-u,** L **-le** canal

kanap|k|a [kanapka] f, L **-ce,** G.pl. **-pek** open sandwich

kancelari|a [kantselar-ya] f, L **-i** office

kapitan [kapeetan] m, G **-a,** L **-ie,** N.pl. **-owie** captain

ka|rać [karach^y] (kogo za co) impf, **-rzę, -rzesz** punish (someone for something)
    uka|rać pf, **-rzę, -rzesz**

karmi|ć [karmeech^y] (kogo czym) impf, **-ę, -sz** feed
    nakarmi|ć pf, **-ę, -sz**

Karpaty [karpati] ns, G.pl. **Karpat** Carpathians

kart|a [karta] f, L **-cie** card, licence

kart|k|a [kartka] f, L **-ce,** G.pl, **-tek** (small) sheet of paper, slip

kasjer [kas-yer] m, G **-a,** L **-rze,** N.pl. **-rzy** cashier; booking-office clerk

kasjer|k|a [kas-yerka] f, L **-ce,** G. pl. **-rek** (woman) cashier; booking-office clerk

kaw|a [kava] f, L **-ie** coffee

kawiarn|ia [kavyarnya] f, L **-i** café; coffeehouse, coffee-bar

ka|zać [kazach^y] (komu) impf, **-żę, -żesz** order, bid (someone)

każdy [kazhdi] every, each

kąpiel [kompyel] f, L **-i,** N.pl. **-e** bath; bathe

kelner|k|a [kelnerka] f, L **-ce,** G.pl. **-rek** waitress

kiedy [kyedi] when

kier|ować się [keyrovach^y shye] (czym) impf, **-uję, -ujesz** be governed by; go upon, go by

kierowc|a [kyeroftsa] m, G **-y,** L **-y,** N.pl. **-y,** G.pl. **-ów,** driver, chauffeur

kierownik [kyerovneek] m, G **-a,** L **-u,** N.pl. **-cy** manager, head

kilk|a [keelka] mpf **-u,** G **-u** several, some

kilkadziesiąt [keelkajyeshyont] mpf and G **kilkudziesięciu** several tens of

kilometr [keelometr] m, G **-a,** L **-rze** kilometre

kin|o [keeno] n, L **-ie** cinema

klas|a [klasa] f, L **-ie** class, (school) form; classroom

klient [kleeyent] m, G **-a,** L **-cie,** N.pl. **-ci** customer

klient|k|a [kleeyentka] f, L **-ce,** G.pl. **-tek** woman customer

klimat [kleemat] m, G **-u,** L **-cie** climate

klub [kloop] m, G **-u,** L **-ie** club

klucz [klooch] m, G **-a,** L **-u,** G.pl. **-y** key

klusk|i [klooskee] pl, G.pl. -sek dumplings; noodles

kłam|ać [kwamachʸ] impf, -ię, -iesz lie

sklam|ać pf, -ię, -iesz

kła|ść się [kwashʸchʸ shye] (gdzie) impf, -dę, -dziesz lie down

położ|yć się pf, -ę, -ysz

kłopot [kwopot] m, G -u, L -cie trouble

kłóc'ić się [kwoochɛechʸ shye] (z kim o co) impf, -ę, -isz quarrel

kłótn|ia [kwootnya] f, L -i quarrel

kłu|ć [kwoochʸ] impf, -ję, -jesz sting

ukłu|ć pf, -ję, -jesz

kobiet|a [kobyeta] f, L -cie woman

koc [kots] m, G -a, L -u, G.pl. -ów blanket

kocha|ć [kokhachʸ] (kogo) impf, -m, -sz love

pokocha|ć pf, -m, -sz

kocha|ć się [kokhachʸ shye] (w kim) impf -m, -sz be in love with somebody

kochan|y [kokhani] mpf -i dear; beloved

kogut [kogoot] m, G -a, L -cie cock

kolacj|a [kolats-ya] f, L -i supper

kolan|o [kolano] n, L -ie knee

koleg|a [kolega] m, G -i, L -dze, N.pl. -dzy colleague; (school, work etc.) -mate

kole|j [koley] f, L -i railway(s)

kolejarz [koleyash] m, G -a, L -u, N.pl. -e, G.pl. -y railwayman

kolejk|a [koleyka] f, L -ce, G. pl. -jek queue

kolejow|y [koleyovi] mpf -i (pertaining to the) railway(s)

koleżank|a [kolezhanka] f, L -ce, G.pl. -nek (girl or woman) colleague (school, work etc.) -mate (girl)

kolor [kolor] m, G -u, L -rze colour

kolorow|y [kolorovi] mpf -i, adv. -o coloured, colourful

kolumn|a [koloomna] f, L -ie column

kołysank|a [kowisanka] f, L -ce. G.pl. -nek cradle song; lullaby

komunikat [komooneekat] m, G -u, L -cie communiqué

kompot [kompot] m, G -u, L -cie compôte, stewed fruit

koncert [kontsert] m, G -u, L -cie concert

konduktor [kondooktor] m, G -a, L -rze, N.pl. -rzy conductor

konferansjer [konferaⁿs-yer] m, G -a, L -rze, N.pl. -rzy compère

konferencj|a [konferents-ya] f, L -i conference

koniec [konyets] m, (-ńc-) G -a, L -u, G.pl. -ów end

konieczność [konyechnoshʸchʸ] f, L -ci necessity

konieczn|y [konyechni] mpf -i, adv. -ie (absolutely) necessary, indispensable

konkretn|y [konkretni] mpf -i, adv. -ie concrete

konsekwentn|y [konsekfentni] mpf -i adv. -ie consistent

koń [konʸ] m, G -nia, L -niu, G.pl. -ni I. p . -ńmi horse

kończyć się [konʸchichʸ shye] impf, kończy się end, come to an end

skończyć się pf, skończy się

kop|a [kopa] f, L -ie sixty (as a unit of measurement)

kopaln|ia [kopalnya] f, L -i mine

Kopenhag|a [kopenhaga] f, L -dze Copenhagen

kopert|a [koperta] f, L -cie envelope

korall|e [korale] pl, G.pl. -i beads; corals

korytarz [koritash] m, G -a, L -u, G.pl. -y corridor, passage

kosmiczn|y [kosmɛechni] mpf -i cosmic

kosmonaut|a [kosmonauta] m, G -y, L -cie, N.pl. -ci cosmonaut

kosz [kosh] m, G -a, L -u, G.pl. -y or -ów basket

kosztować [koshtovachʸ] (kogo) impf, kosztuje cost

koszul|a [koshoola] f, L -i shirt

kość [koshʸchʸ] f, L -ci, N.pl. -ci bone

kot [kot] m, G -a, L -cie cat

kółk|o [koowko] n, L -u. G.pl. -łek (little) circle

kpi|ć [kpɛechʸ] (z czego) impf, -ę, -sz mock at (something)

zakpi|ć pf, -ę, -sz

kraj [kray] *m*, G -u, L -u, N.pl. -e country

Kraków [krakoof] *m*, (*o*) G-a, L -ie Cracow

krawa*t* [kravat] *m*, G -a, L -*cie* tie

krawcow|a [kraftsova] *f*, L -ej, G.pl. -ych (woman) dressmaker

Kreml [kreml] *m*, G -a, L -u Kremlin

kropl|a [kropla] *f*, L -i, G.pl. -pel drop

krow|a [krova] *f*. L -ie, G.pl. krów cow

król [krool] *m*, G -a, L -u, N.pl. -owie, G.pl. -ów king

królewn|a [kroolevna] *f*, L -ie, G.pl. -wien (royal) princess, king's daughter

królow|a [kroolova] *f*, L -ej queen

krót*k*|i [krootkee] mpf -cy, adv. -o short, brief

krząta|ć się [kshontach^y shye] *impf*, -m, -sz bustle, busy oneself

krzes*l*|o [ksheswo] *n*, L -*śle*, G.pl. -se*l* chair

krzycz|eć [kshichech^y] *impf*, -ę, -ysz shout, cry, scream

krzykn|ąć [kshiknon^ych^y] *pf*, -ę, -iesz

krzyżów*k*|a [kshizhoofka] *f*, L -ce, G.pl. -we*k* cross-word puzzle

książ*k*|a [ksh^yo^nshka] *f*, L -ce, |G.pl. -że*k* book

kto [kto] who

ktoś [ktosh^y] someone, somebody

którędy [ktoorendi] which way; through where

któr|y [ktoori] mpf -rzy which

kuchn|ia [kookhnya] *f*, L -i kitchen

kultur|a [kooltoora] *f*, L -rze culture

kupi|ć [koopeech^y] (co) *pf*, -ę, -sz buy (something)

kup|ować *impf*, -uję, -ujesz

kur|a [koora] *f*, L -rze hen

kurczak [koorchak] *m*, G -a, L -u chicken

kuzyn*k*|a [koozinka] *f*, L -ce, G.pl. -ne*k* (female) cousin

kwadrans [kfadra^ns] *m*, G -a, L -ie quarter of an hour

kwia*t* [kfyat] *m*, G -u, L -*ecie* flower

kwiatow|y [kfyatovi] (pertaining to) flower(s); floral

kwit|ować [kfeetovach^y] (co) *impf*, -uję, -ujesz sign a receipt

pokwit|ować *pf*, -uję, -ujesz

L

lakie*r* [lakyer] *m*, G -u, L -*rze* varnish; lacquer

la*lk*|a [lalka] *f*, L -ce, G.pl. -le*k* doll

lamp|a [lampa] *f*, L -ie, lamp

*l*as [las] *m*, G -u, L *les*ie forest

*l*at*o* [lato] *n*, L *lec*ie summer

lą*d* [lont] *m*, G -u, L -*dz*ie land, continent

lec|ieć [lechyech^y] *impf*, -ę, -isz fly

polec|ieć *pf*, -ę, -isz

legitymacj|a [legeetimats-ya] *f*, L -i identity card

lekars*k*|i [lekarskee] mpf -cy medical; (pertaining to a) doctor

lekarstw|o [lekarstfo] *n*, L -ie medicine, drug

lekarz [lekash] *m*, G -a, L -u, N.pl. e, G.pl. -y doctor

lekcj|a [lekts-ya] *f*, L -i lesson

lek*k*|i [lekkee] adv. -o light (in weight)

leń [len^y] *m*, G -nia, L -niu, N.pl. -nie, G.pl. -ni lazy-bones

lew [lef] *m*, G lwa, L lwu lion

leż|eć [lezhech^y] (na czym; gdzie) *impf*, -ę, -ysz lie (on something, somewhere)

licz|yć [leechich^y] (co) *impf*, -ę, -ysz count (something)

policz|yć *pf*, -ę, -ysz

licz|yć [leechich^y] (na co) *impf*, -ę, -ysz count (on something), reckon (on)

lini|a [leen^y-ya] *f*, L -i line

linow|y [leenovi] funicular

lip|a [leepa] *f*, L -ie lime-tree

li*st* [leest] *m*, G -u, L -*ście* letter (written message)

listonosz [leestonosh] *m*, G -a, L -u, N.pl. -e, G.pl. -y postman

liś*ć* [leesh^ych^y] *m*, G -*ci*a, L -*ci*u, G. pl. -*ci* leaf

295

liter|a [leetera] *f*, L -rze letter (of the alphabet)

lod|y [lodi] ns, G.pl. -ów icecream

lokator [lokator] *m*, G -a, L -rze, N.pl. -rzy tenant

lokator*k*|a [lokatorka] *f*, L -ce, G.pl. -re*k* tenant (woman)

lokomotyw|a [lokomotiva] *f*, L -ie railway engine, locomotive

lotni*k* [lotneek] *m*, G -a, L -u, N.pl. -cy airman

lód [loot] *n*, (*o*) G -u, L -*dz*ie ice

lubi|ć [loobeech^y] (co) *impf*, -ę, -sz like be fond of, have a fancy for

lu*d* [loot] *m*, G -u, L -*dz*ie people, folk

lut|y [looti] *m*, G -ego, L -ym February

Ł

ładn|y [wadni] mpf -i, adv. -ie pretty, nice

łap|a [wapa] *f*, L -ie paw

łatw|y [watfi] mpf -i, adv. -o easy

ław*k*|a [wafka] *f*, L -ce, G.pl. -we*k* bench; seat

łazien*k*|a [wazhyenka] *f*, L -ce, G.pl. -ne*k* bathroom

łączność [wonchnosh^ych^y] *f*, L -ci communication; contact

łą*k*|a [woŋka] *f*, L -ce meadow

łód*k*|a [wootka] *f*, L -ce, G.pl. -de*k* (little) boat, canoe

łódź [wooch^y] *f*, (*o*) L -*dz*i boat

łóżk|o [wooshko] *n*, L -u, G.pl. -że*k* bed

łyżecz*k*|a [wizhechka] *f*, L -ce, G.pl. -cze*k* (little) spoon

M

malarz [malash] *m*, G -a, L. -u, N.pl. -e G. pl. -y painter

mal|ować [malovach^y] *impf*, -uję, -ujesz paint

małp|a [mawpa] *f*, L -ie monkey

mał|y [mawi] mpf -*l*i, adv. -o little, small

małżeństw|o [mawzhen^ystfo] *n*, L -ie marriage; Mr. and Mrs.

mam|a [mama] *f*, L -ie mother, mummy

mandat [mandat] *m*, G -u, L -ci*e* ticket (fine)

map|a [mapa] *f*, L -ie map

Mare*k* [marek] *m*, (-rk-) G -a, L -u Mark

Marsyli|a [marsil-ya] *f*, L -i Marseilles

martwi|ć się| [martfeech^y shye] (o co; czym) *impf*, -ę, -sz worry (about)
zmartwi|ć się *pf*, -ę, -sz

marudz|ić [maroojeech^y] *impf*, -ę, -isz dillydally, loiter

marynarz [marinash] *m*, G -a, L -u, N. pl. -e, G.pl. -y sailor

ma*r*zec [mazhets] *m*, (-rc-) G -a, L -u March

marzn|ąć [mar-znon^ych^y] *impf*, -ę, -iesz freeze, feel cold
zmarzn|ąć *pf*, -ę, -iesz be frozen

mas*l*|o [maswo] *n*, L -*ś*le butter

maszyn|a [mashina] *f*, L -ie machine, engine

materia*l* [mater-yaw] *m*, G -u, L -*l*e material; stuff; fabric; cloth

mat*k*|a [matka] *f*, L -ce, G.pl. -te*k* mother

Mazury [mazoori] ns, G.pl. Mazur Mazury (*lake district in Northern Poland*)

mąd*r*|y [mondri] mpf -rzy, adv. -rze clever; wise

mą*k*|a [moŋka] *f*, L -ce flour, meal

mą*ż* [moⁿsh] *m*, (*ę*) G -a, L -u, N.pl. -owie, G.pl. -ów husband

mechani*k* [mekhaneek] *m*, G -a, L -u, N.pl. -cy mechanic

medyczn|y [medichni] mpf -i medical

Meksykani*n* [meksikaneen] *m*, G -a, L -ie N.pl. Meksykanie Mexican

meldunkow|y [meldoonkovi] mpf -i pertaining to registration

metalow|y [metalovi] mpf -i (of, pertaining to) metal

met*r* [metr] *m*, G -a, L -rze, metre

met*r*|o [metro] *n*, L -rze underground, tube

metryk|a [metrika] *f*, L *-ce* birth certificate

męsk|i [meⁿskee] *mpf -cy*, adv. **po męsku** masculine, male

mężczyzn|a [meⁿshchizna] *m*, L *-źnie*, N.pl. *-źni* man (*male only, not mankind*), male

mgł|a [mgwa] *f*, L *-le*, G.pl: **mgieł** fog

miar|a [myara] *f*, L *-erze* measure

miasteczk|o [myastechko] *n*, L *-u*, G.pl. *-czek* little town, borough

miast|o [myasto] *n*, L **mie***ście* town; city

mieć [myechʸ] (co) *impf*, **mam, masz, mają** have

miejsc|e [myeystse] *n*, L *-u* place, spot, locality

miesiąc [myeshyonts] *m*, G *-a*, L *-u*, G.pl. *-ęcy* month

mieszka|ć [myeshkachʸ] *impf*, *-m -sz* live (somewhere), dwell, abide, lodge, reside
zamieszka|ć *pf*, *-m, -sz*

mieszkaln|y [myeshkalni] habitable; residential; fit to live in

mieszkani|e [myeshkanye] *n*, L *-u* flat; (US) apartment

międzynarodow|y [myendźinarodovi] *mpf -i* international

mięs|o [myeⁿso] *n*, L *-ie* meat

mija|ć [meeyachʸ] (co) *impf*, *-m, -sz* pass by, go by, go past
min|ąć *pf*, *-ę, -iesz*

milcz|eć [meelchechʸ] *impf*, *-ę, -ysz* be silent

mił|y [meewi] *mpf -li*, adv. *-o* nice, pleasant, agreeable

min|a [meena] *f*, L *-ie*, G.pl. **min** (expression of the) face

minister [meeneester] *m*, (*-tr-*) G *-a*, L*-rze* N.pl. *-owie* minister

ministerstw|o [meeneesterstfo] *n*, L *-ie* ministry

minut|a [meenoota] *f*, L *-cie* minute

minutk|a [meenootka] *f*. L *-ce*, G.pl. *-tek* (just a short, little) minute

mlek|o [mleko] *n*, L *-u* milk

młodość [mwodoshʸchʸ] *f*, npl, L *-ci* youth

młod|y [mwodi] *mpf -dzi*, adv. *-o* young

młodzież [mwojyesh] *f*, npl, L *-y* youth, young people

mocn|y [motsni] *mpf -i*, adv. *-o* strong

model [model] *m*, G *-u*, L *-u*, G.pl. *-i* model, pattern

mokn|ąć [moknonʸchʸ] *impf*, *-ę, -iesz* get wet, get soaked
zmokn|ąć *pf*, *- -iesz*

mokr|y [mokri] *npf -rzy*, adv. *-o* wet, moist

morsk|i [morskee] (of the) sea; maritime

morze [mozhe] *n*, L *-u*, G.pl. **mórz** sea

Moskw|a [moskfa] *f*, L *-ie* Moscow

most [most] *m*, G *-u*, L *-ście* bridge

motocykl [mototsikl] *m*, G *-a*, L *-u*, G.pl. *-i* motor cycle

może [mozhe] perhaps, maybe

można [mozhna] one can; one may; it is possible; you are allowed

możliw|y [mozhleevi] *mpf -i*, adv. *-ie* possible

móc [moots] (co) *impf*, **mogę, możesz, mogą** can; may (do something)

mój [mooy] *mpf* **moi**, my, mine

mówi|ć [mooveechʸ] (co do kogo; komu; o czym komu) *impf*, *-ę, -sz* say, tell (something to somebody); speak (to) somebody; (to somebody about something)
powiedzieć *pf*, **powiem, powiesz, powiedzą**

Murzyn [moozhin] *m*, G *-a*, L *-ie*, N.pl.*-i* Negro; African

mu|sieć [mooshyechʸ] *impf*, *-szę, -sisz* must, have to, be forced, compelled, obliged

muzeum [moozeoom] *n*, museum

muzyk|a [moozika] *f*, L *-ce* music

my|ć się [michʸ shye] *impf*, *-ję, -jesz* wash (oneself)
umy|ć się *pf*, *-ję, -jesz*

mydł|o [midwo] *n*, L *-le*, G.pl. *-deł* soap

myl|ić się [mileechʸ shye] *impf*, *-ę, -isz* make a mistake, err; be mistaken
pomyl|ić się *pf*, *-ę, -isz*

myśl [mish^yl] *f*, L -i, N.pl. -i thought, thinking

myśl|eć [mish^ylech^y] (o czym) *impf*, -ę, -isz think (of or about something)
pomyśl|eć *pf*, -ę, -isz

N

na [na] (co) onto, to (something) (czym) on (something)

naczyta|ć się [nachitach^y shye] (czego) *pf*, -m, -sz read one's fill

nad [nat] (czym) over, above (something)

nada|wać [nadavach^y] (co, do kogo); *impf*, -ję, -jesz post, register; transmit
nada|ć *pf*, -m, -sz

nadchodz|ić [natkhojeech^y] *impf*, -ę, -isz be (in the act of) coming, arriving; approach
nadej|ść *pf*, -dę, -dziesz

nadjeżdża|ć [nad-yezhjach^y] *impf*, -m, -sz be (in the act of) arriving (*not on foot*); be coming up
nadj|echać *pf*, -adę, -edziesz, -adą

nadzie|ja [najyeya] *f*, L -i hope

nagł|y [nagwi] mpf -*li*, adv. -*le* sudden

naje|ść się [nayesh^ych^y shye] *pf*, -m, -sz, -dzą eat plenty of

najpierw [naypyerf] first, at first; first of all

nakręca|ć [nakrentsach^y] (co) *impf*, -m, -sz wind up (*watch or other mechanism*)
nakręc|ić *pf*, -ę, -isz

nakręcani|e [nakrentsanye] *n*, L -u winding up

nalewa|ć [nalevach^y] (co) *impf*, -m, -sz pour (something) into
nal|ać *pf*, -eję, -ejesz

na lewo [na levo] to the left

należy się [nalezhi shye] (it) is due, costs; (I am) owed

namawia|ć [nam⋯ ⋯ch^y] (do czego) *impf*, -m, -sz ⋯rsuad
namówi|⋯ *pf*, -⋯, -sz

na niby [na neebi] make-believe, pseudo-

na ogół [na ogoow] generally (speaking), mostly, as a rule

na pewno [na pevno] certainly, for certain, for sure

napi|ć się [napeech^y shye] (czego) *pf*, -ję, -jesz have a drink

napi|sać [napeesach^y] (co) *pf*, -szę, -szesz write (something)
pi|sać *impf*, -szę, -szesz

napraw|a [naprava] *f*, L -ie repair

naprawdę [napravde] really, truly, in truth, actually

naprawia|ć [napravyach^y] (co) *impf*, -m, -sz repair (something)
naprawi|ć *pf*, -ę, -sz

na prawo [na pravo] to the right

na próżno [na proozhno] in vain, vainly; to no avail, to no effect

na razie [na razhye] for the time being, for the present; as yet; just now

nareszcie [nareshchye] at (long) last, finally

narodow|y [narodovi] mpf -i national

naród [naroot] *m*, (o) G -u, L -*dzie* nation

narzeczon|a [nazhechona] *f*, L -ej fiancée

narzeczon|y [nazhechoni] *m*, G -ego, L -ym, N.pl. -eni fiancé

narzeka|ć [nazhekach^y] (na co) *impf*, -m, -sz complain (of something)

nasłucha|ć się [naswookhach^y shye] (czego) *pf*, -m, -sz hear (plenty of)

nastarcz|yć [nastarchich^y] (czego) *pf*, -ę, -ysz supply enough (of something) so as to satisfy the demand completely

nastawia|ć [nastavyach^y] (co) *impf*, -m, -sz set, put on; regulate; tune in
nastawi|ć *pf*, -ę, -sz

następn|y [nastempni] mpf -i, adv. -ie next, following

nastrój [nastrooy] *m*, (o) G -u, L -u, G.pl. -ów, mood, feeling, atmosphere, spirits, humour

naślad|ować [nash^yladovach^y] (co) *impf*, -uję, -ujesz imitate

nasz [nash] mpf -*si* our, ours

natomiast [natomyast] but, on the other hand

naturaln|y [natooralni] mpf -i, adv. -ie
natural

nauczyciel𝑘|a [naoochichyelka] *f*, L -ce,
G.pl. -lek teacher (woman)

naukow𝑖ec [naookovyeṯs] *m*, (-wc-) G -a,
L -u, N.pl. -y scientist, scholar

nawet [navet] even

nawzajem [navzayem] mutually, reciprocally; each other; one another

nazw|a [nazva] *f*, L -ie name, appellation

nazwisk|o [nazveesko] *n*, L -u surname

nazywa|ć się [nazivach𝑦 shye] *impf*, -m,
-sz be called

nerwow|y [nervovi] mpf -i, adv. -o nervous

niczyj [neechiy] nobody's

ni𝑐 [neech𝑦] *f*, L -ci, N.pl. -ci thread

nie [nye] no; not; (*in compounds*) non-;
in- ; un-

niebies𝑘|i [nyebyeskee] mpf -cy, adv. -o
blue

nieb|o [nyebo] *n*, L -ie sky

niech [nyekh] let (imperative)

nieciekaw|y [nyechyekavi] mpf -i, adv.
-ie uninteresting

niecierpliw|y [nyechyerpleevi] mpf -i, adv.
-ie impatient

niedale𝑘|i [nyedalekee] mpf -cy, adv. -o
not far; nearby; near

niedawn|y [nyedavni] mpf -i, adv. -o recent,
not long ago

niedługo [nyedwoogo] not a long time;
shortly, before long

niedobr|y [nyedobri] mpf -rzy, adv. -rze
not good; bad, wicked; wrong

niedziel|a [nyejyela] *f*, L -i Sunday

niegrzeczn|y [nyegzhechni] mpf -i, adv.
-ie (*of a child*) naughty

nieludz𝑘|i [nyelootskee] mpf -cy, adv. -o
inhuman; tremendous, huge

niełatw|y [nyewatfi] mpf -i, adv. -o not
easy, fairly difficult, fairly hard

niemi𝑙|y [nyemɜewi] mpf -/i, adv. -o unpleasant, disagreeable

niemożliw|y [nyemozhleevi] mpf -i, adv.
-ie impossible

niepoko|ić się [nyepokoeech𝑦 shye] (o co)
impf, -ję, -isz feel anxious, uneasy,
alarmed (about something)

niepotrzebn|y [nyepotshebni] mpf -i, adv.
-ie unnecessary, redundant

nieprawd|a [nyepravda] *f*, L -dzie untruth, falsehood

niepunktualn|y [nyepoonktooalni] mpf -i,
adv. -ie unpunctual

niespodzian𝑘|a [nyespojyanka] *f*, L -ce,
G.pl. -nek surprise

niestety [nyesteti] unfortunately; alas

nieść [nyesh𝑦ch𝑦] (co) *impf*, niosę niesiesz,
niosą, carry, bear (something)

niewiel|e [nyevyele] not much; little; mpf
-u not many

niewygodn|y [nyevigodni] mpf -i, adv. -ie
uncomfortable

nieznośn|y [nyeznosh𝑦ni] mpf -i, adv. -ie
unbearable

nigdy [neegdi] never; not once

nigdzie [neegjye] nowhere

nikotyn|a [neekotina] *f*, L -ie nicotine

nikt [neekt] nobody, no one

niszcz|yć [neeshchich𝑦] (co) *impf*, -ę, -ysz
destroy
zniszcz|yć *pf*, -ę, -ysz

niż [neesh] than

noc [noṯs] *f*, L -y, N.pl. -e night

noc|ować [notsôvach𝑦] *impf*, -uję, -ujesz
stay overnight, pass the night

no𝑔|a [noga] *f*, L -dze, G. pl. nóg leg
(*often used for the foot alone*)

normaln|y [normalni] mpf -i, adv. -ie
normal

no|sić [nosheech𝑦] (co) *impf*, -szę, -sisz,
-szą bear, wear

not|ować [notovach𝑦] (co) *impf*, -uję,
-ujesz (take a) note (of) something; take
down, jot down
zanot|ować *pf*, -uję, -ujesz

nowin|a [noweena] *f*, L -ie (piece of) news

nowoczes𝑛|y [novochesni] mpf -śni, adv.
-śnie modern, up to date

now|y [novi] mpf -i, adv. -o new

nóż [noosh] *m*, (*o*) G -a, L -u, G.pl. -y knife

nudn|y [noodni] mpf -i, adv. -o boring, dull, tedious

nudz|ić się [noojeech^y shye] *impf*, -ę, -isz feel bored
  znudz|ić się *pf*, -ę, -isz

numer [noomer] *m*, G -u, L-rze number

Nys|a [nisa] *f*, L -ie (the river) Nysa

O

o [o] (co) for (what); (czym) about, concerning (what)

obawia|ć się [obavyach^y shye] (czego; o kogo) *impf*, -m, -sz fear, be afraid (of something); be anxious (about someone)

obchodz|ić [opkhojeech^y] (co) *impf*, -ę, -isz celebrate; go round

obc|y [optsi] mpf -y, adv. -o alien, strange, foreign

obecn|y [obetsni] mpf -i, adv. -ie present

obejrz|eć [obeyzhech^y] (co) *pf*, -ę, -ysz have a look at, examine, inspect
  oglądα|ć *impf*, -m, -sz

obiad [obyat] *m*, G -u, L obiedzie lunch; dinner

obiec|ywać [obyetsivach^y] (co komu) *impf*, -uję, -ujesz promise (something to someone)
  obieca|ć *pf*, -m, -sz

oblicz|yć [obleechich^y] (co) *pf* -ę, -ysz count, reckon, calculate
  oblicza|ć *impf*, -m, -sz

oboje (obydwoje) [oboye (obidvoye)] G. obojga (obydwojga) both

obok [obok] (czego) beside, side by side; nearby, close to

obowiązek [obovyoⁿzek] *m*, (-zk-) G -u, L -u duty

obraz [obras] *m*, G -u, L -zie picture, image

obrazek [obrazek] *m*, (-zk-) G -a, L -u (little) picture

obraża|ć się [obrazhach^y shye] (na kogo za co) *impf*, -m, -sz take offence, feel offended; resent
  obra|zić się *pf*, -żę, -zisz, -żą

obrączk|a [obronchka] *f*, L -ce, G.pl. -czek wedding ring

obserw|ować [opservovach^y] (co) *impf*, -uję, -ujesz observe

obudz|ić [oboojeech^y] (kogo) *pf*, -ę, -isz wake (someone) up;
  budz|ić *impf*, -ę, -isz

obudz|ić się [oboojeech^y shye] *pf*, -ę, -isz wake up (by oneself)
  budz|ić się *impf*, -ę, -isz

ocean [otsean] *m*, G -u, L -ie ocean

oceni|ć [otseneech^y] (co) *pf*, -ę, -sz evaluate, appreciate
  ocenia|ć *impf*, -m, -sz

ochot|a [okhota] *f*, L -cie fancy (for), mieć ochotę feel like (doing something)

oczekiwani|e [ochekeevanye] *n*, L -u expectation

oczywiście [ochiveesh^ych^ye] of course, naturally

odbiera|ć [odbyerach^y] (co komu) *impf*, -m, -sz take away (something from someone), deprive (of)
  od|ebrać *pf*, -biorę, -bierzesz, -biorą

odbudow|ywać [odboodovivach^y] (co) *impf*, -uję, -ujesz rebuild, reconstruct
  odbud|ować *pf*, -uję, -ujesz

odbywa|ć się [odbivach^y shye] *impf*, odbywa się take place
  odb|yć się *pf*, odbędzie się

odczuwa|ć [otchoovach^y] *impf*, -m, -sz feel
  odczu|ć *pf*, -ję, -jesz

odda|wać [oddavach^y] (co komu) *impf*, -ję, -jesz give (pay) back (something to someone)
  odda|ć *pf*, -m, -sz

oddycha|ć [otdikhach^y] *impf*, -m, -sz breathe

odkręc|ić [otkren^ycheech^y] (co) *pf*, -ę, -isz unscrew (something), turn off; undo
  odkręca|ć *impf*, -m, -sz

odkrywc|a [odkrif̂tsa] *m*, G -y, L -y, N.pl. -y discoverer

odnaleźć [odnaleshᵞchᵞ] *pf*, **odnajdę, odnajdziesz, odnajdą** find

odnieść [odnyeshᵞchᵞ] *pf*, **odniosę, odniesiesz, odniosą** take back

odno|sić *impf*, -szę, -sisz

odpi|sać [otpeesachᵞ] (komu) *pf*, -szę, -szesz write back (to someone), answer (someone) in writing

odpis|ywać *impf*, -uję, -ujesz

odpływa|ć [otpwivachᵞ] *impf*, -m, -sz sail away, put off

odpłyn|ąć *pf*, -ę, -iesz

odpocz|ąć [otpochonᵞchᵞ] *pf*, -nę, -niesz rest, have a rest

odpoczywa|ć *impf*, -m, -sz

odpoczynek [otpochinek] *m*, (-nk-) G -u, L -u rest

odpowiada|ć [otpovyadachᵞ] (komu) *impf*, -m, -sz answer (someone), reply

odpowie|dzieć *pf*, -m, -sz, -dzą

odpowiedn|i [otpovyednee] *mpf* -i, adv. -io suitable, proper, appropriate, fit

odprowadz|ić [otprovajeechᵞ] (kogo) *pf*, -ę, -isz see (someone) home

odprowadza|ć *impf*, -m, -sz

Odr|a [odra] *f*, L -rze (the river) Odra

odróżnia|ć [odroozhnyachᵞ] (co od czego) *impf*, -m, -sz distinguish (something from something else)

odróżni|ć *pf*, -ę, -sz

odrzutow|y [odzhootovi] (**samolot**) jet (plane)

odważn|y [odvazhni] *mpf* -i, adv. -ie courageous, gallant, brave

odwiedz|ać [odvyed̂zachᵞ] (kogo) *impf*, -m, -sz visit (someone)

odwiedz|ić *pf*, -ę, -isz

odwoła|ć [odvowachᵞ] (co) *pf*, -m, -sz call off, recall (someone), revoke

odwoł|ywać *impf*, -uję, -ujesz

odznaczeni|e [odznachenye] *n*, L -u decoration, order (for merit)

odzywa|ć się [odzivachᵞ shye] (do kogo) *impf*, -m, -sz speak up, make oneself heard, utter the first word

odezw|ać się *pf*, -ę, -iesz

ogarn|ąć [ogarnonᵞchᵞ] (co czym) *pf*, -ę, -iesz embrace, encompass, take in; pervade, overcome

ogarnia|ć *impf*, -m, -sz

ogień [ogyenᵞ] *m*, G -nia, L -niu, G.pl. -ni fire

ogląda|ć [oglondachᵞ] (co) *impf*, -m, -sz look at, examine, inspect

obejrz|eć *pf*, -ę, -ysz

ogol|ić się [ogoleechᵞ shye] *pf*, -ę, -isz shave

gol|ić się *impf*, -ę, -isz

ogórek [ogoorek] *m*, (-rk-) G -a, L -u cucumber

ogromn|y [ogromni] *mpf* -i, adv. -ie immense, tremendous, huge

ogród [ogroot] *m*, (o) G -u, L -dzie garden

ojc|iec [oychyets] *m*, G -a, L -u, N.pl. -owie, G.pl. -ów father

ojczyzn|a [oychizna] *f*, L -źnie (native) country, fatherland

oka|zać się [okazachᵞ shye] *pf*, **okaże się** prove (to be), appear

okaz|ywać się *impf*, **okazuje się**

okazal|y [okazawi] *mpf* -li, adv. -le spectacular, showy; stately, grand

okazj|a [okaz-ya] *f*, L -i opportunity

okn|o [okno] *n*, L -ie, G.pl. okien window

ok|o [oko] *n*, L -u, N.pl. oczy, G.pl. oczu eye

okoliczność [okoleechnoshᵞchᵞ] *f*, L -ci, N. pl. -ci, circumstance

okres [okres] *m*, G -u, L -ie period

okręt [okrent] *m*, G -u, L -cie ship

okropn|y [okropni] *mpf* -i, adv. -ie horrible, horrid

okular|y [okoolari] *ns*, G. pl. -ów glasses; spectacles

ołówek [owoovek] *m*, (-wk-) G -a, L -u pencil

on [on] he

ona [ona] she

ono [ono] it

opala|ć się [opalach^y shye] *impf,* **-m, -sz** get brown, sunburnt

opal|ić się *pf,* **-ę, -isz**

oper|a [opera] *f,* L *-rze* opera

opini|a [opeen^y-ya] *f,* L **-i** opinion

opowiada|ć [opovyadach^y] (co; o czym komu) *impf,* **-m, -sz** tell (something; someone about something)

opowie|dzieć *pf,* **-m, -sz, -dzą**

opowiadani|e [opovyadanye] *n,* L **-u** tale, narrative, story

organizm [organeezm] *m,* G **-u,** L **-ie** organism

orkiestr|a [orkyestra] *f,* L *-rze* orchestra, band

osiedl|e [oshyedle] *n,* L **-u,** G. pl. **-i,** settlement, inhabited place; residential district, housing estate

osiem [oshyem] mpf **ośmiu,** G **ośmiu** eight

osiemdziesiąt [oshyemjyeshyont] mpf **osiemdziesięciu,** G **osiemdziesięciu** eighty

osiemnasty [oshyemnasti] eighteenth

osiemnaście [oshyemnash^ychye] mpf **osiemnastu,** G **osiemnastu** eighteen

´osiemset [oshyemset] mpf **´ośmiuset,** G **´ośmiuset** eight hundred

osłabia|ć [oswabyach^y] (co) *impf,* **-m, -sz** weaken, attenuate (something)

osłabi|ć *pf,* **-ę, -sz**

osob|a [osoba] *f,* L **-ie,** G.pl. os*ó*b person

osobist|y [osobeesti] mpf *-ści,* adv. *-ście* personal

osobow|y [osobovi] personnel; **osobowy pociąg** local train

ostatn|i [ostatnee] mpf **-i ,** adv. *-io* last; latter

ośrode*k* [osh^yrodek] *m,* (-dk-) G **-a,** L **-u** centre

otrzym|ywać [otshimivach^y] (co od kogo) *impf,* **-uję, -ujesz** get, receive (something from someone)

otrzyma|ć *pf,* **-m, -sz**

otwart|y [otfarti] mpf *-ci,* adv. *-cie* open

otwiera|ć [otfyerach^y] (co) *impf,* **-m, -sz** open

otworz|yć *pf,* **-ę, -ysz**

owoc [ovotŝ] *m,* G **-u,** L **-u,** G.pl. **-ów** fruit

owszem [ofshem] yes (emphatic); indeed, quite; all right

Ó

ósmy [oosmi] eight

P

pacjen*t* [patŝ-yent] *m,* G. **-a,** L *-cie,* N.pl. *-ci* patient

park [park] *m,* G **-u** L **-u** park

pakune*k* [pakoonek] *m,* (-nk-) G **-u,** L **-u,** parcel, package

paleni|e [palenye] *n,* L **-u** smoking

pal|ić [paleech^y] (co) *impf,* **-ę, -isz** burn; smoke (something)

pal*t***|o** [palto] *n,* L *-cie* overcoat

pałac [pawats] *m,* G **-u,** L **-u,** G.pl. **-ów** palace

pamięta|ć [pamyentach^y] (co; o czym) *impf,* **-m, -sz** remember, bear in mind **zapamięta|ć** *pf,* **-m, -sz**

pan [pan] *m,* G **-a,** L **-u,** N.pl. **-owie** gentleman; (*with name*) Mr.

pan|i [panee] *f,* L **-i,** G.pl. **pań** lady; (*with name*) Mrs. (*used in addressing to single woman as well*)

państw|o [pan^ystfo] *n,* L **-ie** State

państw|o [pan^ystfo] *n,* L **-u** ladies and gentlemen, Mr. and Mrs.

papieros [papyeros] *m,* G **-a,** L **-ie** cigarette

par|a [para] *f,* L *-rze* couple; pair

parasol [parasol] *m,* G **-a,** L **-u,** G.pl. **-i** umbrella

parasol*k***|a** [parasolka] *f,* L *-ce,* G.pl. **-le***k* woman's umbrella

park|ować [parkovach^y] (co) *impf,* **-uję, -ujesz** park (something) **zapark|ować** *pf,* **-uję, -ujesz**

parter [parter] *m,* G **-u,** L *-rze,* ground-floor

parti|a [part-ya] *f*, L -i group, party

Paryż [parish] *m*, G -a, L -u Paris

pasażer [pasazher] *m*, G -a, L -rze, N.pl. -owie passenger

pasażerk|a [pasazherka] *f*, L -ce, G.pl. -rek (woman) passenger

pasować [pasovach^y] (do czego) *impf*, pasuje fit

pastylk|a [pastilka] *f*, L -ce, G.pl. -lek tablet, pastille, lozenge

patrz|eć [patshech^y] (na co) *impf*, -ę, -ysz look (at something)

patyk [patik] *m*, G -a, L -u stick

pawilon [paveelon] *m*, G -u, L -ie pavilion; stand

paznok|ieć [paznokyech^y] *m*, G -cia, L -ciu finger-nail

pcha|ć się [pkhach^y shye] *impf*, -m, -sz push (*intransitive*)

pchn|ąć [pkhnon^ych^y] (co czym) *pf*, -ę, -iesz push (something with something else); stab;
pcha|ć *impf*, -m, -sz

pech [pekh] *m*, G -a, L -u bad luck; hard lines

pedant [pedant] *m*, G -a, L -cie, N.pl. -ci pedant, stickler for details

pensj|a [pɛns-ya] *f*, L -i pension

peron [peron] *m*, G -u, L -ie (railway) platform

pewien [pevyen], mpf -wni certain, sure; a certain, one, a

pewnie [pevnye] surely; probably

pędz|ić [pen^yjeech^y] *impf*, -ę, -isz rush (headlong); drive

piać [pyach^y] *impf*, pieję, piejesz crow

piątek [pyontek] *m*, (-tk-) G -u, L -u Friday

piąty [pyonti] fifth

piec [pyets] (co) *impf*, piekę, pieczesz, pieką bake
upiec *pf*, upiekę, upieczesz, upieką

pieśń [pyesh^yn^y] *f*, L -ni, N.pl. -ni song

pić [peech^y] (co) *impf*, piję, pijesz drink
wypi|ć *pf*, -ję, -jesz

pielęgniark|a [pyeleŋgnyarka] *f*, L -ce, G.pl. -rek nurse

pielęgn|ować [pyeleŋgnovach^y] (co) *impf*, -uję, -ujesz nurse, look after (sick person etc.)

pieniądz [pyenyonts] *m*, G -a, L -u,] G.pl. **pieniędzy** money

pieróg [pyerook] *m*, (o) G -a, L -u dumpling

pierwsz|y [pyerfshi] mpf, -si first

pies [pyes] *m*, G psa, L psie dog

piesek [pyesek] *m*, (-sk-) G -a, L -u doggie, (nice, little etc.) dog

piesz|y [pyeshi] mpf -si, adv. -o pedestrian, (on) foot

pięć [pyen^ych^y] mpf pięciu, G pięciu five

pięćdziesiąt [pyen^yjyeshyont] mpf pięćdziesięciu, G pięćdziesięciu fifty

pięćset [pyen^ych^yset] mpf pięciuset, G pięciuset five hundred

piękn|y [pyenkni] mpf -i, adv. -ie beautiful, fine

piętnast|y [pye(n)tnasti] fifteenth

piętnaście [pye(n)tnash^ychye] mpf piętnastu, G piętnastu fifteen

piętr|o [pyentro] *n*, L -rze, G.pl. -ter storey, floor

pija|ć [peeyach^y] (co) *impf*, -m, -sz drink, drink regularly

piln|ować [peelnovach^y] (czego, kogo) *impf*, -uję, -ujesz watch, guard, look after (something, somebody)

piln|y [peelni] mpf, -i, adv. -ie 1. urgent, pressing; 2. diligent, industrious

piłk|a [peewka] *f*, L -ce, G.pl. -łek ball

piosenk|a [pyosenka] *f*, L -ce, G.pl. -nek song

piór|o [pyooro] *n*, L -rze pen

piramid|a [peerameeda] *f*, L -dzie pyramid

pi|sać [peesach^y] (co; o czym komu; dla kogo) *impf*, -szę, -szesz write (something; about something to someone)
napi|sać *pf*, -szę, -szesz

pisarz [peesash] *m*, G -a, L -u, N.pl. -e, G.pl. -y writer, author, man of letters

plac [plats] *m*, G -u, L -u, G.pl. -ów square

plakat [plakat] *m*, G -u, L. -*cie* poster

plan [plan] *m*, G -u, L -ie plan, scheme

plan|ować [planovach^y] (co) *impf*, -uję, -ujesz plan

zaplan|ować *pf*, -uję, -ujesz

plaż|a [plazha] *f*, L -y beach

plecak [pletsak] *m*, G -a, L -u knapsack, rucksack

płac|ić [pwacheech^y] *impf*, -ę, -isz pay

zapłac|ić *pf*, -ę, -isz

pła|kać [pwakach^y] *impf*, -czę, -czesz weep, cry

płaszcz [pwashch] *m*, G -a, L -u, G.pl. -y coat, overcoat

płuc|o [pwootso] *n*, L -u lung

płyn|ąć [pwinony^{y}ch^y] *impf*, -ę, -iesz 1. swim, 2. sail

pływacki [pwivatskee] (pertaining to) swimmers

pływa|ć [pwivach^y] *impf*, -m, -sz 1. swim 2. sail (regularly, habitually etc.)

pływak [pwivak] *m*, G -a, L -u, N.pl. -cy swimmer

pobiera|ć się [pobyerach^y shye] *impf*, -m, -sz get married

pob|rać się [pobrach^y shye] *pf*, -iorę, -ierzesz, -iorą

pocał|ować [potsawovach^y] (kogo) *pf*, -uję, -ujesz kiss

cał|ować *impf*, -uję, -ujesz

pociąg [pochyoŋk] *m*, G -u, L -u train

pociesza|ć się [pochyeshach^y shye] (czym) *impf*, -m, -sz comfort (console) oneself

pociesz|yć się *pf*, -ę, -ysz

począte**k** [pochontek] *m*, (-tk-) G -u, L -u beginning, start

poczeka|ć [pochekach^y] (na co, na kogo) *pf*, -m, -sz wait

czeka|ć *impf*, -m, -sz

poczt|a [pochta] *f*, L -*cie* post, mail

pocztow|y [pochtovi] (pertaining to the) post

pocztówk|a [pochtoofka] *f*, L -*ce*, G.pl. -we**k** post-card

poczu|ć [pochooch^y] (co) *pf*, -ję, -jesz come to feel (smell) something

pod [pot] (czym) under, below, beneath, (something)

poda|ć [podach^y] (co komu) *pf*, -m, -sz serve (up), hand, give; (rękę) shake hands

poda|wać *impf*, -ję, -jesz

podarunek [podaroonek] *m*, (-nk-) G -u, L -u, gift, present

podchodz|ić [potkhoj**ε**ech^y] (do czego) *impf*, -ę, -isz come up (to), approach, walk up, draw near, advance

podej|ść *pf*, -dę, -dziesz, -dą

podda|wać się [poddavach^y shye] (czemu) *impf*, -ję, -jesz submit, surrender (to something)

podda|ć się *pf*, -m, -sz

podej|ść [podeysh^{y}ch^y] (do czego) *pf*, -dę -dziesz approach, come near, walk up to, advance

podchodz|ić [potkhoje**ε**ch^y] *impf*, -ę -isz

podłog|a [podwoga] *f*, L -*dze*, G.pl. -łóg floor

podmiejsk**|i** [podmyeyskee] mpf -cy suburban

podni|eść [podnyesh^{y}ch^y] (co) *pf*, -osę, -esiesz, -osą lift, heave, pick up

podno|sić *impf*, -szę, -sisz

podoba|ć się [podobach^y shye] (komu) *impf*, -m, -sz appeal (to someone), please

spodoba|ć się *pf*, -m, -sz

podobn|y [podobni] mpf, -i, adv. -ie similar, (a)like

podróż [podroosh] *f*, L -y journey, travel

podróż|ować [podroozhovach^y] *impf*, -uję, -ujesz journey, travel

podwórk|o [podvoorko] *n*, L -u, G.pl. -re**k** (small) courtyard or backyard

podwórz|e [podvoozhe] *n*, L -u courtyard, backyard

podziel|ić [pojyeleech^y] (co) *pf*, -ę, -isz divide (something), share

dziel|ić *impf*, -ę, -isz

poet|a [poeta] *m*, G -y, L -*cie*, N.pl. -*ci*, G.pl. -*ów* poet

pogod|a [pogoda] *f*, L -*dzie* weather; fine weather

poj|echać [poyekhach^y] *pf*, -**adę**, -**edziesz**, -**adą** make a journey, start on a journey, travel

pojęci|e [poyen^ychye] *n*, L -**u** notion, concept, idea

pojutrze [poyootshe] the day after tomorrow

poka|zać [pokazach^y] (co komu) *pf*, -**żę**, -**żesz** show (something to someone)
   pokaz|ywać *impf*, -**uję**, -**ujesz**

pokoik [pokoeek] *m*, G -**u**, L -**u** little room

pokój [pokooy] *m*, (*o*) G -**u**, L -**u** room

pokwit|ować [pokfeetovach^y] (co komu) *pf*, -**uję**, -**ujesz** sign a receipt (for something for someone)
   kwit|ować *impf*, -**uję**, -**ujesz**

polec|ieć [polechyech^y] *pf*, -**ę**, -**isz** fly

polewa|ć [polevach^y] (co czym) *impf*, -**m**, -**sz** water; pour (liquid) on
   pol|ać *pf*, -**eję**, -**ejesz**

poleż|eć [polezhech^y] *pf*, -**ę**, -**ysz** lie for some time

policz|yć [poleechich^y] (co) *pf*, -**ę**, -**ysz** count, calculate, reckon
   licz|yć *impf*, -**ę**, -**ysz**

poli technik|a [poleetekhneeka] *f*, L -*ce* Technical University

polsk|i [polskee], mpf, -*cy*, adv. **po** pols*ku* Polish

połow|a [powova] *f*, L -**ie** (one) half

położ|yć się [powozhich^y shye] (gdzie) *pf*, -**ę**, -**ysz** lie down
   kła|ść się *impf*, -**dę**, -**dziesz**, -**dą**

południ|e [powoodnye] *n*, L -**u** 1. midday, noon, 2. South

pomaga|ć [pomagach^y] (komu w czym) *impf*, -**m**, -**sz** help (someone with something) aid, assist
   pom|óc *pf*, -**ogę**, -**ożesz**, -**ogą**

pomnik [pomneek] *m*, G -**a**, L -**u** monument

pomoc [pomots] *f*, L -**y** help, aid, assistance

pomost [pomost] *m*, G -**u**, L-*ście* platform; stage; gangway

pomysł [pomisw] *m*, G -**u**, L -*śle* idea, device, thought

pomyśl|eć [pomish^ylech^y] (o czym) *pf*, -**ę**, -**isz** think (of something); see to (something); take care (of)

poniedziałek [ponyejyawek] *m*, (-łk-), G -**u**, L -**u** Monday

poni|eść [ponyesh^ych^y] (co) *pf*, -**osę**, -**esiesz**, -**osą** carry (*some way*), bear (*the consequences, punishment etc.*)

pono|sić *impf*, -**szę**, -**sisz**

pończoch|a [pon^ychokha] *f*, L -*sze* stocking

popatrz|eć [popatshech^y] (na co) *pf*, -**ę**, -**ysz** take a good look at (something)

popielat|y [popyelati], adv. -**o** grey

popłyn|ąć [popwinon^ych^y] *pf*, -**ę**, -**iesz** sail, put off, set out (*by ship*)

popołudni|e [popowoodnye] *n*, L -**u** afternoon

poprawia|ć [popravyach^y] (co) *impf*, -**m** -**sz** correct (something)
   poprawi|ć *pf*, -**ę**, -**sz**

popro|sić [poprosheech^y] (kogo o co) *pf*, -**szę**, -**sisz**, -**szą**, ask, beg, demand
   pro|sić *impf*, -**szę**, -**sisz**, -**szą**

po prostu [po prostoo] simply

poprzedn|i [popshednee], mpf -**i**, adv. -**io** previous, former, preceding

popsu|ć się [popsooch^y shye] *pf*, **popsuje się** go wrong, bad; break down
   psu|ć się *impf*, **psuje się**

por|a [pora] *f*, L -*rze*, G.pl. pór season, time

porabia|ć [porabyach^y] *impf*, -**m**, -**sz** be doing, faring

poradz|ić [porajeech^y] (komu) *pf*, -**ę**, -**isz** give advice (to someone)
   radz|ić *impf*, -**ę**, -**isz**

pora|zić [porazheech^y] (co czym) *pf*, -**żę**, -**zisz** strike (something with something else)
   poraża|ć *impf*, -**m**, -**sz**

porcj|a [ports-ya] *f*, L -i helping

porozmawia|ć [porozmavyach^y] (z kim o czym) *pf*, -m, -sz have a talk (with someone about something)

porozumieni|e [porozoomyenye] *n*, L -u understanding, intelligence; agreement

porówn|ywać [poroovnivach^y] (kogo z kim, co z czym) *impf*, -uję, -ujesz compare, confront

  porówna|ć *pf*, -m, -sz

port [port] *m*, G -u, L -cie port, haven

portier [port-yer] *m*, G -a, L -rze, N.pl. -rzy doorman

porw|ać [porvach^y] (co) *pf*, -ę, -iesz snatch, kidnap; tear

porządek [pozhondek] *m*, (-dk-) G -u L -u order

porządn|y [pozhondni], mpf -i, adv. -ie orderly, tidy, neat

posłaniec [poswanyets] *m*, (-ńc-) G -a, L -u, N.pl. -y G.pl. -ów messenger; commissionaire

posłodz|ić [poswojeech^y] *pf*, -ę, -isz sweeten

posłucha|ć [poswookhach^y] (czego) *pf*, -m, -sz 1. listen for some time (to something); 2. obey

posol|ić [posoleech^y] (co) *pf*, -ę, -isz salt (*once*)

pospać [pospach^y] *pf*, pośpię, pośpisz sleep (*for some time*), have a nap

pospieszn|y [pospyeshni] adv. -ie; pociąg pospieszny fast train, express

postać [postach^y] *f*, L -ci, N.pl. -cie or -ci form, shape, figure; aspect; character

postara|ć się [postarach^y shye] (o co) *pf*, -m, -sz try to get, obtain, secure etc.; see to

  stara|ć się *impf*, -m, -sz

postawi|ć [postaveech^y] (co gdzie) *pf*, -ę, -sz put, set; place (something somewhere)

  stawia|ć *impf*, -m, -sz

postęp|ować [postempovach^y] *impf*, -uję, -ujesz act, behave, deal, proceed

  postąpi|ć *pf*, -ę, -sz

postuka|ć [postookach^y] *pf*, -m, -sz knock for some time

poszuka|ć [poshookach^y] (czego) *pf*, -m, -sz look for, seek (something)

  szuka|ć *impf*, -m, -sz

posyła|ć [posiwach^y] (kogo; co do kogo; komu) *impf*, -m, -sz send, send over

  po|słać *pf*, -ślę, -ślesz, -ślą

pośpiech [posh^{y}pyekh] *m*, G -u, L -u hurry, haste

pośpiesz|yć się [posh^{y}pyeshich^y shye] *pf*, -ę, -ysz hurry

  śpiesz|yć się *impf*, -ę, -ysz

potańcz|yć [potan^{y}chich^y] *pf*, -ę, -ysz dance (*a little, for some time*)

potem [potem] afterwards, later on, then

potrafi|ć [potrafeech^y] *pf*, -ę, -sz know how to, know the way to, manage

potraw|a [potrava] *f*, L -ie dish (culinary)

potrzebn|y [potshebni] mpf -i, adv. -ie necessary, needed

potrwać [potrfach^y] *pf*, potrwa last for some time

potrzyma|ć [potshimach^y] (co) *pf*, -m, -sz hold (something) for some time (*usually to help someone else*)

potwór [potfoor] *m*, (o) G -a, L -rze, N.pl. -ry monster

poważn|y [povazhni], mpf. -i, adv. -ie serious, earnest; substantial, considerable

powiada|ć [povyadach^y] *impf*, -m, -sz say; be saying

powiat [povyat] *m*, G -u, L -ecie powiat (*subdivision of a voivodeship*)

powie|dzieć [povyejyech^y] (co komu) *pf* -m, -sz, -dzą say (something to someone)

  mówi|ć *impf*, -ę, -sz

powie|sić [povyesheech^y] (co) *pf* -szę, -sisz hang

powietrz|e [povyetshe] *n*, L -u air

powita|ć [poveetach^y] (kogo) *pf*, -m, -sz welcome, greet

  wita|ć *impf*, -m, -sz

powód [povoot] *m*, (*o*) G -u, L -*dzie* cause, reason

powrót [povroot] *m*, (*o*) G -u, L -*cie* return

powszedni [pofshednee] daily, everyday; (*working day as opposed to holiday*)

powtarza|ć [poftazhach^y] (co) *impf*, -m, -sz repeat

   powtórz|yć (co komu) *pf*, -ę, -ysz

pozb|yć się [pozbich^y shye] (czego) *pf*, -ędę, -ędziesz get rid (of) (something)

   pozbywa|ć się *impf*, -m, -sz

pozna|wać [poznavach^y] (kogo, co) *impf*, -ję, -jesz know, get to know, recognize

   pozna|ć *pf*, -m, -sz

pozosta|ć [pozostach^y] *pf*, -nę, -niesz remain

   pozosta|wać *impf*, -ję, -jesz

pozwol|ić [pozvoleech^y] (komu na co) *pf*. -ę, -isz allow, permit (something)

   pozwala|ć *impf*, -m, -sz

pożegna|ć [pozhegnach^y] (kogo) *pf*, -m, -sz say goodbye, bid farewell (to somebody)

   żegna|ć *impf*, -m, -sz

pożyczk|a [pozhichka] *f*, L -*ce*, G.pl. -*czek* loan

pożycz|yć [pozhichich^y] *pf*, -ę, -ysz (co komu) lend; (co od kogo) borrow;

   pożycza|ć *impf*, -m, -sz

pój|ść [pooysh^ych^y] *pf*, -dę, -dziesz, -dą go (on foot)

pół [poow] half

półk|a [poowka] *f*, L -*ce*, G.pl. -*łek* shelf

północ [poownots] *f*, L -y 1. midnight, 2. North

północn|y [poownotsni], mpf -i north(ern)

późn|y [poozh^yni], mpf -i, adv. -o late

prac|a [pratsa] *f*, L -y work

prac|ować [pratsovach^y] *impf*, -uję, -ujesz work

pracowi/|y [pratsoveeti], mpf -*ci*, adv. -*cie* hard-working, industrious

prawd|a [pravda] *f*, L -*dzie* 1. truth, 2. (*when immediately followed by question-mark*) isn't it? or any other question tag

prawdopodobn|y [pravdopodobni], mpf. -i, adv. -ie probable, likely

prawdziw|y [pravjeevi], mpf -i, adv. -ie true, truthful, real

prawie [pravye] almost, nearly, practically

prezen/ [prezent] *m*, G -u, L -*cie* present, gift

profesor [profesor] *m*, G -a, L -*rze*, N.pl. -owie professor

projekt|ować [proyektovach^y] (co) *impf*, -uję, -ujesz design, plan, scheme

   zaprojekt|ować *pf*, -uję, -ujesz

propon|ować [proponovach^y] (co komu) *impf*, -uję, -ujesz suggest

   zapropon|ować *pf*, -uję, -ujesz

pro|sić [prosheech^y] (kogo o co) *impf*, -szę, -sisz, -szą ask, beg (someone for something)

   popro|sić *pf*, -szę, -sisz

pros/|y [prosti], mpf -*ści*, adv. -o straight; simple

prośb|a [prozh^yba] *f*, L -ie, G.pl. próśb request

protest|ować [protestovach^y] (przeciwko czemu), *impf*, -uję, -ujesz protest (against something)

   zaprotest|ować *pf*, -uję, -ujesz

prototyp [prototip] *m*, G -u, L -ie prototype

prowadz|ić [provajeech^y] (co) *impf*, -ę, -isz conduct, lead (something)

   zaprowadz|ić *pf*, -ę, -isz

prób|a [prooba] *f*, L -ie, attempt, trial, test

prób|ować [proobovach^y] (czego) *impf*, -uję, -ujesz, try, test, attempt, taste

   spréb|ować *pf*, -uję, -ujesz

prywatn|y [privatni], mpf -i, adv. -ie private

przód [pshoot] *m*, (*o*) G -u, L -*dzie* front (side, part etc.)

przeb|rać się [pshebrach^y shye] (w co) *pf*, -iorę, -ierzesz, -orą change one's clothes; disguise oneself; dress up

   przebiera|ć się *impf*, -m, -sz

przechodz|ić [pshekhojeech^y] (przez co) *impf*, -ę, -isz pass (by), cross

   przej|ść *pf*, -dę, -dziesz, -dą

przecież [pshechyesh] yet, and yet, but yet; indeed; after all, all the same; why, though

przeciwko [pshecheefko] (czemu) against (something)

przeczyta|ć [pshechitach^y] (co) *pf*, -m, -sz read (something) through, finish reading
czyta|ć *impf*, -m, -sz

przed(e) [pśhet (pshede)] (czym) before, in front of (something)

przedmio*t* [pshedmyot] *m*, G -u, L -*cie* object

przedpokój [pshetpokooy] *m*, (*o*) G -u, L -u, G.pl. -i or -ów hall, ante-room

przedpołudni|e [pshetpowoodnye] *n*, L -u forenoon

przedstawi|ć [pshetstaveech^y] (co komu) *pf*, -ę, -sz put (something) before (someone), present, introduce
przedstawia|ć *impf*, -m, -sz

przedstawieni|e [pshetstavyenye] *n*, L -u performance, spectacle

przegry|źć [pshegrish^ych^y] (co) *pf*, -zę, -ziesz, -zą bite through; have a bite
przegryza|ć *impf*, -m, -sz

przeka|zać [pshekazach^y] (co komu) *pf*, -żę, -żesz relay, transfer
przekaz|ywać *impf*, -uję, -ujesz

przekona|ć się [pshekonach^y shye] (o czym) *pf*, -m, -sz convince oneself (of something); make sure (of); find out (about)
przekon|ywać się *impf*, -uję, -ujesz

przekonan|y [pshekonani], mpf -i persuaded, convinced, assured

przekon|ywać [pshekonivach^y] (kogo o czym) *impf*, -uję, -ujesz persuade, convince (someone of something), argue, reason with
przekona|ć *pf*, -m, -sz

przemawia|ć [pshemavyach^y] (do kogo; za kim) *impf*, -m, -sz speak, make a speech (to someone; in favour of someone)
przemówi|ć *pf*, -ę, -sz

przeni|eść się [pshenyesh^ych^y shye] *pf*, -osę, -esiesz, -osą move (over), move house, shift
przeno|sić się *impf*, -szę, -sisz, -szą

przepłyn|ąć [pshepwinon^ych^y] (co; przez co) *pf*, -ę, -iesz swim or sail across
przepływa|ć *impf*, -m, -sz

przeprasza|ć [psheprashach^y] (kogo za co) *impf*, -m, -sz apologize (to someone for something)
przepro|sić *pf*, -szę, -sisz, -szą

przeprowadza|ć się [psheprovadzach^y shye] *impf*, -m, -sz move (house)
przeprowadz|ić się *pf*, -ę, -isz

przerw|a [psherva] *f*, L -ie break, interruption; interval

przesadza|ć [pshesadzach^y] *impf*, -m, -sz exaggerate
przesadz|ić *pf*, -ę, -isz

przesta|ć [pshestach^y] *pf*, -nę, -niesz cease, stop, give up, break off
przesta|wać *impf*, -ję, -jesz

przestawia|ć [pshestavyach^y] (co) *impf*, -m, -sz shift, displace, transpose; move around (something)
przestawi|ć *pf*, -ę, -sz

przesuwa|ć [pshesoovach^y] (co) *impf*, -m, -sz shift, move, shuffle (along)
przesun|ąć *pf*, -ę, -iesz

przeszkadza|ć [psheshkadzach^y] (komu w czym) *impf*, -m, -sz disturb, hinder (someone in doing something); interfere (with); stop (keep) from doing
przeszkodz|ić *pf*, ę, -isz

przeszkod|a [psheshkoda] *f*, L -*dzie*, G.pl. -kód obstacle, hindrance, disturbance, impediment

przetłumacz|yć [pshetwoomachich^y] *pf*, -ę, -ysz translate

przybywa|ć [pshibivach^y] *impf*, -m, -sz come, arrive
przy|być *pf*, -będę, -będziesz, -będą

przychodz|ić [pshikhojeech^y] *impf*, -ę, -isz come (on foot)
przyj|ść *pf*, -dę, -dziesz, -dą

przyda|ć się [pshidachʸ shye] (komu do czego) *pf*, -m, -sz be useful; come in handy; be of use, be helpful; **to mi się przyda** this will come in handy
przyda|wać się *impf*, -ję, -jesz
przygląda|ć się [pshiglondachʸ shye] (czemu) *impf*, -m, -sz have a good look at (something), examine, gaze, stare (at)
przyjrz|eć się *pf*, -ę, -ysz
przygod|a [pshigoda] *f*, L -*dzie*, G.pl. -*gód* adventure; event
przygot|ować [pshigotovachʸ] (co) *pf*, -uję, -ujesz prepare (something)
przygotow|ywać *impf*, -uję, -ujesz
przygotowani|e [pshigotovanye] *n*, L -u preparation
przyjaci|el [pshiyachyel] *m*, G -a, L -u, N.pl. -e, G.pl. -ciół friend
przyjazd [pshiyast] *m*, G -u, L -eździe arrival, coming (not on foot)
przyj|ąć [pshiyonʸchʸ] *pf*, -mę, -miesz, -mą receive, accept
przyjm|ować *impf*, -uję, -ujesz
przyj|echać [pshiyekhachʸ] *pf*, -adę, -edziesz, -adą, arrive (not on foot), come (not on foot)
przyjeżdża|ć *impf*, -m, -sz
przyjemność [pshiyemnoshʸchʸ] *f*, L -ci, N.pl. -ci pleasure
przyjemn|y [pshiyemni] mpf -i, adv. -ie pleasant, agreable, nice
przyjęci|e [pshiyenʸchye] *n*, L -u reception, party
przyjrz|eć się [pshiyzhechʸ shye] (czemu) *pf*, -ę, -ysz examine, look at (something), stare at
przygląda|ć się *impf*, -m, -sz
przyj|ść [pshiyshʸchʸ] *pf*, -dę, -dziesz come (on foot)
przychodz|ić *impf*, -ę, -isz
przykład [pshikwat] *m*, G -u, L -*dzie* example, instance
przykręc|ić [pshikrenʸcheechʸ] (co) *pf*, -ę, -isz screw up
przykręca|ć *impf*, -m, -sz|

przykroś|ć [pshikroshʸchʸ] *f*, L -ci, N.pl. -ci unpleasantness, trouble(s),
przykr|y [pshikri] adv. -o unpleasant, troublesome, disagreable
przynajmniej [pshinaymnyey] at least
przyni|eść [pshinyeshʸchʸ] (co komu) *pf*, -osę, -esiesz, -osą bring (someone something), fetch
przyno|sić *impf*, -szę, -sisz, -szą
przypadek [pshipadek] *m*, (-dk-) G -u, L -u case; chance, accident
przypadkiem [pshipatkyem] by chance
przypomina|ć [pshipominachʸ] (co; o czym komu) *impf*, -m, -sz remind (of something; someone of something); bring to mind, recall
przypomn|ieć *pf*, -ę, -isz
przyprowadza|ć [pshiprovadzachʸ] (co) *impf*, -m, -sz bring, fetch (a person or animal); come together with
przyprowadz|ić *pf*, -ę, -isz
przyrod|a [pshiroda] *f*, L -*dzie* nature
przystanek [pshistanek]˙ *m*, (-nk-) G -u, L -u (tram, bus etc.) stop
przystań [pshistanʸ] *f*, L -*ni*, N.pl. -*nie* haven, harbour; landing-stage
przystojn|y [pshistoyni], mpf -i, adv. -ie handsome, goodlooking
przysyła|ć [pshisiwachʸ] (co komu) *impf*, -m, -sz send (something to someone)
przy|słać *pf*, -ślę, -ślesz, -ślą
przyszł|y [pshishwi] mpf -li next, future
przyszy|ć [pshishichʸ] (co do czego) *pf*, -ję -jesz sew (on)
przyszywa|ć *impf*, -m, -sz
przyśpiew|ywać [pshishʸpyevivachʸ] *impf*, -uję, -ujesz sing (*usually as accompaniment to work, motion etc.*); hum
przytomność [pshitomnoshʸchʸ] *f*, L -ci consciousness; presence of mind
przywiązan|y [pshivyoⁿzani] (do kogo, do czego) mpf -i attached; devoted
przyzna|wać się [pshiznavachʸ shye] (do czego) *impf*, -ję, -jesz confess (to something), avow, own up (to)
przyzna|ć się *pf*, -m, -sz, -ją

ptak [ptak] *m*, G -a, L -u bird
ptaszek [ptashek] *m*, (-szk-) G -a, L -u
  birdie, little bird
pudełk|o [poodewko] *n*, L -u, G.pl. -łek
  box
puka|ć [pookach^y] (w co; do czego) *impf*,
  -m, -sz knock (on something; at some-
  thing)
  zapuka|ć *pf*, -m, -sz
pukani|e [pookanye] *n*, L -u knocking
punkt [poonkt] *m*, G -u, L -cie point
punktualn|y [poonktooalni], mpf, -i, adv.
  -ie punctual
puszcz|a [pooshcha] *f*, L -y (primeval, or
  at least very old and large) forest
pyszn|y [pishni], mpf -i, adv. -ie superb,
  splendid, gorgeous, delicious, lovely
pytani|e [pitanye] *n*, L -u question

R

rachunek [rakhoonek] *m*, (-nk-) G -u,
  L -u account, reckoning, bill, check
racj|a [rats-ya] *f*, L -i reason; right; fact
  of being (in the) right
racz|yć [rachich^y] *impf*, -ę, -ysz deign, be
  (graciously) pleased to
raczej [rachey] rather, sooner
radi|o [rad-yo] *n*, L -u wireless, radio
radiow|y [rad-yovi] mpf -i wireless, radio
  (adj.)
radość [radosh^ych^y] *f*, L ci, N.pl. -ci joy,
  gladness
radz|ić [rajeech^y] (co komu) *impf*, -ę, -isz
  advise
  poradz|ić [porajeech^y] *pf*, -ę, -isz
ranek [ranek] *m*, (-nk-) G -a, L -u morning
rann|y [ranni] mpf, -i, 1. morning (adj.)
  2. wounded
rano [rano] in the morning
rasow|y [rasovi] mpf -i, adv. -o thorough-
  bred, pedigree (dog etc.)
rat|ować [ratovach^y] (co, kogo) *impf*, -uję,
  -ujesz save, rescue
  urat|ować *pf*, -uję, -ujesz

raz [ras] once; (so and so many) times
razem [razem] together; along with
recept|a [retsepta] *f*, L -cie prescription
redakcj|a [redakts-ya] *f*, L -i editorial office
redaktor [redaktor] *m*, G -a, L -rze, N.pl.
  -rzy editor; title given to journalist
reperacj|a [reperats-ya] *f*, L -i repair(s),
  mending
reper|ować [reperovach^y] (co) *impf*, -uję
  -ujesz repair, mend
  zreper|ować *pf*, -uję, -ujesz
reportaż [reportash] *m*, G -u, L -u, G.pl.
  -y (press, newspaper) account, report
restauracj|a [restawrats-ya] *f*, L -i,
  G.pl. -i restaurant
rezerwat [rezervat] *m*, G -u, L -cie reserve, preserve (*nature*)
reżyser [rezhiser] *m*, G -a, L -rze, N.pl.
  -rzy producer; film director
ręcznik [renchneek] *m*, G -a, L -u towel
ręk|a [renka] *f*, L -ce, N.pl. ręce, G.pl.
  rąk hand, (o f t e n: the whole) arm
rękawiczk|a [renkaveechka] *f*, L -ce,
  G.pl. -czek glove
robi|ć [robeech^y] (co) *impf*, -ę, -sz do;
  make
  zrobi|ć *pf*, -ę, -sz
robotnik [robotneek] *m*, G -a, L -u,
  N.pl. -cy, workman
rodzic|e [rojeetse] ns, G.pl. -ów parents
rodzin|a [rojeena] *f*, L -ie family
rodzinn|y [rojeenni] mpf -i, adv. -ie (per-
  taining to the) family; home- ; native
rok [rok] *m*, G -u, N.pl. **lata** year
rolnicz|y [rolneechi] agricultural, pertain-
  ing to agriculture, farming
Rosjanin [ros-yaneen] *m*, G -a, L -ie
  N.pl. **Rosjanie** G.pl. **Rosjan** Russian
rozbi|ć [rozbeech^y] (co) *pf*, -ję, -jesz break
  to pieces, smash, crush, wreck
  rozbija|ć *impf*, -m, -sz
rozbiera|ć się [rozbyerach^y shye] *impf*, -m
  -sz undress (oneself)
  roz|ebrać się *pf*, -biorę, -bierzesz, -biorą

rozejrz|eć się [rozeyzhech^y shye] *pf*, -ę,
-ysz look round
  rozgląda|ć się [rozglondach^y shye] *impf*,
-m, -sz
rozgry|źć [rozgrizh^ych^y] *pf*, -zę, -ziesz, -zą
bite in two, crack
rozka|zać [roskazach^y] *pf*, -żę, -żesz order
  rozkaz|ywać *impf*, -uję, -ujesz
rozmawia|ć [rozmavyach^y] (z kim o czym)
impf, -m, -sz talk (with someone about
something)
rozmow|a [rozmowa] *f*, L -ie, G.pl. -mów
conversation
rozpacz [rospach] *f*, L -y, N.pl. -e despair
rozpraw|a [rosprava] *f*, L -ie (court) hear-
ing, trial
rozsądek [rossondek] *m*, (-dk-), G -u, L -u
common sense, understanding, discre-
tion, reason
roztargnion|y [rostargnyoni], mpf -eni ab-
sent-minded, abstracted, distrait
rozumie|ć [rozoomyech^y] (co) *impf*, -m,
-sz understand, perceive, comprehend
  zrozumie|ć *pf*, -m, -sz
rozumie|ć się [rozoomyech^y shye] *impf*,
-m, -sz understand each other
rower [rover] *m*, G -u, L -rze bicycle
rozwią|zać [rozwyoⁿzach^y] (co) *pf*, -żę,
-żesz untie, dissolve; solve
  rozwiąz|ywać *impf*, -uję, -ujesz
róg [rook] *m*, (o) G -u, L -u corner
równie [roovnye] equally, as well as
również [roovnyesh] also, too; as well,
likewise
równ|y [roovni] mpf -i, adv. -o equal; even;
plain; level
równoczesn|y [roovnochesni] mpf -śni, adv.
-śnie simultaneous, contemporaneous
różn|y [roozhni], mpf -i, adv. -ie various,
varied; different
ruch [rookh] *m*, G -u, L -u movement,
motion; traffic; (brisk) business, bustle
rud|y [roodi], mpf. -dzi red-haired
rzadk|i [zhatkee], mpf. -cy, adv. -o rare,
infrequent; scarce

rząd [zhont] *m*, (ę) G -u, L -dzie row
line, range
rzecz [zhech] *f*, L -y, N.pl. -y thing
rzeczywist|y [zhechiveesti], mpf -ści, adv.
-ście real, actual
rzek|a [zheka] *f*, L -ce river
rzuca|ć [zhootsach^y] (co) *impf*, -m, -sz
throw, cast (something)
  rzuc|ić *pf*, -ę, -isz

S

sal|a [sala] *f*, L -i (large) room; hall
sałat|a [sawata] *f*, L -cie salad; lettuce
sam [sam], mpf -i 1. alone 2. -self (*preceded by appropriate personal pronoun*)
samochód [samokhoot] *m*, (o) G -u,
L -dzie (motor)car
samolot [samolot] *m*, G -u, L -cie (air)plane
sądow|y [sondovi], mpf -i court (adj.);
judicial
sądz|ić [son^yjeech^y] (co) *impf*, -ę, -isz
judge (something); think
sąsiad [soⁿshyat] *m*, G -a, L -edzie, N.pl.
-edzi neighbour
sąsiadk|a [soⁿshyatka] *f*, L -ce, G.pl.
-dek (woman) neighbour
sąsiedn|i [soⁿshyednee], mpf -i neighbour-
ing, next-door; next
schod|y [skhodi] ns, G.pl. -ów stair(s),
staircase
schronisk|o [skhroneesko] *n*, L -u shelter,
refuge, hostel
sekund|a [sekoonda] *f*, L -dzie second
sens [seⁿs] *m*, G -u, L -ie sense
ser [ser] *m*, G -a, L -rze cheese
serwus! [servoos] hallo! so long! cheerio!
sezon [sezon] *m*, G -u, L -ie season
siada|ć [shyadach^y] (na czym; gdzie) *impf*,
-m, -sz sit down (on something; some-
where)
  usią|ść, sią|ść *pf*, -dę, -dziesz sit down
siark|a [shyarka] *f*, L -ce sulphur
siatk|a [shyatka] *f*, L -ce, G.pl. -tek net;
shopping-bag

siedem [shyedem] mpf siedmiu,
G. siedmiu seven

siedemdziesiąt [shyedemjyeshyont] mpf
siedemdziesięciu, G siedemdziesięciu
seventy

siedemnaście [shyedemnash^ychye] mpf siedemnastu, G. siedemnastu seventeen

siedemnasty [shyedemnasti] seventeenth

'siedemset [shyedemset] mpf 'siedmiuset,
G. 'siedmiuset seven hundred

sień [shyen^y] f, L -ni, N.pl. -nie, hallway,
corridor

sierp|ień [shyerpyen^y] m, G -nia, L -niu
August

silnik [sheelneek] m, G -a, L -u engine,
motor

siln|y [sheelni] mpf -i, adv. -ie strong

siostr|a [shyostra] f, L -rze, G.pl.; sióstr
sister

siódmy [shyoodmi] seventh

ska|kać [skakach^y] impf, -czę, -czesz jump,
leap
  skocz|yć pf, -ę, -ysz

skandal [skandal] m, G -u, L -u, G.pl. -i
scandal, shame

skarpetk|a [skarpetka] f, L -ce, G.pl.
-tek sock

skąd [skont] from where

skier|ować [skyerovach^y] (co dokąd) pf,
-uję, -ujesz direct (something somewhere)
  kier|ować impf, -uję, -ujesz

sklep [sklep] m, G -u, L -ie shop

składa|ć się [skwadach^y shye] (z czego)
impf, -m, -sz be composed (of), consist
(of)

skocz|yć [skochich^y] (na co; do czego) pf,
-ę, -ysz jump, leap (onto something; to
something)
  ska|kać [skakach^y] impf, -czę, -czesz

skończ|yć [skon^ychich^y] (co) pf, -ę, -ysz
finish (something)
  kończ|yć impf, -ę, -ysz

skórzany [skoozhani] leather (adj.)

skrada|ć się [skradach^y shye] impf, -m,
-sz steal up, steal by; approach by
stealth

skromn|y [skromni], mpf -i, adv. -ie modest

skróc|ić [skroocheech^y] (co) pf, -ę, -isz
shorten, abbreviate
  skraca|ć [skratsach^y] impf, -m, -sz

skupi|ć [skoopeech^y] (co) pf, -ę, -sz con-
centrate, collect, mass
  skupia|ć [skoopyach^y] impf, -m, -sz|

sławn|y [swavni], mpf -i, adv. -ie famous,
renowned, celebrated

słodk|i [swotkee], mpf -cy, adv. -o sweet

słon|y [swoni], mpf -i, adv. -o salty

słoń [swon^y] m, G -nia, L -niu,] G.pl. -ni
elephant

słońc|e [swon^ytse] n, L -u, sun

Słowian|in [swovyaneen] m, G -a, L -ie,
N.pl. Słowianie G.pl. Słowian Slav

słow|o [swovo] n, L -ie, G. pl. słów word

słucha|ć [swookhach^y] (czego) impf, -m,
-sz listen (to something)

słuszność [swooshnosh^ych^y] f, L-ci right-
ness
  mieć słuszność [myech^y swooshnosh^ych^y]
  be right

służbow|y [swoozhbovi], mpf -i, adv. -o
official, service-, duty-

słychać [swikhach^y] (co) what is the news?

słynn|y [swinni] mpf -i famous

słysz|eć [swishech^y] (co) impf, -ę, -ysz
hear (something)
  usłysz|eć pf, -ę, -ysz

smaczn|y [smachni], adv. -ie tasty

smak|ować [smakovach^y] impf, smakuje
taste, relish

smutn|y [smootni], mpf -i, adv. -o sad,
sorrowful

sobot|a [sobota] f, L -cie, G.pl. -bót Sa-
turday

sól [sool] f, (o) G -i, L -i salt

spacer [spatser] m, G -u, L -rze walk

spać [spach^y] impf, śpię, śpisz, śpią sleep

spak|ować [spakovach^y] (co) pf, -uję, -ujesz
pack (up)
  pak|ować impf, -uję, -ujesz

specjalist|a [spets-yaleesta] m, G -y, L -ście,
N.pl. -ści, G.pl. -ów specialist

spełni|ć [spewneech^y] (co) *pf*, -ę, -sz fulfil; perform; make good; comply with
  spełnia|ć *impf*, -m. -sz

spędza|ć [spendźach^y] (co) *impf*, -m, -sz spend (*time*), pass
  spędz|ić *pf*, -ę, -sz

spi|sać [speesach^y] (co) *pf*, -szę, -szesz write down, record in writing
  spis|ywać *impf*, -uję, -ujesz

spodziewa|ć się [spojyevach^y shye] (czego) *impf*, -m, -sz expect, hope for, look forward to (something)

spojrz|eć [spoyzhech^y] (na co; na kogo) *pf*, -ę, -ysz look, glance (at something, somebody)
  spogląda|ć [spoglondach^y] *impf*, -m, -sz

spokojn|y [spokoyni], mpf -i, adv. -ie calm, peaceful, quiet, still

spokój [spokooy] *m*, (*o*) G -u, L -u, peace, peacefulness

sportowiec [sportovyets] *m*, (-wc-) G -a, L -u, N.pl. -y sportsman

spor|y [spori] adv. -o pretty big, large, fair-sized, sizeable

spostrze|c [spostshets] (co) *pf*, -gę, -żesz, -gą notice, perceive, catch sight of (something)
  spostrzega|ć *impf*, -m, -sz

spotka|ć [spotkach^y] (co, kogo) *pf*, -m, -sz meet (something, somebody); happen
  spotyka|ć *impf*, -m, -sz

spotka|ć się [spotkach^y shye] (z kim) *pf*, -m, -sz meet, have an appointment (with someone)
  spotyka|ć się *impf*, -m, -sz

spotkani|e [spotkanye] *n*, L -u meeting; date

spódniczk|a [spoodneechka] *f*, L -ce, G.pl. -czek skirt

spór [spoor] *m*, (*o*) G -u, L -rze controversy, dispute

spóźnia|ć się [spoozh^ynyach^y shye] *impf*, -m, -sz be (come, arrive etc.) late
  spóźni|ć się *pf*, -ę, -sz

spraw|a [sprava] *f*, L -ie case, matter, affair

sprawdz|ić [spravjeech^y] (co) *pf*, -ę, -isz check, verify (something)
  sprawdza|ć *impf*, -m, -sz

sprawia|ć [spravyach^y] (co komu) *impf*, -m, -sz cause, give (something to someone); buy, purchase (something for someone)
  sprawi|ć *pf*, -ę, -sz

sprawn|y [spravni], mpf, -i, adv. -ie efficient

sprawunek [spravoonek] *m*, (-nk-) G -u, L -u item of shopping, purchase

sprząta|ć [spshontach^y] (co) *impf*, -m, -sz tidy, clean up, clear away, remove (something)
  sprzątn|ąć *pf*, -ę, -iesz.

sprzecza|ć się [spshechach^y shye] (z kim o co) *impf*, -m, -sz quarrel, have an altercation, squabble (with someone about something)

sprzeczk|a [spshechka] *f*, L -ce, G.pl. -czek quarrel, squabble

sprzeda|wać [spshedavach^y] (co komu) *impf*, -ję, -jesz sell (something to someone)
  sprzeda|ć *pf*, -m, -sz

stacj|a [stats-ya] *f*, L -i station

stać [stach^y] *impf*, stoję, stoisz stand

sta|ć się [stach^y shye] *pf*, -nę, -niesz become; happen
  sta|wać się *impf*, -ję, -jesz

stanowi|ć [stanoveech^y] *impf*, -ę, -sz constitute, make up, form

stanowisk|o [stanoveesko] *n*, L -u position, status, standing; attitude

Stany Zjednoczone [stani z-yednochone] ns, G.pl. **Stanów Zjednoczonych** United States

stara|ć się [starach^y shye] (o co) *impf*, -m, -sz take care (to)
  postara|ć się *pf*, -m, -sz

star|y [stari], mpf -rzy, adv. -o old

starze|ć się [stazhech^y shye] *impf*, -ję, -jesz grow old
  zestarze|ć się *pf*, -ję, -jesz

statek [statek] *m*, (-tk-) G -u, L -u ship, boat

sta|wać [stavach^y] *impf*, -ję -jesz stand, stop

stan|ąć *pf*, -ę, -iesz

stoczn|ia [stochnya] *f*, L -i shipyard

stolic|a [stoleetsa] *f*, L -y capital (city)

stolik [stoleek] *m*, G -a, L -u (little) table

stołek [stowek] *m*, (-łk-) G -a, L -u, stool

stołówk|a [stowoofka] *f*, L -ce, G.pl. -wek (works etc.) canteen

stonog|a [stonoga] *f*, L -dze, G.pl. -nóg centipede

stop|a [stopa] *f*, L -ie, G.pl. stóp foot

stop|ień [stopyen^y] *m*, G -nia, L -niu, G.pl. -ni degree, grade, stair, step

stół [stoow] *m*, (o) G -u, L -le table

straceni|e [stratsenye] *n*, L -u loss

strac|ić [stracheech^y] (co) *pf*, -ę, -isz lose (something)

trac|ić *impf*, -ę, -isz

straszn|y [strashni], mpf -i, adv. -ie terrible, dreadful, horrible

straszydł|o [strashidwo] *n*, L- le, N.pl. -a, G.pl. -deł scarecrow, fright

stron|a [strona] *f*, L -ie side; page; **strony świata** parts of the world

stryj [striy] *m*, G -a, L -u, N.pl. -owie (paternal) uncle

stryjek [striyek] *m*, (-jk-) G -a, L -u, N.pl. -owie (dear) (paternal) uncle (*diminutive*)

strzy|c [stshits] *impf*, -gę, -żesz, -gą cut (hair)

ostrzy|c *pf*, -gę, -żesz, -gą

studen*t* [stoodent] *m*, G -a, L -cie, N.pl. -ci student

studi|a [stood-ya] ns, G.pl. -ów studies

studi|ować [stod-yovach^y] (co) *impf*, -uję, -ujesz study (something)

stycz|eń [stichen^y] *m*, G. -nia, L -niu January

sueski [sooeeskee] (of, pertaining to) Suez

sukces [sooktses] *m*, G -u, L -ie success

sukienk|a [sookyenka] *f*, L -ce, G.pl. -nek dress, frock

sukn|ia [sooknya] *f*, L -i, G.pl. -kien dress

sumieni|e [soomyenye] *n*, L -u conscience

swój [sfooy], mpf swoi one's own (*of any person*)

sylwestrowy [silvestrovi] (of, pertaining to) New Year's Eve

sympatyczn|y [simpatichni] mpf -i, adv. -ie nice, pleasant, likable

syn [sin] *m*, G -a, L -u, N.pl. -owie son

sypialny [sipyalni] sleeping-, bed-

system [sistem] *m*, G -u, L -ie system

sytuacj|a [sitooats-ya] *f*, L -i situation

szaf|a [shafa] *f*, L -ie wardrobe

szal [shal] *m*, G -a, L -u, G.pl. -i shawl, scarf, stole

szan|ować [shanovach^y] (kogo, co) *impf*, -uję, -ujesz respect, take care of (somebody, something)

szanown|y [shanovni] mpf -i respected, honoured; **Szanowny Panie** [shanovni panye] (*in letter heading*) Dear Sir

szatan [shatan] *m*, G -a, L -ie Satan; fiend

szatn|ia [shatnya] *f*, L -i, G.pl. -i cloakroom

Szczecin [shchecheen] *m*, G -a, L -ie (the city of) Szczecin

szczególn|y [shchegoolni] mpf -i, adv. -ie peculiar, particular, special, especial

szczeka|ć [shchekach^y] *impf*, -m, -sz bark

szczeniak [shchenyak] *m*, G -a, L -u pup, puppy

szczeni|ę [shchenye] *n*, G -ęcia, L -ęciu, N.pl. -ęta, G.pl. -ąt *see* szczeniak

szczęści|e [shcheⁿsh^ychye] *n*, L -u happiness, fortune; luck

szczęśliw|y [shcheⁿsh^yleevi], mpf -i, adv. -ie happy, fortunate; lucky

szczyt [shchit] *m*, G -u, L -cie top, peak, summit

szereg [sherek] *m*, G -u, L -u rank, row, file, line

szerok|i [sherokee], mpf -cy, adv. -o broad, wide

szesnasty [shesnasti] sixteenth

szesnaście [shesnash^ychye] mpf szesnastu, G szesnastu sixteen sześć [sheshᵞchᵞ] mpf sześciu, G sześciu six

sześćdziesiąt [sheshᵞ(chᵞ)jyeshyont] mpf sześćdziesięciu, G sześćdziesięciu sixty

sześćset [sheshᵞ(chᵞ)set], mpf 'sześciuset, G 'sześciuset six hundred

szklan*k*|a [shklanka] *f*, L -ce, G, pl. -ne*k* glass (without stem), glass tumbler

szkoda! [shkoda] pity! what a pity! what a shame! too bad!

szkol|ić się [shkoleechᵞ shye] *impf*, -ę, -isz undergo training

szkoln|y [shkolni] mpf -i (of, pertaining to) school

szko*ł*|a [shkowa] *f*, L -*l*e, G.pl. szk*ół* school

szmin*k*|a [shmeenka] *f*, L -ce, G.pl. -ne*k* make-up (rouge, lipstick)

szósty [shoosti] sixth

szpital [shpeetal] *m*, G -a, L -u, G.pl. -i hospital

sztu*k*|a [shtooka] (*theatr*.) *f*, L -ce piece, play

szuka|ć [shookachᵞ] (czego) *impf*, -m, -sz look for, seek; search

Szwajcari|a [shfaytsar-ya] *f*, L -i Switzerland

szyb*k*|i [shipkee], mpf -cy, adv. -o fast, rapid, quick, speedy

szybkościow|y [shipkoshᵞchᵞovi] mpf -i rapid, of high rapidity

szybkość [shipkoshᵞchᵞ] *f*, L -ci speed, velocity, rapidity; rate (of motion)

szy|ć [shichᵞ] (co komu) *impf*, -ję, -jesz sew (something for someone)

uszy|ć *pf*, -ję, -jesz

szy|ja [shiya] *f*, L szyi neck

szyling [shileeŋk] *m*, G -a, L -u shilling

szyn*k*|a [shinka] *f*, L -ce, G.pl. -ne*k* ham

Ś

ścian|a [shᵞchyana] *f*, L -ie wall

ścież*k*|a [shᵞchyeshka] *f*, L -ce, G.pl. -że*k* path

śla*d* [shᵞlat] *m*, G -u, L -*dzi*e trace, track, trail; mark

ściczn|y [shᵞleechni] mpf -i, adv. -ie lovely, exquisite

ślub [shᵞloop] *m*, G -u, L -ie vow, marriage (*ceremony*); wedding

ślubn|y [shᵞloobni] mpf -i (of, pertaining to) marriage, wedding

śmiać się [shᵞmyachᵞ shye] (z czego) *impf*, śmieję, śmiejesz laugh

śmiech [shᵞmyekh] *m*, G -u, L -u laughter

śmiec|ie [shᵞmyechye] ns, G.pl. -i rubbish, litter, refuse

śmieszn|y [shᵞmyeshni] mpf -i, adv. -ie funny, laughable; ridiculous

śniadani|e [shᵞnyadanye] *n*, L -u breakfast

śnieg [shᵞnyek] *m*, G -u, L -u snow pada śnieg it is snowing

śpiesz|yć się [shᵞpyeshichᵞ shye] *impf*, -ę -ysz be in a hurry

pośpiesz|yć się *pf*, -ę, -szysz

śpiew [shᵞpyef] *m*, G -u, L -ie singing; song

śpiewacz*k*|a [shᵞpyevachka] *f*, L -ce, G.pl. -cze*k* singer (woman)

śpiewa|ć [shᵞpyevachᵞ] (co) *impf*, -m, -sz sing

zaśpiewa|ć *pf*, -m, -sz

śpiewak [shᵞpyevak] *m*, G -a, L -u, N.pl. -cy singer (man)

śro*d*|a [shᵞroda] *f*, L -*dzi*e Wednesday

śrub*k*|a [shᵞroopka] *f*, L -ce, G.pl. -be*k* little screw

śrubokrę*t* [shᵞroobokrent] *m*, G -a, L-*ci*e screwdriver

świade*k* [shᵞfyadek] *m*, (-dk-) G -a, L-u N.pl. -owie witness

świadcz|yć [shᵞfyatchichᵞ] *impf*, -ę, -ysz do (a service, favour, good turn, etc.)

wyświadcz|yć *pf*, -ę, -ysz

świa*t* [shᵞfyat] *m*, G -a, L -*eci*e world

świat*ł*|o [shᵞfyatwo] *n*, L świet*l*e, G.pl. -te*ł* light

świąteczn|y [shᵞfyontechni], adv. -ie (of, pertaining to) holiday(s); festival, festive; (clothes) Sunday

świeca [shᵞfyetsa] *f*, L -y candle

świec|ić [shᵞfyecheechᵞ] *impf*, -ę, -isz shine

świetlic|a [shᵞfyetleetsa] *f*, L -y clubroom; common-room

świetn|y [shᵞfyetni], mpf -i, adv. -ie splendid, magnificent

święt|o [shᵞvyento] *n*, L -cie, G.pl. **świąt** holiday

T

tajemnic|a [tayemneetsa] *f*, L -y secret; mystery

tak [tak] 1. yes 2. so, thus, (in) this way

taki [takee], mpf -cy such (a), like that

taksówk|a [taksoofka] *f*, L -ce, G.pl. -wek taxi

także [tagzhe] also

talerz [talesh] *m*, G -a, L -u, G.pl. -y plate

tam [tam] there

tamten [tamten], mpf **tamci** that (other one)

tamtędy [tamtendi] that way, through there

taniec [tanyets] *m*, G tańca, L tańcu, N.pl. tańce dance

tańcz|yć [tanᵞchichᵞ] *impf*, -ę, -ysz dance
zatańcz|yć *pf*, -ę, -ysz

tan|i [tanee] mpf -i, adv. -io cheap

tapczan [tapchan] *m*, G -u or -a, L -ie couch

tarcz|a [tarcha] *f*, L -y shield, (clock) dial, face

targ|i [targee] ns, G.pl. -ów (trade) fair

teatr [teatr] *m*, G -u, L -rze theatre

teatraln|y [teatralni] mpf -i, adv. -ie theatrical

techniczn|y [tekhneechni] mpf -i, adv. -ie technical

teczk|a [techka] *f*, L -ce, G.pl. -czek briefcase; document case

teksr [tekst] *m*, G -u, L -cie text

tekstyln|y [tekstilni] textile

telefon [telefon] *m*, G -u, L -ie telephone; telephone call

telefoniczn|y [telefoneechni] adv. -ie (of, by, pertaining to) telephone

telegraf [telegraf] *m*, G -u, L -ie telegraph

telewizj|a [televeez-ya] *f*, L -i television

telewizor [televeezor] *m*, G -a, L -rze, television set

temat [temat] *m*, G -u, L -cie theme, topic, subject (matter)

temperatur|a [temperatoora] *f*, L -rze temperature

ten [ten] mpf **ci** this; (often): that

teraz [teras] now, at present; nowadays

termin [termeen] *m*, G -u, L -ie term, date

teściow|a [teshᵞchyova] *f*, L -ej mother--in-law

też [tesh] also

tędy [tendi] through here, this way

tłok [twok] *m*, G -u, L -u throng, crowd

tłum [twoom] *m*, G -u, L -ie crowd

tłumacz [twoomach] *m*, G -a, L -u, N.pl. -e, G.pl. -y translator, interpreter

tłumacz|yć [twoomachichᵞ] (co) *impf*, -ę, -ysz translate, explain

tłumacz|yć się [twoomachichᵞ shye] (z czego) *impf*, -ę, -ysz explain (oneself), apologize, justify oneself
wytłumacz|yć się *pf*, -ę, -ysz

to [to] it; **to jest** [to yest]... this (that) is..

ton [ton] *m*, G -u, L -ie tone(s), note, expression, strain, accent(s)

ton|ąć [tononᵞchᵞ] *impf*, -ę, -iesz go down, sink
uton|ąć *pf*, -ę, -iesz

tor [tor] *m*, G -u, L -rze, (railway) track

torb|a [torba] *f*, L -ie, G.pl. **toreb** bag

torebk|a [torepka] *f*, L -ce, G.pl. -bek handbag

tornister [torneester] *m*, (-tr-) G -a, L -rze satchel

tortow|y [tortovi] (of, pertaining to) cake, layer-cake

towarzysk|i [tovazhiskee], mpf -cy, adv. -o sociable

towarzystw|o [tovazhistfo] *n*, L -ie society, company

trafi|ć [trafeechᵞ] *pf*, -ę, -sz (manage to) find one's way

tramwaj [tra^mvay] *m*, G -u, L -u, N.pl.-e,
  G.pl. -ów tram(car)
transmisj|a [traⁿsmees-ya] *f*, L -i trans-
  mission; (outside) broadcast
tras|a [trasa] *f*, L -ie route, track
traw|a [trava] *f*, L -ie grass
trawnik [travneek] *m*, G -a, L -u lawn
trem|a [trema] *f*, L -ie stage-fright
tres|ować [tresovach^y] *impf*, -uję, -ujesz
  train
  wytres|ować *pf*, -uję, -ujesz
trochę [trokhe] a little, a bit; somewhat
troszcz|yć się [troshchich^y shye] (o co)
  impf, -ę, -ysz take care of, look after
  zatroszcz|yć się *pf*, -ę, -ysz
troszeczkę [troshechke] a (tiny) little bit
tru*d* [troot] *m*, G -u, L -*dzi*e toil, (hard)
  labour
trudn|y [troodni] mpf -i, adv. -o difficult
trudz|ić się [troojeech^y shye] (czym) *impf*,
  -ę, -isz take trouble (doing something),
  take pains (to)
trzeba [tsheba] one must (should, ought
  to), it is necessary
trzeci [tshechee] third
trzy [tshi] mpf trzej or trzech, G   trzech
  three
trzydzieści [tsh ijyesh^ychee] mpf trzydziestu,
  G trzydziestu thirty
trzyma|ć [tshimach^y] (co) *impf*, -m, -sz
  hold, keep (something)
trzynasty [tshinasti] thirteenth
trzynaście [tshinash^ychye] mpf trzynastu,
  G. trzynastu thirteen
trzysta [tshista] mpf trzystu, G trzystu
  three hundred
tu [too] here
tury*st*|a [toorista] *m*, G -y, L -*ści*e, N.pl.
  -*ści* tourist
turystyczn|y [tooristichni] mpf -i tourist
  (adj.)
tutaj [tootay] (just) here (*more emphatic
  than* tu)
tuż [toosh] close by, close at hand, nearby
twarz [tfash] *f*, L -y, N.pl. -e, G.pl. -y
  face

twój [tfooy] your(s) (sing.)
tydzień [tijyen^y] *m*, G tygodnia, L tygodniu
  N.pl. tygodnie, G.pl. tygodni week
tygrys [tigris] *m*, G -a, L -ie tiger
tylko [tilko] only, merely
tysiąc [tishyonts] G -a, L -u thousand
tysiącleci|e [tishyontslechye] *n*, L -u mil-
  lennium (i.e. 1000 years)
tytu*l* [titoow] *m*, G -u, L -*l*e title

U

ubiegł|y [oobyegwi] past, last
ubiera|ć [oobyerach^y] (kogo w co) *impf*,
  -m, -sz dress (someone in something),
  clothe
  ubrać *pf*, ubiorę, ubierzesz, ubiorą
ubiera|ć się [oobyerach^y shye] (w co) *impf*,
  -m, -sz dress (oneself) (in something)
  ubrać się *pf*, ubiorę, ubierzesz, ubiorą
ubrani|e [oobranye] *n*, L -u clothes, suit
uca*ł*|ować [ootsawovach^y] (kogo) *pf*, -uję,
  -ujesz kiss (someone)
  ca*ł*|ować *impf*, -uję, -ujesz
uch|o [ookho] *n*, L -u, N.pl. u*sz*y, G.pl.
  u*sz*u ear; handle, loop
ucieka|ć [oochyekach^y] *impf*, -m, -sz run
  away, escape
  uciec *pf*, ucieknę, uciekniesz
uciesz|yć się [oochyeshich^y shye] (z czego;
  czym) *pf*, -ę, -ysz rejoice, be glad (at
  something)
  ciesz|yć się *impf*, -ę, -ysz
uczeln|ia [oochelnya] *f*, L -i, G.pl. -i
  (US) school, college
uczeń [oochen^y] *m*, G -nia, L -niu, N.pl.
  -niowie, G.pl. -niów or -ni pupil, dis-
  ciple; schoolboy
ucze|sać [oochesach^y] (kogo) *pf*, -szę,
  -szesz comb, do (hair)
  cze|sać *impf*, -szę, -szesz
ucz|yć [oochich^y] (kogo czego) *impf*, -ę,
  -ysz teach, instruct
  naucz|yć *pf*, -ę, -ysz

uczynn|y [oochinni] mpf -i, adv. -ie helpful, obliging

uderzeni|e [oodezhenye] *n*, L -u blow, stroke, hit, knock

ufa|ć [oofach^y] (komu) *impf*, -m, -sz trust (someone)
zaufa|ć *pf*, -m, -sz

ufarb|ować [oofarbovach^y] (co) *pf*, -uję, -ujesz dye (something)
farb|ować *impf*, -uję, -ujesz

ujechać [ooyekhach^y] (sporo drogi) *pf*, **ujadę, ujedziesz, ujadą** be well on one's way

uka|rać [ookarach^y] (kogo za co) *pf*, -rzę, -rzesz punish (someone for something)
ka|rać *impf*, -rzę, -rzesz

ukończ|yć [ookon^{y}chich^y] *pf*, -ę, -ysz finish

ulic|a [oolitsa] *f*, L -y street

ulubi|ony [ooloobyoni], mpf -eni favourite, darling, beloved

umawia|ć się [oomavyach^y shye] (z kim) *impf*, -m, -sz make an arrangement, agreement, appointment
umówi|ć się *pf*, -ę, -sz

umie|ć [oomyech^y] (co) *impf*, -m, -sz know, know how to (do something); be able to

umow|a [oomova] *f*, L -ie, G.pl. um*ów* contract; agreement, arrangement

umy|ć [oomich^y] (co) *pf*, -ję, -jesz wash (something)
my|ć *impf*, -ję, -jesz

uniwersyte*t* [ooneeversitet] *m*, G -u, L -cie university

upa|ść [oopash^{y}ch^y] *pf*, **upadnę, upadniesz, upadną** have a fall

upie|c [oopyets] (co) *pf*, -kę, -czesz, -ką bake; roast (something)
pie|c *impf*, -kę, -czesz, -ką

uprzejm|y [oopsheymi], mpf -i, adv. -ie polite, courteous

urat|ować [ooratovach^y] (co) *pf*, -uję -ujesz save, rescue
rat|ować *impf*, -uję, -ujesz

uregul|ować [ooregoolovach^y] (co) *pf*, -uję, -ujesz regulate, settle (something)
regul|ować *impf*, -uję, -ujesz

urlop [oorlop] *m*, G -u, L -ie leave, holiday, vacation

uroczyst|y [oorochisti] mpf -ści, adv. -ście solemn, festive

urodzeni|e [oorodzenye] *n*, L -u birth

urodzin|y [oorojeeni] ns, birthday

urządza|ć [oozhondzach^y] (co) *impf*, -m, -sz arrange, settle; furnish
urządz|ić *pf*, -ę, -isz

urządzeni|e [oozhondzenye] *n*, L -u furniture, fittings, device, appliance(s)

urządz|ić się [oozhon^{y}jeech^y shye] *pf*, -ę, -isz make one's arrangements; set (oneself) up, fix (oneself) up
urządza|ć się *impf*, -m, -sz

urzędnik [oozhendneek] *m*, G -a, L -u, N.pl. -cy official, clerk

urzędow|y [oozhendovi], mpf -i, adv. -o official

usią|ść [oosh^{y}o^{n}sh^{y}ch^y] *pf* -dę, -dziesz, -dą sit (down)

usił|ować [oosheewovach^y] *impf*, -uję, -ujesz try, attempt, endeavour, strive (to)

uspoko|ić się [oospokoeech^y shye] *pf*, -ję, -isz, -ją quieten down, calm down, settle down
uspokaja|ć się *impf*, -m, -sz

usta [oosta] ns, G.pl. ust mouth; lips (*very often used in Polish when one would say "lips" in English*)

ustąpi|ć [oostompeech^y] (czego komu) *pf*, -ę, -sz yield, give up, cede (something to somebody) give in, give way
ustęp|ować *impf*, -uję, -ujesz

uszan|ować [ooshanovach^y] (co, kogo) *pf*, -uję, -ujesz respect, spare out of respect, show respect to
szan|ować *impf*, -uję, -ujesz

uszy|ć [ooshich^y] *pf*, -ję, -jesz sew (something for someone)
szy|ć *impf*, -ję, -jesz

uśmiechn|ąć się [ooshʸmyekhnonʸchʸ shye] (do kogo) *pf*, -ę, -iesz smile (at someone)

uśmiecha|ć się *impf*, -m, -sz

uśmiechnię*t*|y [ooshʸmyekhnyenti] *mpf* -*ci* smiling

uwag|a [oovaga] *f*, L -*dze* attention; remark, note; observation

uważa|ć [oovazhachʸ] (na co) *impf*, -m, -sz pay attention (to something), be attentive, mind, heed

uzasadni|ć [oozasadneechʸ] (co) *pf*, -ę, -sz motivate, justify

uzasadnia|ć *impf*, -m, -sz

uzna|wać [ooznavachʸ] (kogo, co; kogo za kogo) *impf*, -ję, -jesz give someone credit, recognize, acknowledge, declare

uzna|ć *pf*, -m, -sz

używa|ć [oozhivachʸ] (czego) *impf*, -m, -sz use, make use of (something)

uży|ć *pf*, -ję, -jesz

W

w [v] (czym) in (something); (co) into (something)

wagon [vagon] *m*, G -u, L -ie (railway) carriage

walczyk [valchik] *m*, G -a, L -u (nice, little) waltz (diminutive of walc)

waliz*k*|a [valeeska] *f*, L -*ce*, G.pl. -*zek* suitcase

war*t* [vart], *mpf* -*ci*, adv. -o worth, deserving

wa*sz* [vash] *mpf* wa*si* your(s) (plur.)

ważn|y [vazhni] *mpf* -i, adv. -ie important

wąsk|i [voⁿskee] *mpf* -*cy*, adv. -o narrow

wątpi|ć [vontpeechʸ] (o czym or w co) *impf*, -ę, -sz doubt (something)

zwątpi|ć *pf*, -ę, -sz

wcale [ftsale] not at all, by no means

wchodz|ić [fkhojeechʸ]' *impf*, -ę, -isz go in, come in, enter

wej|ść *pf*, -dę, -dziesz, -dą

wczasowicz [fchasoveech] *m*, G -a, L -u, N.pl. -e, G.pl. -ów holiday-maker

wczesn|y [fchesni], *mpf* -*śni*, adv. -ie early

wczoraj [fchoray] yesterday

weln|a [vewna] *f*, L -ie, G.pl. -*łen* wool

wełnian|y [vewnyani] woollen

wesel|e [vesele] *n*, L -u wedding (reception)

weso*ł*|y [vesowi], *mpf* -*eli*, adv. -o gay, merry, joyful, cheerful, glad

wędlin|a [vendleena] *f*, L -ie cured pork products

wędr|ować [vendrovachʸ] *impf*, -u.ę, -ujesz wander

wędrów*k*|a [vendroofka] *f*, L -*ce*, G.pl. -*wek* ramble, hike

węgie*l* [veŋgyel] *m*, (-gl-) G -a, L -u coal

węglow|y [veŋglovi] *mpf* -i (of, pertaining to) coal

wiadomość [vyadomoshʸchʸ] *f*, L -*ci* news, information

wia*tr* [vyatr] *m*, G -u, L wie*tr*ze wind

widelec [veedelets] *m*, (-lc-) G -a, L -u, G.pl. -ów fork

widoczn|y [veedochni] *mpf* -i, adv. -ie visible, conspicuous; evident; apparent

wid|ywać [veedivachʸ] (co) *impf*, -uję, -ujesz see (often, regularly, habitually, etc.)

widz [veets] *m*, G -a, L -u, N.pl. -owie, G.pl. -ów spectator

widz|ieć [veejyechʸ] (co) *impf*, -ę, -isz see

wieczn|y [vyechni] *mpf* -i, adv. -ie eternal

wieczne (pióro) [vyechne (pyooro)] fountain pen

wieczó*r* [vyechoor] *m*, (o) G. -a or -u, L -*rze* evening

wiedz|a [vyedza] *f*, L -y knowledge

wiedzieć [vyejyechʸ] (co; o czym) *impf*, wiem, wiesz, wiedzą know (something; of or about something)

wiek [vyek] *m*, G -u, L -u age, century

wiel|e [vyele] ns, *mpf* -u, adv. -e many; a lot of; much

wiel*k*|i [vyelkee] *mpf* -*cy* great; large, big

wierz|yć [vyezhich^y] (w co; komu) *impf*
-ę, -ysz believe (in something; some-
one)

uwierz|yć *pf*, -ę, -ysz

wieś [vyesh^y] *f*, L *wsi*, N.pl. *wsie* village;
country-side

wieźć [vyesh^ych^y] (kogo; co) *impf*, wiozę,
wieziesz, wiozą drive, carry

więc [vyents] therefore, so, then

win|a [veena] *f*, L -ie guilt; fault

wind|a [veenda] *f*, L -*dzie* lift, (US) elevator

win|o [veeno] *n*, L -ie wine

wiosł|o [vyoswo] *n*, L -*śle*, G.pl. -seł oar;
paddle

wiosn|a [vyosna] *f*, L -*śnie*, G.pl. -sen
spring (season)

wiśn|ia [veesh^ynya] *f*, L -i, G.pl. -i or
-*sie*n cherry

wita|ć [veetach^y] (co) *impf*, -m, -sz greet,
welcome (somebody)

powita|ć *pf*, -m, -sz

witamin|a [veetameena] *f*, L -ie vitamin

wizyt|a [veezita] *f*, L -*cie* visit, call

wkrótce [fkroottŝe] soon, before long,
shortly

w lewo [v levo] to the left

własn|y [vwasni] mpf -*śni* (one's) own

właściw|y [vwash^ycheevi] mpf -i, adv. -ie
proper, appropriate, suitable, fit

właśnie [vwash^ynye] just; exactly, precisely; the very...

włos [vwos] *m*, G -a, L -ie (a single) hair

włoż|yć [vwozhich^y] (co) *pf*, -ę, -ysz put
(something) on or in

wkłada|ć *impf*, -m, -sz

wni|eść [vnyesh^ych^y] (co) *pf*, -osę, -esiesz,
-osą bring, carry (something) in

wnos|ić *impf*, -szę, -sisz, -szą

wobec [vobetŝ] in view of, on account of;
towards; seeing that, owing to the fact
that; in the face of, in front of

wod|a [voda] *f*, L -*dzie*, G.pl. wód water

wodn|y [vodni], mpf -i (of, pertaining
to) water; aquatic; hydraulic

w ogóle [v ogoole] in general, generally
(speaking); at all, altogether

województw|o [voyevootŝtfo] *n*, L -ie voi-
vodeship (largest unit in the administrative division of Poland)

wojn|a [voyna] *f*, L -ie, G.pl. -jen war

wojskow|y [voyskovi] *m*, G -ego, L -ym,
N.pl. -i, G.pl. -ych soldier; military.

wol|a [vola] *f*, L -i will

wol|eć [volech^y] (co od czego; niż co)
impf, -ę, -isz prefer (something to something else); to do something rather than
something else; like better

woln|y [volni], mpf -i, adv. -o 1. free,
2. slow

woła|ć [vowach^y] (kogo) *impf*, -m, -sz call
(someone), cry (for)

zawoła|ć *pf*, -m, -sz

woźn|y [vozh^yni] *m*, G -ego, L -ym,
N.pl. -i office messenger, janitor

wódz [voots] *m*, (o) G -a, L -u, N.pl.
-owie chief

wół [voow] *m*, (o) G -u, L -*le* ox

wóz [voos] *m*, (o) G -u, L -ie car; cart;
carriage

wprawdzie [fpravjye] to be sure; even
though; indeed (but)

w prawo [f pravo] to the right

wpu|ścić [fpoosh^ycheech^y] (kogo) *pf*,
-szczę, -ścisz, -szczą let (someone) in,
admit; let into, insert

wpuszcz|ać *impf*, -m, -sz

wraca|ć [vratsach^y] *impf*, -m, -sz return

wróc|ić *pf*, -ę, -isz

wreszcie [vreshchye] at (long) last

wróg [vrook] *m*, (o) G -a, L -u, N.pl.
-owie enemy; foe

wrze|sień [vzheshyen^y] *m*, G -*śnia*, L -*śniu*
September

wsiada|ć [fshyadach^y] *impf*, -m, -sz get on,
board (a train, bus, etc.)

wsią|ść *pf*, -dę, -dziesz, -dą

wschód [fskhoot] *m*, (o) G -u, L -*dzie*
1. sunrise 2. East

wska|zać [fskazach^y] (co komu) *pf*, -żę,
-żesz point out, indicate (something
to someone)

wskaz|ywać *impf*, -uję, -ujesz

wspania/|y [fspanyawi], mpf *-li*, adv. *-le* magnificent, splendid, gorgeous, wonderful

wspomina|ć [fspomeenach^y] (co; o czym) *impf*, -m, -sz mention, recall, recollect

wspomn|ieć *pf*, -ę, -isz

współczesnoś|ć [fspoowchesnosh^ych^y] *f*, L -ci modernity; modern times

wsta|wać [fstavach^y] *impf*, -ję, -jesz rise, get up

wsta|ć *pf*, -nę, -niesz

wstąpi|ć [fstompeech^y] *pf*, -ę, -sz enter, call (on), drop in

wstęp|ować *impf*, -uję, -ujesz

wszyscy [fshistsi] mpf, all

wszystko everything

wtedy [ftedi] then, at that time

wtorek [ftorek] *m*, (-rk-) G -u, L -u Tuesday

wuj [vooy] *m*, G -a, L -u, N.pl. -owie (maternal) uncle

wybiera|ć [vybyerach^y] (co) *impf*, -m, -sz choose, elect, select (something)

wyb|rać *pf*, -iorę, -ierzesz, -iorą

wybiera|ć się [vibyerach^y shye] *impf*, -m, -sz set out, make preparations for a journey; be about to go somewhere

wyb|rać się *pf*, -iorę, -ierzesz, -iorą

wybór [viboor] *m*, (o) G -u, L -rze choice, election, selection

wychodz|ić [vikhojeech^y] *impf*, -ę, -isz go, come out

wyj|ść *pf*, -dę, -dziesz, -dą

wychwala|ć [vikhfalach^y] (co) *impf*, -m, -sz praise (something) highly, extol, cry up

wyciąga|ć [vichyoŋgach^y] (co) *impf*, -m -sz pull out, draw out (something); extract; extend, reach

wyciągn|ąć *pf*, -ę, -iesz

wycieczk|a [vichyechka] *f*, L -ce, G.pl. -czek excursion, trip

wyciera|ć [vichyerach^y] (co) *impf*, -m, -sz wipe (off, away, etc.)

wyt|rzeć *pf*, -rę, -rzesz, -rą

wydawać się [vidavach^y shye] *impf*, wydaje się, seem, appear

wydział [vijyaw] *m*, G -u, L -le department, section, division; faculty

wygląda|ć [viglondach^y] *impf*, -m, -sz look (well etc.); look like, have the look (air) of

wygodn|y [vigodni], mpf -i, adv. -ie comfortable, convenient

wygra|ć [vigrach^y] (co) *pf*, -m, -sz win (something) at a game, at play etc.

wygrywa|ć *impf* -m, -sz

wyjazd [viyast] *m*, G -u, L -jeździe departure

wyj|ąć [viyon^ych^y] (co) *pf*, -mę, -miesz take (something) out

wyjm|ować *impf*, -uję, -ujesz

wyjątkow|y [viyontkovi], mpf· -i, adv. -o exceptional

wyj|echać [viyekhach^y] *pf*, -adę, -edziesz, -adą go away (not on foot), depart

wyjeżdża|ć *impf*, -m, -sz

wyj|ść [viysh^ych^y] *pf*, -dę, -dziesz, -dą go, come out (on foot)

wychodz|ić *impf*, -ę, -isz

wyjść za mąż see **za mąż wyjść**

wykład [vikwat] *m*, G -u, L -dzie lecture

wykon|ywać [vikonivach^y] (co) *impf*, -uję, -ujesz do, perform, carry out

wykona|ć *pf*, -m, -sz

wymieni|ć [vimyeneech^y] (co na co) *pf*, -ę, -sz exchange (something), (co) mention

wymienia|ć *impf*, -m, -sz

wym|óc [vimoots] (co na kim) *pf*, -ogę, -ożesz, -ogą extort

wymówk|a [vimoofka] *f*, L -ce, G.pl. -wek excuse, pretence, pretext

wynaj|ąć [vinayon^ych^y] (co komu; co od kogo) *pf*, -mę, -miesz let, hire (something to someone; something from someone)

wynajm|ować *impf*, -uję, -ujesz

wyna|leźć [vinalesh^ych^y] (co) *pf*, -jdę, -jdziesz, -jdą invent, find (out)

wynajd|ywać *impf*, -uję, -ujesz

wynikać [vineekach^y] (z czego) *impf*, wynika result

wyobra|zić sobie [viobrazheech^y sobye] (co) *pf*, -żę, -zisz, -żą imagine (something)
wyobraża|ć sobie *impf*, -m, -sz

wypada|ć [vipadach^y] (komu) *impf*, wypada be becoming, be proper (for someone); turn out, happen, come to pass
wypa|ść *pf*, **wypadnie**

wypad*e*k [vipadek] *m*, (-dk-) G -u, L -u, accident, event

wypełni|ć [vipewneech^y] (co) *pf*, -ę, -sz fulfil (something), carry out, fill in (US out)
wypełnia|ć *impf*, -m, -sz

wypi|ć [vipeech^y] (co) *pf*, -ję, -jesz drink up
pi|ć *impf*, -ję, -jesz drink

wypocz|ąć [vipochon^ych^y] *pf*, -nę, -niesz rest
wypoczywa|ć *impf*, -m, -sz

wypoczynkow|y [vipochinkovi] (of, pertaining to) rest, repose

wypraw|a [viprava] *f*, L -ie expedition

wyprawia|ć [vipravyach^y] (co) *impf*, -m -sz be up to (no good)

wyprowadz|ić się [viprovajeech^y shye] *pf*, -ę, -isz move (house), remove, leave
wyprowadza|ć się *impf*, -m, -sz

wyprzedz|ić [vipshejeech^y] (co) *pf*, -ę, -isz get ahead of, overtake, outstrip;
wyprzedza|ć *impf*, -m, -sz

wyrusz|yć [virooshich^y] *pf*, -ę, -ysz set out (for)
wyrusza|ć *impf*, -m, -sz

wysiada|ć [vishyadach^y] *impf*, -m, -sz get off, out
wysią|ść *pf*, -dę, -dziesz, -dą

wysłać [viswach^y] (co komu; do kogo), *pf*, **wyślę, wyślesz** send (something to somebody)
wysyła|ć *impf*, -m, -sz

wyso*k*|i [visokee], mpf -cy, adv. -o high; tall

wysp|a [vispa] *f*, L -ie island

wystaw|a [vistava] *f*, L -ie exhibition

wystawia|ć [vistavyach^y] (co) *impf*, -m, -sz exhibit, display
wystawi|ć *pf*, -ę, -sz

występ [vistemp] *m*, G -u, L -ie appearance (on the stage, platform etc.), (guest) performance

występ|ować [vistempovach^y] *impf*, -uję, -ujesz appear
wystąpi|ć *pf*, -ę, -sz

wytłumacz|yć [vitwoomachich^y] (co komu) *pf*, -ę, -ysz explain (something to someone), make clear
tłumacz|yć *impf*, -ę, -ysz

wytrzyma|ć [vitshimach^y] (z kim) *pf*, -m, -sz stand (someone), have patience with (someone), hold out, bear patiently (to the bitter end)
wytrzym|ywać *impf*, -uję, -ujesz

wyżywieni|e [vizhivyenye] *n*, L -u maintenance, food

wziąć [vzhyon^ych^y] (co od kogo; skąd) *pf*, **wezmę, weźmiesz** take (something from someone; from somewhere)
brać *impf*, **biorę, bierzesz, biorą**

wzywa|ć [vzivach^y] (kogo) *impf*, -m, -sz call upon (someone); summon
wezw|ać *pf*, -ę, -iesz, -ą

Z

z [z] (czego) 1. from, of (something) 2. (czym) with (something)

za [za] (co) 1. for, in return for (something), 2. (czym) behind, beyond

zabawi|ć się [zabaveech^y shye] *pf*, -ę, -sz enjoy oneself, have a good time
zabawia|ć się *impf*, -m, -sz

zabaw*k*|a [zabafka] *f*, L -ce, G. pl. -w*e*k toy

zabawn|y [zabavni] mpf -i, adv. -ie funny, amusing; enjoyable

zabi|ć [zabeech^y] (kogo) *pf*, -ję, -jesz kill (someone)
zabija|ć impf, -m, -sz

zabiera|ć [zabyerach^y] (co komu) *impf*, -m, -sz take away (up, out, along)
zab|rać *pf*, -iorę, -ierzesz, -iorą

zabytek [zabitek] *m*, (-tk-) G -u, L -u (historical) monument, relict of the past

zachor|ować [zakhorovach^y] (na co) *pf*, -uję, -ujesz fall ill (with something)

zachód [zakhoot] *m*, (*o*) G -u, L -*dzie* 1. sunset, 2. West

zachow|ywać się [zakhovivach^y shye] *impf*, -uję, ujesz behave (oneself)

  zachowa|ć się *pf*, -m, -sz

zachwala|ć [zakhfalach^y] (co) *impf*, -m, -sz praise, cry up, extol, boost

zachwyca|ć się [zakhfitsach^y shye] *impf*, -m, -sz admire, go into ecstasies over

zacz|ąć [zachon^{y}ch^y] (co) *pf*, -nę, -niesz begin, start (something)

  zaczyna|ć *impf*, -m -sz

zacz|ąć się [zachon^{y}ch^y shye] *pf*, **zacznie się** begin, start (a performance etc.)

  zaczyna|ć się *impf*, **zaczyna się**

zaczeka|ć [zachekach^y] (na co) *pf*, -m, -sz wait (for something)

  czeka|ć *impf*, -m, -sz

zadowolon|y [zadovoloni], mpf -*eni* satisfied, pleased, content(ed)

zadzwoni|ć [zadzvoneech^y] (do kogo) *pf*, -ę, -sz ring (someone) up, make a telephone call

  dzwoni|ć *impf*, -ę, -sz

zagłębi|e [zagwembye] *n*, L -u (coal etc.) basin

zagranic|a [zagranitsa] *f*, L -y foreign countries (collectively); abroad

zaham|ować [zahamovach^y] (co) *pf*, -uję, -ujesz brake, put a brake (on something)

  ham|ować *impf*, -uję, -ujesz

zajęci|e [zayen^{y}chye] *n*, L -u work, job

zajęt|y [zayenti], mpf -*ci* busy, occupied

zajm|ować [zaymovach^y] (co) *impf*, -uję, -ujesz occupy (something)

  zaj|ąć *pf*, -mę, -miesz, -mą

zakład [zakwat] *m*, G -u, L -*dzie* institute, institution; department; establishment

zakochan|y [zakokhani], mpf -*i* in love (with)

Zakopan|e [zakopane] *n*, G -*ego*, L -*em* Zakopane (Polish mountain resort)

zaledwie [zaledvye] scarce(ly), hardly, barely

załatwia|ć [zawatfyach^y] (co) *impf*, -m, -sz settle, arrange; see to, get (something) done

  załatwi|ć *pf*, -ę, -sz

załatwieni|e [zawatfyenye] *n*, L -u settlement, arrangement

zamawia|ć [zamavyach^y] (co) *impf*, -m, -sz order (something)

  zamówi|ć *pf*, -ę, -sz

za mąż (wyjść) [za mo^{n}sh (viysh^{y}ch^y)] get married (*speaking of a woman only*)

zamek [zamek] *m*, (-mk-) G -u, L -u 1. lock, 2. castle

zamiar [zamyar] *m*, G -u, L -*rze* intention, aim; purpose

zamieni|ć [zamyeneech^y] (co na co) *pf*, -ę, -sz exchange (something for something else)

  zamienia|ć *impf*, -m, -sz

zamieszka|ć [zamyeshkach^y] *pf*, -m, -sz come to live (somewhere), take up residence

zamieszk|iwać [zamyeshkeevach^y] *impf*, -uję, -ujesz live, reside (permanently)

zamierza|ć [zamyezhach^y] (coś robić) *impf*, -m, -sz intend (to do something)

zamkn|ąć [zamknon^{y}ch^y] (co) *pf*, -ę, -iesz shut, close, lock (up) (something)

  zamyka|ć *impf*, -m, -sz

zaniem|óc [zanyemoots] *pf*, -ogę, -ożesz, -ogą fall ill

zani|eść [zanyesh^{y}ch^y] (co) *pf*, -osę, -esiesz, -osą carry (something) (to its destination)

  zano|sić *impf*, -szę, -sisz, -szą

zanim [zaneem] before; by the time; prior to

zapałk|a [zapawka] *f*, L -ce, G.pl. -*łek* match

zapamięta|ć [zapamyentach^y] (co) *pf*, -m, -sz remember, keep in mind

zapaść [zapash^{y}ch^y] *pf*, **zapadnie** fall; set in

  zapada|ć *impf*, **zapada**

zapewni|ć [zapevneech^y] (co komu) *pf*, -ę, -sz ensure, secure (something for someone's), assure
   zapewnia|ć *impf*, -m, -sz

zap|iąć [zapyon^{y}ch^y] (co) *pf*, -nę, -niesz button, fasten (something)
   zapina|ć *impf*, -m, -sz

zapi|sać [zapeesach^y] (co) *pf*, -szę, -szesz write (something) down, record
   zapis|ywać *impf*, -uję, -ujesz

zaplan|ować [zaplanovach^y] (co) *pf*, -uję, -ujesz plan (something), make plans for (something)
   plan|ować *impf*, -uję, -ujesz

zapłac|ić [zapwacheech^y] *pf*, -ę, -isz pay
   płac|ić *impf*, -ę, -isz

zapomn|ieć [zapomnyech^y] (co; o czym) *pf*, -ę, -isz forget (something; about something)
   zapomina|ć *impf*, -m, -sz

zapowiada|ć [zapovyadach^y] (co) *impf*, -m, -sz announce (something)
   zapowie|dzieć *pf*, -m, -sz

zapro|sić [zaprosheech^y] (kogo do czego) *pf*, -szę, -sisz invite (someone to something)
   zaprasza|ć *impf*, -m, -sz

zapyta|ć [zapitach^y] (kogo o co) *pf*, -m, -sz ask (someone about something)
   pyta|ć *impf*, -m, -sz

zaraz [zaras] at once, right away, immediately, directly

zasłoni|ć [zaswoneech^y] (co komu) *pf*, -ę, -sz cover
   zasłania|ć *impf*, -m, -sz

zasług|iwać [zaswoogeevach^y] (na co) *impf*, -uję, -ujesz merit, deserve
   zasłuż|yć *pf*, -ę, -ysz

zasn|ąć [zasnon^{y}ch^y] *pf*, -ę, -śniesz fall asleep
   zasypia|ć *impf*, -m, -sz

zasta|ć [zastach^y] (kogo) *pf*, -nę, -niesz find (someone at home etc.)
   zasta|wać *impf*, -ję, -jesz

zastanawia|ć się [zastanavyach^y shye] (nad czym) *impf*, -m, -sz ponder (over something), consider, think over
   zastanowi|ć się *pf*, -ę, -sz

zastrzyk [zastshik] *m*, G -u, L -u injection

zaszczyt [zashchit] *m*, G -u, L -cie honour (done to someone)

zatruwa|ć [zatroovach^y] (co) *impf*, -m, -sz poison
   zatru|ć *pf*, -ję, -jesz

zatrzyma|ć [zatshimach^y] (co) *pf*, -m, -sz stop
   zatrzym|ywać *impf*, -uję, -ujesz

zawczasu [zafchasoo] in good time

zawdzięcza|ć [zavjyenchach^y] (co komu) *impf*, -m, -sz owe (something to someone), have to thank (someone) for (something)

zawiadomieni|e [zavyadomyenye] *n*, L -u notice, announcement, notification, intimation

zawiera|ć [zavyerach^y] (co) *impf*, -m, -sz contain, enclose, comprize, include; conclude (contract)
   zaw|rzeć *pf*, -rę, -rzesz, -rą

zawoła|ć [zavovach^y] (kogo) *pf*, -m, -sz call (someone), cry (for)
   woła|ć *impf*, -m, -sz

zawód [zavoot] *m*, (o) G -u, L -dzie 1. profession, trade, occupation 2. disappointment

zawsze [zafshe] always, ever

zbada|ć [zbadach^y] (co) *pf*, -m, -sz investigate, examine, probe into

zbieg [zbyek] *m*, G -u, L -u (okoliczności) coincidence

zbiera|ć (co) *impf*, -m, -sz collect, gather
   zebrać *pf*, zbiorę, zbierzesz, zbiorą

zbliża|ć się [zblizhach^y shye] (do czego) *impf*, -m, -sz approach (something)
   zbliż|yć się *pf*, -ę, -ysz

zdani|e [zdanye] *n*, L -u opinion, view; sentence

zdarzać się [zdazhach^y shye] *impf*, zdarza się happen
   zdarzyć się *pf*, zdarzy się, zdarzyło się

zdarzeni|e [zdazhenye] *n*, L -**u** happening, event

zda|wać [zdavach^y] (**egzamin**) *impf*, -**ję**, -**jesz** take an examination

zda|ć *pf*, -**m**, -**sz**

zda|wać się (zdavach^y shye] (**komu**) *impf*, **żdaje się** seem, appear

zdąż|yć [zdo^{n}zhich^y] *pf*, -**ę**, -**ysz** manage to do (something), or: get (somewhere) in time

zdąża|ć *impf*, -**m**, -**sz**

zdecyd|ować [zdet$\hat{s}$idovach^y] (**co**) *pf*, -**uję**, -**ujesz** decide

decyd|ować (**o czym**) *impf*, -**uję**, -**ujesz**

zdecyd|ować się [zdet$\hat{s}$idovach^y shye] (**na co**) *pf*, -**uję**, -**ujesz** decide (on something), make up one's mind

decyd|ować się *impf*, -**uję**, -**ujesz**

zdenerw|ować się [zdenervovach^y shye] *pf*, -**uję**, -**ujesz** get upset

denerwow|ać się *impf*, -**uję**, -**ujesz**

zdjąć [zd-yon^{y}ch^y] (**co**) *pf*, **zdejmę**, **zdejmiesz** take (something off or away); take a photo of

zdjęci|e [zd-yen^{y}chye] *n*, L -**u** photo, snapshot

zdoln|y [zdolni] mpf -**i** clever, able

zdrowi|e [zdrovye] *n*, L -**u** health

zdrow|y [zdrovi] mpf -**i**, adv. -**o** healthy, sound, well

zdziwion|y [zh^{y}jeevyoni] mpf -**eni** surprised

zegarek [zegarek] *m*, (-**rk**-) G -**a**, L -**u** watch

zej|ść [zeysh^{y}ch^y] *pf*, -**dę**, -**dziesz**, -**dą** get down

schodz|ić *impf*, -**ę**, -**isz**

zepsu|ć się [zepsooch^y shye] *pf*, **zepsuje się** go bad, wrong; break down

psu|ć się *impf*, **psuje się**

zepsut|y [zepsooti] mpf -**ci** spoilt, broken down, out of order

zestarze|ć się [zestazhech^y shye] *pf*, -**ję**, -**jesz** grow old

starze|ć się *impf*, -**ję**, -**jesz**

zeszyt [zeshit] *m*, G -**u**, L -**cie** notebook, exercise book

zgadza|ć się [zga$\hat{d}$zach^v shye] (**na co**; **z czym**) *impf*, -**m**, -**sz** agree (to something; with something)

zgodz|ić się *pf*, -**ę**, -**isz**

zga|sić [zgasheech^y] (**co**) *pf*, -**szę**, -**sisz**, -**szą** put out, extinguish (something)

ga|sić *impf*, -**szę**, -**sisz**, -**szą**

zgin|ąć [zgeenon^{y}ch^y] *pf*, -**ę**, -**iesz** perish, die (*of a violent death only*); get lost

gin|ąć *impf*, -**ę**, -**iesz**

zgod|a [zgoda] *f*, L -**dzi**e agreement, consent

zgodn|y [zgodni] mpf -**i**, adv. -**ie** consistent; consonant

zgrabn|y [zgrabni] mpf -**i**, adv. -**ie**
1. shapely, well-made; 2. deft, skilful

zgromadzi|ć się [zgromajeech^y shye] *pf*, -**my**, -**cie** (pl) collect, gather

gromadzi|ć się *impf*, -**my**, -**cie**

zgry|źć [zgrish^{y}ch^y] *pf*, -**zę**, -**ziesz**, -**zą** bite

zgubion|y [zgoobyoni], mpf -**eni** lost

zieleń [zhyelen^y] *f*, L -**ni** greenery

zielon|y [zhyeloni], mpf -**eni**, adv. -**o** green

ziem|ia [zhyemya] *f*, L -**i** earth, land, ground

zim|a [zheema] *f*, L -**ie** winter

zjawi|ć się [z-yaveech^y shye] *pf*, -**ę**, -**sz** appear, make one's appearance

zjawia|ć się *impf*, -**m**, -**sz**

zjeść [z-yesh^{y}ch^y] (**co**) *pf*, **zjem**, **zjesz**, **zjedzą** eat (up)

jeść *impf*, **jem**, **jesz**, **jedzą**

zlit|ować się [zleetovach^y shye] (**nad kim**) *pf*, -**uję**, -**ujesz** take pity (on someone)

lit|ować się *impf*, -**uję**, -**ujesz**

zlękn|ąć się [zleŋknon^{y}ch^y shye] (**czego**) *pf*, -**ę** -**iesz** take fright

złoty [zwoti] monetary unit (= 100 groszy)

złoż|e [zwozhe] *n*, L -**u**, G.pl. **złóż** (mineral) deposit, bed, layer

złoż|yć [zwozhich^y] (**co**) *pf*, -**ę**, -**ysz** deposit, lay down

składa|ć *impf*, -**m**, -**sz**

zł|y [zwi], mpf **źli**, adv. **źle** bad; evil; wrong; angry

zmartwion|y [zmartfyoni] mpf -**eni** sad, sorrowful

zmęczeni|e [zmenchenye] *n*, L -u fatigue, tiredness

zmęczon|y [zmenchoni] *mpf* -eni tired

zmęcz|yć się [zmenchich^y shye] (czym) *pf*, -ę, -ysz tire oneself, get tired
męcz|yć się *impf*, -ę, -ysz

zmian|a [zmyana] *f*, L -ie change, alteration, variation

zmienia|ć [zmyenyach^y] (co) *impf*, -m, -sz change, alter, vary (something)
zmieni|ć *pf*, -ę, -sz

zmienia|ć się [zmyenyach^y shye] *impf*, -m, -sz change, become changed
zmieni|ć się *pf*, -ę, -sz

zmie|ścić się [zmyesh^{y}cheech^y shye] (gdzie) *pf*, -szczę, -ścisz fit (into something), go into, fall within
mie|ścić się *impf*, -szczę, -ścisz

zmu|sić [zmoosheech^y] (do czego) *pf*, -szę, -sisz compel, force (someone to do something)
zmusza|ć *impf*, -m, -sz

zmywani|e [zmivanye] *n*, L -u washing up

znacz|yć [znachich^y] *impf*, -ę, -ysz mean, signify; imply, denote; matter

znać [znach^y] (co) *impf*, znam, znasz, znają know

zna|ć się [znach^y shye] (na czym) *impf*, -m, -sz be a connoisseur of, an expert in; (wzajemnie) know each other

znajd|ować się [znaydovach^y shye] *impf*, -uję, -ujesz find oneself, be present
znaleźć się *pf*, znajdę, znajdziesz find oneself, turn up

znajom|y [znayomi], *mpf* -i acquaintance, friend

zna|leźć [znalesh^{y}ch^y] (co) *pf*, -jdę, -jdziesz, -jdą find (something)
znajd|ować *impf*, -uję, -ujesz

znikąd [zneekont] from nowhere

zno|sić [znosheech^y] (co) *impf*, -szę, -sisz, -szą endure, support, bear (something)
zni|eść *pf*, -osę, -esiesz, -osą

znowu [znovoo] again, once more

zobacz|yć [zobachich^y] (co) *pf*, -ę, -ysz see, catch sight of, notice (something)

zoologiczn|y zo-ologeechni] zoological

zosta|ć [zostach^y] *pf*, -nę, -niesz 1. stay remain, 2. become
zosta|wać *impf*, -ję, -jesz

zostawia|ć [zostavyach^y] (co) *impf*, -m, -sz leave (something) behind
zostawi|ć *pf*, -ę, -sz

zresztą [zreshton] besides, incidentally, moreover, after all

zrobi|ć [zrobeech^y] (co) *pf*, -ę, -sz do, make (something to completion)
robi|ć *impf*, -ę, -sz

zrozumie|ć [zrozoomyech^y] (co) *pf*, -m, -sz, -ją understand (something) completely, come to understand
rozumie|ć *impf*, -m, -sz, -ją understand

zrywa|ć [zrivach^y] (co) *impf*, -m, -sz pick; (z czym) break with
zerw|ać *pf*, -ę, -iesz

zup|a [zoopa] *f*, L -ie soup

zupełn|y [zoopewni], *mpf* -i, adv. -ie, complete, total, utter, outright

zwiedza|ć [zvyedzach^y] (co) *impf*, -m, -sz visit (museum etc.), go sight-seeing
zwiedz|ić *pf*, -ę, -isz

zwierza|ć się [zvyezhach^y shye] (komu z czego) *impf*, -m, -sz confide (in someone), trust (someone) with a secret
zwierz|yć się *pf*, -ę, -ysz

zwierz|ę [zvyezhe] *n*, G -ęcia, L -ęciu N.pl. -ęta, G.pl. -ąt animal

zwolnieni|e [zvolnyenye] *n*, L -u doctor's certificate confirming inability to work

zwraca|ć [zvratsach^y] (co komu) *impf*, -m, -sz return (something to someone), restore, pay back, refund, reimburse
zwróc|ić *pf*, -ę, -isz

zwraca|ć się [zvratsach^y shye] (do kogo o co) *impf*, -m, -sz address
zwróc|ić się *pf*, -ę, -isz

zwyczajn|y [zvichayni], *mpf* -i, adv. -ie ordinary, common

zwykł|y [zvikwi], *mpf* -li, adv. -le usual, habitual, accustomed

zwycięstw|o [zvichye^{n}stfo] *n*, L -ie victory

Ż

żaden [zhaden], mpf żadni none, no, neither

żakiet [zhakyet] *m*, G -u, L -cie coat, jacket

żał|ować [zhawovach^y] (czego) *impf*, -uję,
-ujesz regret, be sorry for (something);
grudge, begrudge

żart|ować [zhartovach^y] (z kogo, z czego)
impf, -uję, -ujesz joke

  zażart|ować *pf*, -uję, -ujesz

że [zhe] that (conjunction)

żeby [zhebi] so that; so as to; in order to

żeglarz [zheglash] *m*, G -a, L -u, N.pl. -e,
G.pl. -y sailor

żeni|ć się [zheneech^y shye] (z kim) *impf*,
-ę, -sz marry (someone) (*of a man
only*)

  ożeni|ć się *pf*, -ę, -sz

żołnierz [zhownyesh] *m*, G -a, L -u,
N.pl. -e, G.pl. -y soldier

żon|a [zhona] *f*, L -ie wife

żółt|y [zhoowti] mpf -ci, adv. -o yellow

życi|e [zhichye] *n*, L -u life

życiow|y [zhichyovi], mpf -i, adv. -o (of,
pertaining to) life; vital

życz|yć [zhichich^y] (komu czego) *impf*,
-ę, -ysz wish (someone something)

żyć [zhich^y] *impf*, żyję, żyjesz live

żyraf|a [zhirafa] *f*, L -ie giraffe

PW „Wiedza Powszechna'' – Warszawa 1979
Wydanie V
Łódzkie Zakłady Graficzne. Zakład nr 2